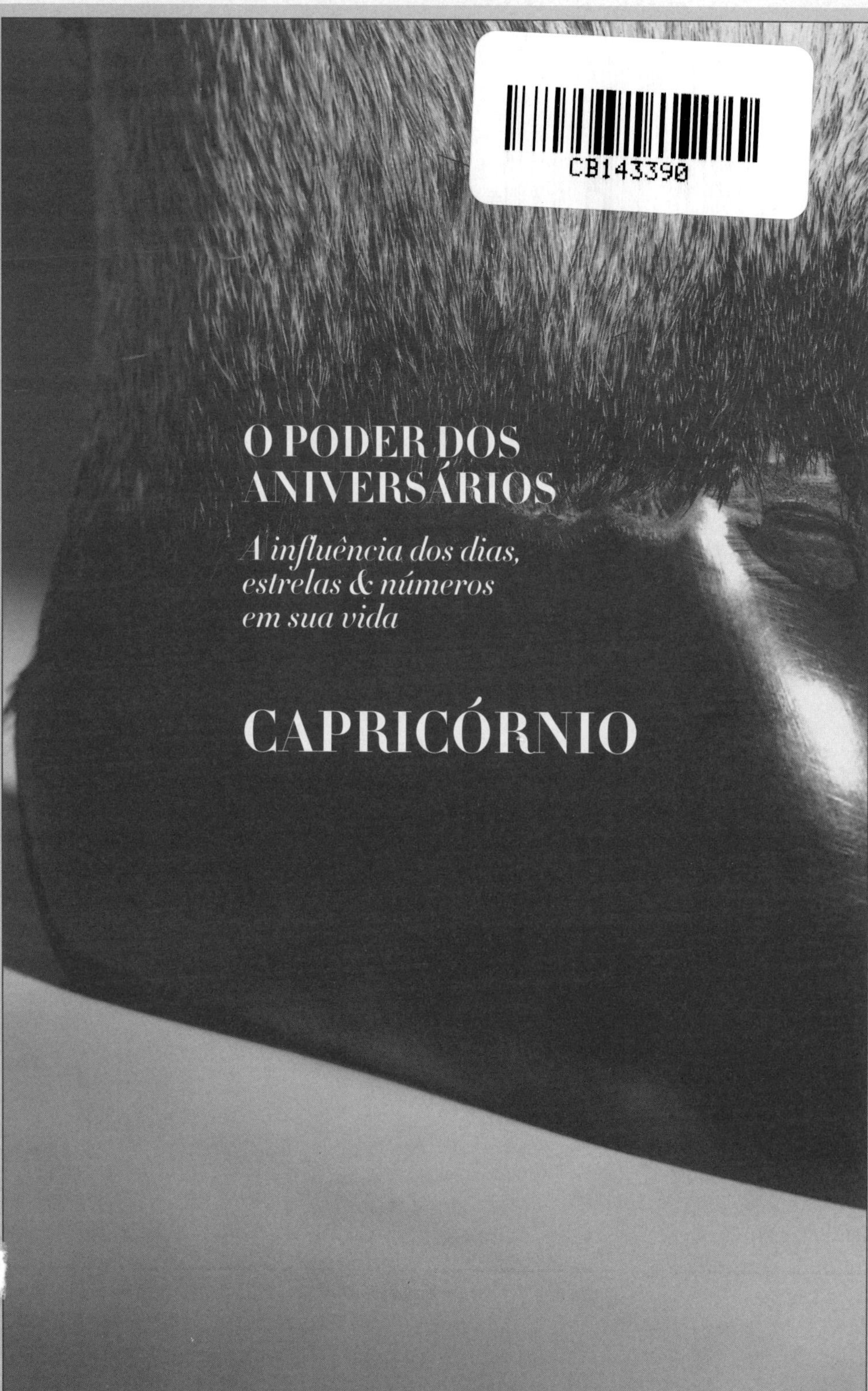

O PODER DOS ANIVERSÁRIOS

A influência dos dias, estrelas & números em sua vida

CAPRICÓRNIO

O PODER DOS ANIVERSÁRIOS

A influência dos dias, estrelas & números em sua vida

Saffi Crawford e
Geraldine Sullivan

CAPRICÓRNIO

Prestígio
editorial

Do original
The power of Birthdays's stars & numbers

ISBN original 0-345-41819-0

Direção Editorial Pedro Almeida
Tradução Walter Agostinho
Preparação de Originais Marcos Marcionilo
Capa W/Brasil / Alexandre Suannes
Imagem da Capa Marcel Valvassori
Projeto Gráfico e Diagramação Osmane Garcia Filho
Revisão Marcia Alves Batista e Elaine Silveira

Dados Internacionais de Catalogação na Publicação (CIP)
(Câmara Brasileira do Livro, SP, Brasil)

Crawford, Saffi
O poder dos aniversários : a influência dos dias, estrelas e números em sua vida / Saffi Crawford e Geraldine Sullivan ; [tradução Walter Agostinho]. — 2. ed. — São Paulo : Ediouro, 2005.

Título original: *The power of birthdays, stars & numbers*
Obra em 12 v. - Conteúdo desta edição: Capricórnio

ISBN: 85-99170-15-5

1. Aniversários 2. Astrologia e Psicologia 3. Numerologia 4. Ocultismo 5. Personalidade 6. Zodíaco I. Sullivan, Geraldine. II. Título.

05-0387 CDD-133.52

Índice para catálogo sistemático:
1. Signos do zodíaco e personalidade : Astrologia : Ocultismo 133.52

Prestígio Editorial
Rua Nova Jerusalém, 345 – CEP 21042-230
Rio de Janeiro — RJ
Tel.: (21) 3882-8200 – Fax: (21) 2260-6522
e-mail: relume@relumedumara.com.br
vendas@ediouro.com.br
internet: www.ediouro.com.br

Para nossas famílias,
que tiveram paciência conosco enquanto
concluíamos este livro e por todo o seu apoio:
nossos pais, Margaret e Michael Sullivan, Leon e
Kristina Grushko, Melissa Crawford, Ricky
Foulcer e Cleo Foulcer.

Agradecimentos

Um agradecimento especial a nosso editor,
Ginny Faber; a nossa agente, Julie Castiglia, e a
Chuck Wein, pelo apoio que deram a nosso
projeto desde o início.
Também queremos agradecer em particular a
Jason Zuzga, Huw Davies e Jane Laing, pelo
encorajamento e assistência na edição, e a Mark
Reiner, pelas contribuições no projeto de arte.
Queremos mencionar outros que
possibilitaram este projeto: Pat Foster, Josephine
Shannon, Tom Sullivan, Deirdre Edwards,
Julianna Doyle, Alexia Beck, Tasha Griffiths e
Anne Leman.

Sumário

Introdução

Nas páginas deste livro, você encontrará um perfil completo da personalidade das pessoas nascidas sob o signo de Escorpião. Este livro vai muito além da astrologia do signo solar, oferecendo uma compreensão profunda das características exclusivas de cada dia. Utilizamos nossos conhecimentos de Astrologia, de Psicologia, de Numerologia e de Estrelas Fixas. Só depois de sintetizar todas essas disciplinas é que criamos os perfis diários abrangentes.

Não há forças cósmicas idênticas para dois dias diferentes — cada dia é singularmente especial. Cada perfil diário fornece informações fascinantes a respeito de você e acerca de seu futuro. Além disso, você também irá adquirir um conhecimento mais profundo das suas próprias habilidades e potenciais, além da compreensão do caráter e da motivação das pessoas à sua volta. A Astrologia e a Numerologia são linguagens de símbolos que exploram a relação entre a humanidade e o Universo. Elas nos dão indicação de nosso lugar no plano maior do Cosmos.

Desde os primórdios da sua história, a humanidade tem consciência das forças e ciclos da natureza. Esses ciclos naturais e ritmos cósmicos exercem influência em todos os organismos vivos. Embora estejam situadas fora do nosso sistema solar, as Estrelas Fixas também exercem influência sobre nós. Elas foram incorporadas pela Astrologia desde a antigüidade. Neste livro, apresentamos interpretações modernas da influência das Estrelas Fixas para cada dia do ciclo solar anual.

A Astrologia e a Numerologia são maneiras de interpretar essas influências, de mostrar como esses ciclos afetam a nossa vida. As diversas facetas do estudo astrológico incluem a Astronomia, o Simbolismo, a Psicologia, a Física e a Geometria, ao passo que a Numerologia sustenta a tese de que os números possuem uma dualidade de qualidade e quantidade. Todos os poderosos métodos interpretativos foram reunidos neste livro para traçar um perfil diário profundo e exclusivo.

O Poder dos Aniversários une duas diferentes maneiras de calcular o ciclo solar anual. O ano astrológico começa no dia 21 de março, a 0 grau de Áries, enquanto o ano numerológico, que se baseia no calendário ocidental, tem início a cada dia 1º de janeiro. Esses dois sistemas solares anuais, quando combinados, revelam a visão holística da Astronumerologia, que pode fornecer uma profunda compreensão psicológica de cada dia de aniversário.

As práticas convincentes de astrologia tomam por base um único momento no tempo e no espaço, fazendo com que cada mapa astrológico seja simbolicamente exclusivo. Embora os astrólogos exijam ano, data, hora e local de nascimento exatos para poder calcular um mapa astrológico pessoal, a Astrologia popular usa apenas os doze signos zodiacais. Essa divisão do ano em doze categorias mensais, juntamente com os planetas, pode ser vista como uma introdução ao estudo astrológico.

O Sol é o centro do nosso sistema solar. Os planetas, incluindo a Terra, orbitam em torno dele. A Terra efetua dois ciclos importantes: gira em torno do seu eixo e em torno do Sol em movimento anti-horário. É a rotação da Terra sobre o próprio eixo que produz o ciclo do dia e da noite. Do ponto de vista geocêntrico (da Terra), o Sol aparece para cruzar o céu do horizonte oriental para o horizonte ocidental. A trajetória aparente do Sol, tendo como pano de fundo as estrelas fixas nas doze constelações, descreve um caminho elíptico em torno da Terra. O eixo da Terra não apenas gira, mas é também inclinado, com o Pólo Norte voltado para o Sol e distante do mesmo em diferentes épocas do ano, o que faz com que haja quatro variações climáticas, as chamadas quatro estações. Esses pontos são comumente denominados equinócios da primavera e do outono e solstícios do verão e do inverno. Na Astrologia, essas quatro divisões do ano são chamadas de quatro pontos cardeais da roda zodiacal de 360 graus.

O ano astrológico tem início na primavera[1] a 0 grau de Áries; o solstício de verão é marcado a 0 grau de Câncer; o outono, a 0 grau de Libra; e o solstício de inverno, a 0 grau de Capricórnio. Como a roda zodiacal é dividida em doze arcos iguais de 30 graus cada, os quatro signos cardeais da roda zodiacal são seguidos dos quatro signos fixos: Touro, Leão, Escorpião e Aquário. Os quatro signos mutáveis, Gêmeos,Virgem, Sagitário e Peixes, completam os doze signos da roda zodiacal.

O zodíaco é dividido em doze signos diferentes. Mas, na prática avançada de Astrologia, esses signos têm outras divisões, associadas a outras forças. Os doze signos são divididos em três partes, chamadas de decanatos. Cada decanato cobre 10 graus do círculo do zodíaco, e os três decanatos de cada signo atuam como uma subinfluência e um complemento das qualidades do próprio signo. Cada decanato é associado a um signo e a um planeta adicionais. Neste livro, você encontrará não apenas o signo sob o qual você nasceu, mas também o seu decanato.

Como o Sol retorna aproximadamente ao mesmo grau a cada ano, os astrólogos se referem à data de nascimento de uma pessoa como o retorno solar. Ao dividir cada um dos doze signos zodiacais em trinta graus individuais, incluindo a Numerologia e as Estrelas Fixas, *O Poder dos Aniversários* cria um elo entre os doze signos zodiacais e a abrangente arte da Astrologia.

Também foi providenciada uma seção especial, que permite ao leitor investigar mais profundamente a própria personalidade e o próprio futuro por meio da Numerologia. Isso inclui o cálculo do número holístico e predições baseadas em números pessoais anuais.

Os perfis dos dias de aniversário

Cada perfil do dia de aniversário contém um discernimento específico das características de cada dia. O perfil fornece um conhecimento geral das configurações planetárias e numerológicas, juntamente com o signo do Sol, grau e decanato, que individualizam ainda mais o signo do Sol, pois adicionam subinfluências de outro signo ou planeta.

Também incluímos a técnica astrológica de predição conhecida como progressão. Os astrólogos usam regularmente as progressões do Sol para indicar importantes anos da vida de uma pessoa. Esses períodos de mudanças no desenvolvimento pessoal ocorrem aproximadamente três vezes na vida de uma pessoa, quando o Sol progredido muda de signo.

Os recursos e fraquezas ocultos em cada pessoa são revelados em "O seu secreto", além das opções profissionais adequadas, juntamente com uma lista de personalidades famosas nascidas naquele dia. Cada perfil vem acompanhado de uma detalhada explicação da numerologia correspondente a cada dia de aniversário. Cada dia descreve as qualidades dos números, e estes números são descritos mediante as qualidades da numerologia do mês. Embora todo dia e mês tenham um papel significativo na compreensão da personalidade, eles são secundários em relação ao número holístico pessoal, que influencia toda a vida e todos os aspectos da personalida-

1. N.T.: As autoras se referem ao Hemisfério Norte.

de. Por isso, para entender a sua personalidade, você precisa ler não apenas a Numerologia do dia e mês do seu aniversário, mas o seu número holístico, descrito na introdução deste livro.

Se quiser conhecer a influência numerológica de cada ano sobre sua vida, você pode calcular o seu número anual pessoal, também fornecido na seção introdutória.

Cada dia de aniversário inclui a seção "Amor e Relacionamentos", que contém as datas e tipos de pessoas com as quais o leitor provavelmente terá ligações cármicas, relacionamentos amorosos, amizades, além dos parceiros ideais. Apesar de termos incluído diversas datas adequadas, essas listas não são conclusivas; assim, você pode ter relacionamentos importantes com pessoas que não estão listadas neste livro.

Cada perfil do dia de aniversário fornece ainda informações relacionadas à especial e poderosa influência das estrelas fixas espalhadas ao longo do caminho do ciclo solar anual sobre cada dia de aniversário. Diversas estrelas podem afetar o seu dia de aniversário, ou pode ser que não haja estrelas brilhantes ou próximas o suficiente ao local do Sol no céu galáctico daquele dia para exercer alguma influência relacionada ao Sol. Estão listadas todas as estrelas que têm influência relacionada ao Sol para cada dia de aniversário. E você também encontrará a influência da sua estrela primária.

No final do livro, há um apêndice de todas as estrelas fixas importantes relacionadas com o seu signo, para que você possa consultar as influências de todas as estrelas da sua lista. Esperamos que todos vocês aprendam mais e investiguem mais profundamente a rica complexidade das Estrelas Fixas.

As explicações especiais a respeito das características de cada dia são também descritas por meio das qualidades do número correspondente a cada dia. Eles são complementados pelas interpretações do número do mês.

Reunimos em um volume os assuntos nos quais nos especializamos, para que você disponha da referência mais abrangente disponível no campo da Personologia. Sintetizamos muitos anos de pesquisa, experiência em mapas astrais complexos e milhares de estudos de casos em perfis personológicos que lhe proporcionarão uma compreensão mais profunda da personalidade, capacidade e potencial de cada pessoa.Vamos agora conhecer todos os dias do seu signo. Cada um deles se inicia como cada pessoa — exclusivo e cheio de promessas.

* * *

Introdução à Astrologia

Desde os primórdios da nossa civilização, observamos os céus para obter uma maior compreensão do relacionamento entre a humanidade e o Universo. Para os primeiros seres humanos, a impermanência da existência na Terra provocava uma sensação de incerteza. Contudo, a recorrência dos fenômenos celestes, como o nascer e o pôr-do-sol em contraste, trazia tranqüilidade. Nossos ancestrais percebiam esse contraste como uma distinção fundamental entre os domínios celestial e terrestre. A Astrologia, portanto, é um estudo da interação significativa entre as estrelas, os ciclos planetários e os acontecimentos na Terra.

Como uma das poucas filosofias remanescentes que mantêm uma perspectiva holística, a Astrologia nos ensina que tudo está interconectado. Nada se mantém como uma lei por si só. Tudo é parte de um relacionamento constantemente mutável e dinâmico com os ciclos do Cosmos. E não estamos fora desse sistema vivo. Nós o afetamos e somos profundamente afetados por ele. Todas as pessoas são parte de um relacionamento mutante e dinâmico com as outras pessoas. O Universo é um jogo complexo de ciclos e forças, pois as polaridades opostas colocam umas às outras em ação, sendo elas mesmas parte de sistemas maiores. Os astrólogos reconhecem esse jogo e tentam compreendê-lo por intermédio do simbolismo.

Nenhuma pessoa está sozinha, já que todas as pessoas são parte de relacionamentos mutáveis e dinâmicos com as outras pessoas, e cada uma está envolvida em relacionamentos mutáveis e dinâmicos com os ciclos do Cosmos. Tudo o que é orgânico pulsa e se distingue pela sua periocidade. Essa existência cíclica, rítmica, é captada pela hipótese astrológica. A Astrologia abrange a complexidade, a simultaneidade da subjetividade e da objetividade. Objetivamente, a Astrologia mede o tempo pelos ciclos dos planetas, dando uma perspectiva única do sentido da duração. Subjetivamente, a Astrologia opera por meio de um simbolismo profundo, e o seu conhecimento se dá por intermédio do estudo do contexto.

A Astrologia sustenta que o curso da natureza é um círculo ou uma mandala. Nos 360 graus do círculo, experimentamos cada momento, individual e coletivamente. Cada grau é um fragmento separado do círculo, mas o círculo só existe a partir de cada grau. A mandala é um símbolo de toda a criação, uma forma auto-suficiente e perfeita, sem começo nem fim. O círculo representa tanto o Universo como todos os indivíduos humanos, além do universo interior. Todas as atividades da vida estão relacionadas a esse círculo. Sua estrutura também contém os ciclos do tempo.

Ao explorar a Astrologia, podem-se revelar as conexões entre os universos externo e interno e se obter uma maior consciência psicológica e espiritual. As duas maiores luzes da Astrologia são o Sol e a Lua, que correspondem ao ciclo do dia e da noite. No que se refere a esse ritmo, os calendários solar e lunar foram estabelecidos pelas primeiras culturas e interpretados como horas, dias, meses e anos. Em termos psicológicos, a união simbólica do Sol com a Lua é percebida como o "casamento místico", representando a união dos opostos dentro do indivíduo. Segundo a Filosofia oriental, essa união é caracterizada pelo *yin/yang*, ou pelos princípios masculino e feminino.

Um horóscopo pessoal é um "mapa" que mostra a posição precisa dos planetas do nosso sistema solar em relação à Terra, no momento do nascimento do indivíduo. No seu formato básico, o mapa natal consiste em dez planetas e doze signos zodiacais.

Os doze papéis astrológicos do sol

O amor, o ódio, o nascimento, a morte, a infância, a paternidade e a velhice são temas universalmente conhecidos por toda a humanidade. O espectro completo das experiências humanas é simbolizado pela roda Astrológica, à medida que o Sol faz a sua jornada simbólica pelos doze signos zodiacais. Segundo a Astrologia, todos nascemos para nos juntar ao grande ciclo da existência e para assumir um papel dentro do drama divino. Nas palavras de Shakespeare: "O mundo todo é um palco e todos os homens e mulheres são apenas atores".

Na visão do todo, tudo está em relação com tudo o mais, tudo está interconectado. Da mesma forma, na Astrologia, todos os doze signos estão incorporados às psiques dos indivíduos e da humanidade. Embora uma pessoa nasça em um signo em particular, para se integrar ao todo, ela precisa se conectar aos outros onze signos. Na nossa vida diária, experimentamos todas as facetas dos doze signos, mas o nosso signo do Sol pode ser interpretado como o maior papel que temos de aprender a desempenhar. Em termos psicológicos, Carl-Gustav Jung interpretou os papéis universais como arquétipos.

As pessoas normalmente pensam que estão representando os próprios papéis, mas, por meio da auto-realização, elas são levadas a reconhecer que os indivíduos são apenas condutores ou canais do divino e que por meio delas o Universo é visto de acordo com o tempo e espaço dos seus desempenhos. O astrólogo Dane Rudhyar disse em seu livro *Uma mandala astrológica:* "O ego em [um indivíduo] se torna uma lente cristalina por meio da qual a vontade de Deus se concentra no ato individualizado. Ele nada faz, mas A Mente Única o pensa. Sua vida se tornou sagrada porque não é mais a sua vida, mas todo o seu desempenho com e por intermédio do espaço do seu organismo total".

Os arquétipos e os papéis dos doze signos zodiacais

Cada signo zodiacal assume e desempenha os papéis de determinado arquétipo para manifestar o próprio poder de criação.Na lista a seguir, alguns dos maiores arquétipos e papéis estão associados a cada signo:

♈ ÁRIES: o líder, o entusiasta, o pioneiro, o guerreiro, o destemido, o competidor

♉ TOURO: o pragmático, o sensual, o amante da natureza, o cantor, o avaliador

♊ GÊMEOS: o comunicador, o intérprete, o escritor, o orador, o contador de histórias, o educador

♋ CÂNCER: a mãe, o provedor, o psíquico, o conselheiro, o protetor

♌ LEÃO: o performático, o rei ou rainha, a criança, o artista criador, o amante, o ator

♍ VIRGEM: o analista, o perfeccionista, o pesquisador, o servo, o purificador, o crítico

♎ LIBRA: o amante, o diplomata, o parceiro, o socializador, o anfitrião, o equilibrador, o negociador

♏ ESCORPIÃO: o controlador, o hipnotizador, o mágico, o detetive, o transformador

♐ SAGITÁRIO: o viajante, o filósofo, o otimista, o explorador, o estrangeiro

♑ CAPRICÓRNIO: o pai, a figura de autoridade, o trabalhador, o disciplinador, o tradicionalista

♒ AQUÁRIO: o humanista, o observador imparcial, o inventor, o cientista, o amigo, o excêntrico, o revolucionário, o anarquista

♓ PEIXES: o visionário, o romântico, o salvador, o místico, o curador, o sonhador, o poeta

Os doze signos zodiacais

♈ Áries

Cheios de energia e de idéias criativas, os arianos pertencem ao primeiro signo do zodíaco. Áries é um signo de fogo, e o nativo de Áries é altamente vigoroso e entusiasta; ele acredita genuinamente que o mundo está aí para que ele o explore e conquiste. Ardente e assertivo por natureza, o nativo de Áries avança rapidamente com projetos e atividades intermináveis, que gosta de iniciar. Os arianos são pioneiros e líderes do zodíaco. Mesmo os mais calmos desejam secretamente ser o número 1 ou o primeiro em alguma coisa. Regidos pelo planeta Marte, os arianos são agentes ativos e muito raramente ficam inativos. Combinando um corpo ativo com um espírito ousado e empreendedor, os arianos procuram avidamente estar à frente de qualquer atividade. Freqüentemente ousados e apaixonados, eles podem ser altamente idealistas e muito leais às pessoas que amam. Os arianos gostam de conversar longamente com os seus parceiros a respeito dos seus projetos favoritos, mas também sabem apoiá-los.

♈

PRIMEIRO SIGNO
CARDEAL FOGO
PLANETA REGENTE: MARTE
PARTE DO CORPO: CABEÇA
PALAVRAS-CHAVE:
ENERGIA, ATIVIDADE, LIDERANÇA

♈

Como a paciência não é o seu ponto forte, podemos sempre reconhecer os arianos pela abordagem direta, pela ação decisiva e pela falta de sutileza e tato. Essa mesma impaciência pode também torná-los intolerantes, impulsivos e com muita tendência a agir sem prudência. Contudo, sabem reagir às crises e têm habilidade para responder aos desafios de frente e para enfrentar com coragem situações difíceis.

Apesar de se colocarem contra a opinião pública, os arianos, em geral, recusam-se a comprometer seus ideais, mesmo que isso os coloque em situação difícil. À medida que envelhecem, no entanto, a maior parte deles irá aprender a ser humilde, não sem antes passar por muitos confrontos. Os homens deste signo adoram fazer o papel de cavaleiro errante e as mulheres têm uma aparência enérgica e assertiva.

Freqüente e facilmente, os arianos se enraivecem e se mostram ávidos por expressar as próprias opiniões, mas são também muito rápidos em perdoar e esquecer. Estimulados pela adrenalina e sem paciência para detalhes, estão em geral com pressa e trabalham melhor quando são eles que iniciam os projetos. Não obstante, as personalidades de Áries precisam evitar a ingenuidade e o autocentramento ou a tendência a implicar com as outras pessoas.

De modo geral, os arianos são cheios de energia criativa e inspiração e têm muita fé em si mesmos. Isso normalmente se manifesta na sua habilidade de liderança natural. Por isso, não é de surpreender que façam com que os outros os sigam.

Sem nunca se deixar levar pelo desânimo, sempre dinâmico e generoso, o espírito ariano vive para mais um dia de luta.

♉ Touro

Os cordatos taurinos são indivíduos serenamente determinados e muito sensíveis, que nunca desistem. Pacientes e persistentes, eles prosseguem, deixando os outros pelo caminho. Sua maneira calorosa, aparentemente calma e fácil reflete alegria pela simplicidade da vida.

Os taurinos não gostam de se apressar — tomam decisões cuidadosa e deliberadamente, colocando em primeiro plano a segurança e as questões de ordem financeira. Por terem Vênus como planeta regente, os taurinos são muitas vezes magnéticos, sensuais e muito atraentes ao sexo oposto. A influência de Vênus também confere amor à beleza, interesse pelas artes e refinamento.

♉

SEGUNDO SIGNO
FIXO TERRA
PLANETA REGENTE: VÊNUS
PARTES DO CORPO:
GARGANTA E PESCOÇO
PALAVRAS-CHAVE:
RESISTÊNCIA, PERSISTÊNCIA
E SENSUALIDADE

♉

Touro é um prático signo da Terra, e por isso os confortos básicos da vida, como comida e moradia, são muito importantes para os taurinos. Freqüentemente, eles se tornam especialistas em culinária, conhecedores de vinhos e gostam muito de diversão. Os taurinos são também os banqueiros simbólicos do zodíaco — a maioria deles costuma anotar cuidadosamente todas as transações financeiras. Quando chamados de materialistas, os taurinos respondem que são apenas sensatos e que sabem o valor do dinheiro. Eles podem se tornar especialistas na avaliação de tudo: de questões financeiras a si mesmos.

Taurinos costumam ser generosos com as pessoas que amam, mas devem evitar ser muito possessivos. Amigos leais e devotados, freqüentemente sofrem em silêncio para manter a paz, mas tornam-se obstinados e teimosos se forem muito pressionados. As personalidades taurinas precisam sentir que estão com os pés no chão e que têm estabilidade. Por isso preferem manter as coisas do jeito em que estão. Em períodos de mudanças e de instabilidade, podem ter dificuldade para se adaptar a novas situações. Felizmente, sempre podem encontrar conforto no amor que têm pela arte, na criatividade, nas alegrias da natureza ou na música.

Em geral, os taurinos têm uma voz atraente e calma e são, muitas vezes, bons cantores. Contudo, se estão estressados, podem ter problemas na garganta, embora tendam a ser fortes e saudáveis. Personalidades taurinas amam o prazer e o conforto, mas precisam se resguardar da tendência ao excesso de auto-indulgência para com as coisas boas da vida.

Muitas vezes, esses indivíduos são pragmáticos e perseverantes e se esforçam diligentemente por conquistar os seus objetivos. Firmes em suas decisões para construir uma fundação sólida, os taurinos podem atrair e alcançar o sucesso.

♊ Gêmeos

Comunicadores naturais com uma interminável sede de conhecimento, os geminianos são eternos estudantes. Como pertencem a um signo de ar e são muito inteligentes, os nativos de Gêmeos estão sempre em movimento, sempre tentando satisfazer a própria curiosidade mental. Extremamente rápidos para apreender os pontos importantes de qualquer assunto, eles adquirem um conhecimento geral amplo, que adoram dividir com os outros. Os geminianos podem ser inteligentes, multitalentosos e entusiásticos, mas devem se prevenir contra a tendência a desperdiçar energia. Por meio da disciplina e da educação mental, os geminianos podem aprender a desenvolver um pensamento mais profundo.

♊

TERCEIRO SIGNO
MUTÁVEL AR
PLANETA REGENTE: MERCÚRIO
PARTES DO CORPO: PULMÕES, BRAÇOS, MÃOS
PALAVRAS-CHAVE: VERSATILIDADE, LOQUACIDADE, INGENUIDADE

♊

Associados a Mercúrio, os nativos deste signo muitas vezes possuem uma qualidade andrógina e têm um corpo elegante e jovem. Os geminianos costumam ter um rosto brilhante e expressivo e gostam de usar as mãos quando expressam as suas idéias. Como gostam de falar, podem conversar durante horas, o que em geral resulta em contas telefônicas altíssimas. Com uma aparência jovem, os geminianos são muitas vezes comparados à criança eterna — sempre maravilhados.

Uma vez que seu sistema nervoso é sensível, os geminianos acham difícil concentrar toda a sua atenção em uma coisa ou pessoa. Como o seu símbolo, os gêmeos, eles são conhecidos por serem capazes de fazer pelo menos duas coisas ao mesmo tempo, e também por serem flexíveis, versáteis e adaptáveis. Aéreos e sofisticados, os geminianos não gostam de assumir compromissos e não gostam de se chatear ou de chatear os outros. Conhecidos por não serem consistentes, os geminianos parecem ter muitas personalidades e mudanças de humor. Os nativos de Gêmeos são, em geral, intelectuais e normalmente interessam-se mais por desafios mentais do que por paixões terrenas.

Leves e amigáveis, os geminianos têm uma relação fácil com os outros e estão sempre dispostos a compartilhar a verdadeira mina de informações que têm nas mãos. Com o seu charme jovial e espirituosidade natural, ninguém se surpreende ao saber que eles são os mais encantadores amigos e companheiros. Divertidos e cheios de idéias, os nativos de gêmeos são altamente expressivos quando liberam o seu espírito mercurial.

♋ Câncer

Os emotivos e sensíveis cancerianos são regidos pelos sentimentos. Como seu planeta regente, a Lua, eles passam por todo o espectro de emoções ligadas às mudanças da maré. Os nativos de Câncer têm o poder do mais profundo oceano e a vulnerabilidade de um caranguejo solitário em uma praia deserta. Como o caranguejo, eles têm uma concha protetora de timidez ou reserva para ocultar sua grande sensibilidade e cautela. Quando se retiram para recuperar as forças, não se deve jamais interpretar isso como fraqueza.

Solidários e gentis, os cancerianos têm uma grande necessidade de acalentar. Por isso, muitas vezes, assumem o papel de pai ou terapeuta. Podem ter uma inclinação extremamente protetora e defendem os que amam. De tudo! Não é de surpreender que a casa e a família tenham um papel importante na sua necessidade de segurança. Em geral caseiros, os nativos de Câncer são muitas vezes *gourmets* e podem até ficar inseguros se não tiverem a geladeira cheia.

♋

QUARTO SIGNO
CARDEAL ÁGUA
PLANETA REGENTE: LUA
PARTES DO CORPO: SEIOS E ESTÔMAGO
PALAVRAS-CHAVE: SENSIBILIDADE, SOLIDARIEDADE, AFEIÇÃO

♋

Apesar da constante variação de humor, essas personalidades são naturalmente afáveis e podem até precisar evitar sufocar os outros com o seu amor e devoção protetores. Câncer é um signo da água, e os cancerianos são muitas vezes tímidos e sentimentais, com tendência a se prender ao passado e a se tornarem ávidos colecionadores. Os objetos da sua coleção podem incluir desde móveis de família até antigüidades e memórias contidas em fotografias e cartas. Os cancerianos podem também ter tendência a se prender ao dinheiro, que costumam guardar em cadernetas de poupança para períodos difíceis.

Os nativos de câncer muitas vezes possuem uma personalidade complexa. Por um lado, parecem ser uma fortaleza, mas por outro parecem ter a vulnerabilidade de uma criança. Eles são mestres na arte da resistência passiva.

Com a Lua colorindo as suas respostas, os cancerianos são naturalmente intuitivos ou mediúnicos e podem ser facilmente feridos. A sua poderosa imaginação e compreensão sensível podem encontrar uma via de expressão por meio do mundo da criação e da arte. E, acima de tudo, quando confiam suficientemente em alguém para mostrar seus sentimentos, podem ser fortes, leais e protetores.

♌ Leão

Calorosos, amorosos e generosos, os leoninos possuem um grande coração. Seus gestos amáveis e magnânimos vêm do amor que têm ao senso dramático, pois gostam de se exibir e se sentem as pessoas mais felizes do mundo quando conseguem uma platéia que os aprecie. Felizmente, para compensar sua tendência a ser o centro das atenções, os leoninos também são atenciosos com os outros. Eles podem aprovar generosamente os projetos alheios e cumulá-los de elogios.

♌

QUINTO SIGNO
FIXO FOGO
PLANETA REGENTE: SOL
PARTE DO CORPO: CORAÇÃO
PALAVRAS-CHAVE: VITALIDADE, CONFIANÇA, AUTO-EXPRESSÃO

♌

Regidos pelo Sol, os leoninos possuem uma jovialidade divertida e uma grande necessidade de se expressar. Como vêem a si próprios nos papéis principais, e não em papéis coadjuvantes, os nativos de Leão muitas vezes têm problemas com a vaidade e o orgulho. Para eles, é difícil admitir que estão errados e a bajulação os deixa vulneráveis à manipulação. Contudo, os leoninos compensam facilmente as próprias falhas com sua personalidade ensolarada, senso de divertimento e generosidade. Essas pessoas amigáveis e gregárias são as parceiras ideais para eventos sociais, festas, idas ao teatro e longos feriados.

O desejo de brilhar, combinado com o seu ar régio e imponente, leva-o a posições de autoridade, nas quais podem exibir suas formidáveis habilidades de liderança. Os leoninos assumem naturalmente o comando. Como às vezes fazem isso sem que lhes seja pedido, podem ser acusados de muito mandões. Contudo, geralmente trabalham duro para cumprir as responsabilidades e são excelentes gerentes e líderes. Os leoninos que não preencherem seu potencial natural podem ficar preguiçosos e desanimados.

Os nativos deste signo são conhecidos pela coragem e preferem desempenhar um papel forte e protetor em relação aos outros, em vez de se comportarem como fracos e indefesos. Mesmo quando os leoninos mais calmos ocultam o orgulho e a grandeza atrás de uma fachada modesta, deixam entrever a sua dignidade régia. Os leoninos pressupõem que as outras pessoas possuem um senso de integridade similar ao seu e por isso tomam cuidado, no caso de uma desavença, em respeitá-las. Eles gostam de causar uma boa impressão nas pessoas e têm consciência do impacto que causam sobre os outros.

Como são de um signo fixo de fogo, os leoninos podem ser animados e entusiásticos, embora um tanto teimosos. Sua criatividade e teatralidade combinadas os tornam grandes românticos. Os leoninos amam o amor, amam ser amados. Independentemente de onde alguém os conheça, sua personalidade ensolarada causa uma impressão duradoura.

♍ Virgem

Analíticos e eficientes, os virginianos têm um forte senso de ética. Eles precisam de ordem em suas vidas e desejam que as coisas sejam feitas de forma metódica. Os virginianos estão sempre examinando e aperfeiçoando os sistemas existentes, para melhorá-los. Infelizmente, esse perfeccionismo pode se estender às críticas às pessoas ao redor, fazendo com que elas resistam às suas mensagens. Por outro lado, os nativos deste signo não gostam quando você aponta os seus defeitos, pois já têm bastante consciência deles e são os mais ferrenhos críticos de si mesmos. Essa habilidade para avaliar as próprias falhas pode fazer com que os virginianos sejam modestos e moderados. Muitas vezes, eles sempre medem o próprio valor pelo metro da ajuda aos outros.

♍

SEXTO SIGNO
MUTÁVEL TERRA
PLANETA REGENTE: MERCÚRIO
PARTE DO CORPO: INTESTINO
PALAVRAS-CHAVE: DISCERNIMENTO, EFICIÊNCIA, SERVIÇO

♍

Regidos por Mercúrio, os virginianos são inteligentes, articulados e com capacidade de discernimento, e, devido ao elemento Terra, podem ser pessoas práticas, organizadoras capazes, que trabalham duro e prestam atenção aos detalhes. Econômicos e prudentes com o dinheiro, os virginianos às vezes são pães-duros, mas podem ser mais do que generosos com o tempo e o dinheiro quando alguém precisa de ajuda. Contudo, eles esperam que as pessoas a quem ajudam se esforcem para ajudar a si mesmas. Os virginianos, de maneira geral, não gostam de estupidez ou vulgaridade e têm mentes lógicas que instintivamente buscam a ordem no meio da confusão. Eles usualmente analisam os mínimos detalhes, mas devem evitar a tendência a avaliar repetidas vezes as mesmas questões, sob risco de deixar de ver a situação como um todo.

Com padrões extremamente altos, os nativos de Virgem podem ser altamente discriminadores e cansativos em certas áreas. Eles muitas vezes se interessam por limpeza e alimentação, acreditam na importância dos exercícios e de um estilo de vida saudável. Apesar disso, podem, às vezes, sofrer de tensão mental, com risco de se tornarem superansiosos e neuróticos. Isso freqüentemente é decorrência da pressão do trabalho: devido ao forte senso de obrigação e dever, os virginianos muitas vezes assumem mais do que podem fazer. Geralmente funcionários maravilhosos, os virginianos não gostam de desordem e são defensores da meticulosidade e da eficiência.

Confiáveis e sinceros, com uma maneira metódica de encarar a vida, os virginianos serão sempre os pilares do apoio prático e sensato. Na verdade, eles sempre oferecem ajuda antes de serem requisitados.

♎ Libra

Os nativos de Libra são os diplomatas do zodíaco. Para evitar a desarmonia, usam o charme, dão o sorriso mais encantador do mundo e fazem o possível para manter a paz. Afetuosos, graciosos e refinados, os librianos têm necessidade de ser populares. Como pertencem a um signo de ar, eles possuem leveza, são amigáveis, inteligentes e sociáveis.

Regidos por Vênus e com uma consciência aguçada dos relacionamentos, os librianos são sempre capazes de ver as coisas do ponto de vista do outro. Esse princípio de equilíbrio muitas vezes faz com que precisem de um parceiro que aja como espelho para que possam se entender melhor. Especialistas quando se trata de justiça e de imparcialidade, os librianos pesam tudo cuidadosamente antes de tomar uma decisão. Discutem os prós e os contras de qualquer situação ou problema com uma lógica e discernimento impressionantes. Essa habilidade garante a sua excelência na arte de ceder e negociar. Infelizmente, isso pode causar indecisão e uma falta de habilidade para chegar a uma conclusão final.

SÉTIMO SIGNO
CARDEAL AR
PLANETA REGENTE: VÊNUS
PARTE DO CORPO: RINS
PALAVRAS-CHAVE: EQUILÍBRIO, DIPLOMACIA, RELACIONAMENTO

Equilíbrio é uma palavra-chave poderosa para os librianos. Embora desejem genuinamente a harmonia, eles estão sujeitos a períodos difíceis quando um dos pratos de suas balanças pesa muito para um dos lados. Contudo, à medida que desenvolvem a própria autoconsciência e ajustamento interno, eles se tornam mais confiáveis. Isso diminui a sua tendência a se tornar dependentes de outras pessoas. Os librianos precisam aprender a defender as suas crenças, mesmo que elas provoquem desavenças.

Regidos por Vênus, os nativos deste signo são sociáveis, elegantes e grandes amantes da beleza e do luxo. Em geral, têm uma casa atraente e têm alguma forma de expressão artística. Com um dom natural para apreciar as cores, precisam estar rodeados por ambientes de bom gosto e harmoniosos, senão podem se sentir infelizes. Esse amor pela beleza pode também ser percebido em sua aparência, pois inevitavelmente se esforçam para ficar atraentes.

Excelentes anfitriões, os librianos gostam de atividades amorosas que combinem sociabilidade e amor, como casamentos ou pequenas festas de amigos e familiares. Na verdade, eles são grandes românticos que gostam de ser presenteados com chocolates ou flores, pois isso preenche a sua necessidade de beleza e a sua fraqueza por qualquer coisa doce. Com um pouco de amor e afeição, você sempre pode conquistar o coração de um libriano.

♏ Escorpião

Os magnéticos escorpianos pertencem ao mais apaixonado signo do zodíaco. Qualquer coisa que façam, fazem-na poderosa e intensamente. Com os escorpianos, nada é pela metade: eles são criaturas de poder, vontade e de extremos.

♏

OITAVO SIGNO
FIXO ÁGUA
PLANETA REGENTE: PLUTÃO
PARTE DO CORPO: ÓRGÃOS SEXUAIS
PALAVRAS-CHAVE: REGENERAÇÃO, MISTÉRIO, PODER

♏

Como pertencem a um signo de água, os escorpianos preferem investigar a vida em um nível emocional mais profundo. A linguagem frívola de um diletante não é para eles; os escorpianos querem a história verdadeira e investigam a verdade. Eles são especialistas em receber sinais subliminares, como o seu planeta regente, Plutão, o senhor do submundo. Assim, os escorpianos percebem psiquicamente o que as outras pessoas inconscientemente sentem e o que dizem. Como um detetive ou psicólogo, eles perguntam tudo a seu respeito, mas raramente dizem coisas acerca de si mesmos. Esse sigilo é, usualmente, um manto de poder. Como têm sentimentos profundos, os nativos de Escorpião podem ser dolorosamente feridos e por isso preferem manter o controle.

Uma grande lição de vida para os escorpianos envolve a superação do desejo mediante o uso criativo da vontade. Como o seu signo está conectado às raízes do impulso sexual, os seus sentimentos são fortes e intensos, levando-os, algumas vezes, ao ciúme e à possessividade.

A morte simbólica ou a transformação é uma experiência poderosa pela qual os escorpianos não têm medo de passar. Há momentos em que eles desejam se afastar de tudo para avaliar os seus sentimentos intensos. Não conseguem ser falsos, mesmo que isso signifique uma perda total. Esse traço, naturalmente, dá-lhes uma enorme força, pois não têm medo de se desfazer e de renunciar. Depois que se decidem a fazer algo, sua força de vontade é enorme. Como são de um signo fixo, têm uma resistência extraordinária e mantêm a perseverança até o final.

Os escorpianos são em geral competitivos e não gostam de perder. Quando são derrotados, muitas vezes querem provar que estão certos ou se vingar, não importa quanto tempo tenham de esperar. Por outro lado, quando estão do lado de alguém, são apaixonadamente leais e amorosos, entregando-se totalmente, independentemente de esforço ou sacrifício.

Escorpião é um signo de regeneração. Os nativos deste signo têm potencial para uma tremenda força que emana da sua conexão com as forças criativas fundamentais da natureza. O símbolo mágico da fênix renascendo das cinzas representa a sua habilidade de renascer, para subir novamente das profundezas às alturas com uma nova compreensão e poder. Para os escorpianos é tudo ou nada; eles não querem viver em um nível superficial e precisam de desafios para trazer à tona o poder e sentirem-se vivos.

♐ Sagitário

Os sagitarianos são espíritos livres, com um estilo amigável e independente. Não gostam de ser amarrados e são idealistas incuráveis, sempre procurando expandir horizontes e melhorar a própria situação. Otimistas e despreocupados, eles têm amor à verdade, à honestidade e à justiça, o que faz com que tenham uma maneira muito filosófica de abordar a vida.

Indivíduos animados, os nativos deste signo pensam em larga escala e têm grande visão. Sua habilidade para perceber o "grande plano" significa que estão sempre trabalhando em algum projeto para o futuro. Adoram explorar e são viajantes inveterados, da mente e do mundo. Como dão muito valor ao conhecimento e à sabedoria, eles procuram inspiração para si mesmos e para os outros, desejando, genuinamente, animar as pessoas com suas palavras divertidas e inteligentes ou com um sorriso. Infelizmente, muitas vezes alcançam o efeito oposto, pois se esquecem de pensar antes de falar. Diretos e francos, os sagitarianos dizem qualquer coisa que vem à mente com uma honestidade e uma franqueza que espantam. Contudo, depois de dar um fora, os sagitarianos se desculpam animadamente, o que faz parte do seu charme, pois assim eles podem, genuinamente, garantir que não tinham intenção de ofender e acabam sempre sendo perdoados.

♐

NONO SIGNO
MUTÁVEL FOGO
PARTE DO CORPO: QUADRIS E COXAS
PALAVRAS-CHAVE: HONESTIDADE, EXPLORAÇÃO, IDEALISMO

♐

Por meio de sua constante necessidade de expansão, os sagitarianos freqüentemente se dedicam ao aprendizado mais elevado e gostam de explorar assuntos como filosofia, religião, viagens e direito. Alguns sagitarianos são mais esportivos do que intelectuais e se divertem com jogos. Geralmente afortunados, eles adoram correr riscos de uma forma ou de outra, e podem ser levados ao jogo ou à especulação.

O que quer que os sagitarianos façam, fazem-no com estilo. Diante de sua necessidade de desfrutar as coisas boas da vida, eles muitas vezes querem o melhor. Mas é importante que tomem cuidado para não levar o gosto por extravagâncias longe demais e se tornar ávidos ou auto-indulgentes. Para compensar, os sagitarianos são bem-humorados e sinceros. Adoram a liberdade de se movimentar e por isso preferem deixar todas as opções abertas.

Entusiásticos, calorosos e generosos, os nativos de Sagitário são como os arqueiros, que miram com suas flechas à distância. Eles sabem como se divertir e são ávidos por aventuras.

♑ Capricórnio

Por serem os mais realistas, os capricornianos sabem muito bem que nada se ganha sem trabalho árduo. Eles têm um forte senso de dever e esperam com paciência a realização das próprias ambições. Como a cabra, eles no final subirão ao topo da montanha, mesmo que isso demore a vida inteira.

Trabalhadores árduos, diligentes e determinados, os capricornianos precisam ter um propósito, pois sem objetivo preciso sentem-se perdidos. Eles desejam ordem e estrutura para se sentir completos e geralmente fazem listas de tarefas diárias. A segurança é importante para eles e, influenciados por seu planeta regente, Saturno, encaram a vida de forma cautelosa e conservadora. Nutrem um grande respeito pela autoridade e admiram a sabedoria da idade e a experiência. Isso se estende ao trabalho que fazem, pois os nativos de Capricórnio são muito conscienciosos. Contudo, podem também ser teimosos, frios e calculistas, usando sua dureza saturnina para alcançar metas egoístas, em vez de usá-la para se autodisciplinar, normalmente uma das suas maiores qualidades.

♑

DÉCIMO SIGNO
CARDINAL TERRA
PARTE DO CORPO: OSSOS
PALAVRAS-CHAVE: AMBIÇÃO, CONSCIÊNCIA, DILIGÊNCIA

♑

As características de economia, praticidade e parcimônia do elemento terra do capricorniano se misturam bem com o seu desejo de *status* e prestígio, permitindo que eles conquistem posições de poder sem desperdiçar esforços. Não são frívolos nem volúveis — assumem as responsabilidades seriamente e colocam a casa e a família no topo de suas prioridades. Infelizmente, os capricornianos podem também ser pessimistas, sentindo que nunca são bons o suficiente, e devem se proteger da depressão. Quando têm dúvidas quanto a si próprios e quanto às suas habilidades, eles podem desistir antes mesmo de tentar, mas quando têm a segurança proporcionada por uma sólida base, podem ser incansáveis no impulso para o sucesso. Mais do que qualquer outra coisa, os nativos deste signo precisam desenvolver uma perspectiva otimista e positiva.

Lembre-se de que sob o exterior ligeiramente tímido e reservado dos capricornianos, há um maravilhoso senso de humor e uma tenacidade que deriva da disciplina interior. Quando as pessoas precisam de ajuda, sabem que sempre podem contar com um capricorniano confiável e sólido.

♒ Aquário

Originais e anticonvencionais, os aquarianos são progressistas e independentes. O interesse dos aquarianos pela raça humana é como um exercício intelectual. Sempre agindo como observadores imparciais, eles são capazes de um ponto de vista impessoal e não emocional. Essa tendência significa que eles podem pensar em termos de consciência de grupo, percebendo que as pessoas são indivíduos separados que operam dentro de um todo maior. Essa consciência humanitária é uma forte característica dos aquarianos, que sempre trabalham por objetivos universais e filantrópicos e fazem campanhas por causas justas. A falta de separatismo faz dos aquarianos pessoas amigáveis e úteis, permitindo que falem a estranhos como se os conhecessem.

DÉCIMO-PRIMEIRO SIGNO
FIXO AR
PARTE DO CORPO: TORNOZELOS E PANTURRILHAS
PALAVRAS-CHAVE: DESAPEGO, HUMANITARISMO, INDEPENDÊNCIA

A inclinação à rebeldia dos nativos de Aquário se origina do seu planeta regente, Urano, que é conhecido pela habilidade de perceber tendências futuras, como também pela grande necessidade de liberdade. Aquarianos não gostam de receber ordens e gostam de pensar independentemente e de fazer as coisas do seu jeito único. A insistência em seguir um determinado caminho certamente faz com que eles muitas vezes sigam exatamente o caminho oposto. A combinação da grande necessidade de ser do contra com o seu signo fixo pode torná-los pessoas teimosas. Felizmente, eles sempre estão abertos a ouvir pontos de vista diferentes, contanto que sejam apresentados com objetividade. A perspectiva futurista dos aquarianos permite-lhes abraçar os avanços tecnológicos sem se sentir intimidados. Como Urano, os aquarianos têm uma qualidade excêntrica, que pode se manifestar na forma de uma intuição mental. Isso pode sempre produzir o "efeito eureca", quando subitamente descobrem que alguma coisa é verdadeira. Essa genialidade burlesca pode torná-los voláteis e imprevisíveis, mas também altamente inventivos.

Embora cada aquariano tenha uma aparência individual, todos sabem que são parte de um grupo unido que defendem os direitos humanos e as causas sociais. Mesmo que o resto do mundo não possa compreendê-los atualmente, os aquarianos serão compreendidos no futuro.

♓ Peixes

Os piscianos possuem uma natureza sentimental altamente desenvolvida. Os sensíveis piscianos constantemente recebem impressões do ambiente exterior, embora estejam sempre aguçadamente conscientes das próprias motivações interiores. Eles sempre se retiram para o mundo privado dos sonhos para desfrutar os devaneios da sua poderosa e extraordinária imaginação e, às vezes, para escapar da realidade mais dura da vida. O símbolo de Peixes é representado por dois peixes nadando em direções opostas, indicando uma personalidade dual de extremos. Às vezes, os nativos de Peixes podem se sentir cansados e letárgicos, ou apenas erráticos, e, em outros momentos, podem ser eficientes, precisos e extremamente trabalhadores.

♓

DÉCIMO-SEGUNDO SIGNO
MUTÁVEL ÁGUA
PARTE DO CORPO: PÉS
PALAVRAS-CHAVE: COMPAIXÃO, RECEPTIVIDADE, IMAGINAÇÃO

♓

Espiritualmente abertos a todas as emoções mais sutis, piscianos podem demonstrar generosidade e compaixão. Como nem sempre possuem fronteiras bem demarcadas, podem muitas vezes se dissolver nas necessidades de outras pessoas. Por isso, os piscianos precisam ser cuidadosos para não perder o próprio senso de autovalorização ou até mesmo para não se martirizar. Em geral, precisam ser sempre animados como forma de estimular sua confiança e, às vezes, podem ser bastante obstinados, não permitindo que ninguém os influencie. O signo menos egoísta do zodíaco, Peixes pode ser extremamente paciente, mas se for provocado pode se tornar surpreendentemente agressivo.

Sentimentais, amáveis e emotivos, os piscianos são muito receptivos ao meio ambiente ou aos sentimentos dos outros. Combinada com a sua impressionante imaginação, essa qualidade faz com que os piscianos sejam excelentes em qualquer tipo de cura, música, arte, teatro ou fotografia, e, em particular, em assuntos de natureza espiritual. Assim como os peixes que nadam em direções opostas, os piscianos também podem sofrer oscilações de humor. Às vezes, são extremamente otimistas e em outras ocasiões podem se tornar vagos ou sofrer de falta de impulso e desistir facilmente. Nesses momentos, eles devem se resguardar do escapismo ou do desânimo. É especialmente fácil para os piscianos idealistas projetarem as próprias expectativas elevadas e seus sonhos em outras pessoas e acabarem desiludidos.

Felizmente, eles podem usar essa habilidade psíquica natural para se conectar diretamente com a consciência de toda a humanidade. São os visionários que podem levantar os ânimos dos que estão à sua volta com humor, charme e simpatia.

Os dez planetas

Cada um dos planetas representa uma função psicológica e corresponde aos diversos aspectos da nossa personalidade. Os traços de caráter são sugeridos pelas posições dos planetas e pela relação que eles mantêm entre si. Na Astrologia, o Sol e a Lua, tecnicamente chamados de *luminares*, estão incluídos nos dez planetas que compõem o nosso sistema solar. Os assuntos-chave associados a cada planeta estão listados a seguir.

☉ O sol

Como centro de energia do nosso sistema solar, o Sol irradia o poder da luz e da vitalidade e está relacionado à força doadora da vida. Na Astrologia, ele representa a fonte de energia de cada criatura viva e fornece uma afirmação vigorosa de individualidade. O Sol significa o centro do nosso ser, nosso senso de identidade e ego. O glifo do Sol é um círculo com um ponto no centro, indicando o coração do nosso universo físico. No simbolismo esotérico, esse círculo representa a totalidade do infinito ou da eternidade; o ponto no meio significa um ponto particular no tempo e no espaço dentro dessa totalidade. Força de vontade, energia, força e auto-expressão são apenas alguns dos atributos do Sol. Ele também representa a ambição e o orgulho, a consciência e a autoconfiança e é uma metáfora do pai e do arquétipo masculino. Na mitologia, os reis e os heróis são freqüentemente associados a Hélio ou ao Sol, que é o planeta que rege Leão.

- **Positivo**: vitalidade, individualidade, criatividade, vigor, força de vontade, inspiração, autoconsciência, o ego, identidade
- **Negativo**: egoísmo, autocentramento, orgulho, arrogância, dominação

☾ A lua

A Lua recebe a luz refletida do Sol e é o único satélite que orbita em torno da Terra. A influência da Lua é essencialmente receptiva e não-racional. A Lua simboliza as nossas necessidades emocionais e instintos e governa o elemento água, incluindo os oceanos e as marés, além da vida noturna. Na Mitologia, Ísis, Ártemis e Diana representam as diversas faces da deusa Lua. Tradicionalmente, a Lua está associada ao feminino e à antiga concepção grega de Gaia. Geralmente associada às intuições e à habilidade psíquica, a Lua é também muito retratada no folclore, na poesia e na mitologia. Sua divindade é particularmente expressa por meio da feminilidade e do ciclo de fertilidade, concepção, nascimento, maternidade e abundância da natureza.

Na Astrologia Psicológica, a Lua representa as nossas reações inconscientes e experiências subjetivas. Ela também corresponde ao ímpeto inconsciente de satisfazer as nossas necessidades básicas. A Lua reflete as nossas diferentes tensões e nos força a expressar esses sentimentos. A Lua também influencia as flutuações desses sentimentos ou humores e governa o signo de Câncer.

- **Positivo**: sensibilidade, nutrição, receptividade, intuição, habilidade psíquica
- **Negativo**: humor instável, supersensibilidade, excesso de emotividade

☿ Mercúrio

Na Mitologia, Mercúrio é o mensageiro dos deuses, que deu ao homem a linguagem e a capacidade de se comunicar e de aprender. Entre os gregos, Mercúrio era conhecido como Hermes, que deu de presente à humanidade a escrita e a linguagem.

Mercúrio tem um talento para a retórica e para a impostura mental, um reflexo da habilidade de desenvolver a mente consciente até que nos tornemos bastante inteligentes para o nosso próprio bem. Embora seja muitas vezes retratado como uma figura masculina jovem, Mercúrio não é feminino nem masculino. Isso simboliza o seu papel como um meio neutro de troca de informações. Mercúrio reflete o pensamento intelectual e racional e os poderes de discriminação e está associado ao comércio.

Psicologicamente, Mercúrio representa a habilidade mental e a necessidade de compreender e se comunicar, seja por meio do discurso, da escrita, do ensino, ou de qualquer outra forma de expressão mental.

Mercúrio rege os signos de Gêmeos e Virgem.

⬆ **Positivo**: inteligência, agilidade mental, capacidade de comunicação, intelectualidade

⬇ **Negativo**: impostura, intelecto fraco ou desenvolvimento excessivo do intelecto, falta de lógica

♀ Vênus

Na Mitologia, Vênus é a deusa do amor e da beleza, a mãe de Eros. Para os gregos, ela era conhecida como Afrodite. Simbolizando o princípio feminino, Vênus harmoniza e cria a unidade, além de também conferir o apreço pela natureza e pela arte.

Na área da Psicologia, Vênus representa o impulso para se relacionar com os outros, a expressão das necessidades amorosas e aquilo que traz prazer. Vênus é popular, charmosa e sedutora, embora possa ser um tanto indulgente e despreocupada.

Por tentar evitar confrontos a todo custo, Vênus procura neutralizar as ameaças, cativando ou seduzindo os seus opositores. Como a função de Vênus é promover a união, a atração exerce um papel importante. Vênus confere ênfase à aparência externa, à sociabilidade, ao amor romântico e ao sexo oposto. O planeta Vênus confere ainda um caráter doce, apreço pela natureza e desejos fortes. Vênus também 'suaviza' tudo o que toca e dota de senso estético e bom gosto, refinamento natural e talento para a arte e a música. Vênus governa tudo o que você valoriza e revela as suas atitudes em relação ao dinheiro e posses, além da autovalorização.

Vênus rege os signos de Touro e Libra.

⬆ **Positivo**: amor à beleza e à arte, calor humano, sociabilidade, senso de valor, cooperação

⬇ **Negativo**: busca do prazer, indulgência excessiva, preguiça, luxúria

♂ Marte

Na Mitologia, Marte é o deus da guerra.

Marte governa o nosso instinto de sobrevivência, seja nas ocasiões em que lutamos, seja nas ocasiões em que fugimos. Por ser a antítese de Vênus, Marte representa o princípio masculino e é competitivo, assertivo e pronto para a ação. Marte é cheio de energia e impulso e dá prova de coragem e vigor dinâmico quando enfrenta os adversários.

Marte também é associado ao arquétipo do herói. As qualidades marcianas são freqüentemente associadas a atos de bravura e indicam uma mentalidade destemida. Na vida moderna, podemos usar a energia de Marte para impulsionar a nossa carreira, realizar os nossos objetivos ou defender as nossas convicções.

Como a função de Marte diz respeito à nossa vontade de sobrevivência, ela é relacionada à liberação de adrenalina nos nossos corpos e à habilidade de reagir rapidamente. Em excesso, essas mesmas energias que geram assertividade e nos ajudam a lutar também podem se manifestar em um temperamento difícil, na raiva, na agressão e na impaciência. No entanto, sem Marte nós não teríamos dinamismo, vigor, iniciativa ou impulso para alcançar as nossas ambições pelo esforço.

Marte governa o signo de Áries.

Positivo: assertividade, coragem, dinamismo, ação, vigor

Negativo: agressividade, violência, comportamento grosseiro, raiva, inquietude

♃ Júpiter

Júpiter é o maior planeta do nosso sistema solar. Com o mesmo nome do deus do panteão romano (conhecido como Zeus entre os gregos), na Mitologia, Júpiter era associado à sabedoria, à vitória e à justiça. Em consonância com o seu grande tamanho, Júpiter expande ou exagera. Ele representa a nossa habilidade de ir além dos nossos horizontes atuais e buscar um plano ou visão maior, com otimismo e confiança.

O desejo de descobrir o sentido e a verdade maiores significa que Júpiter aborda a vida de forma filosófica. O desejo por um conhecimento mais amplo inspira um maior aprendizado e está ligado às universidades ou professores espirituais.

Além disso, como Senhor da Verdade, Júpiter é, com freqüência, associado ao sistema judicial, aos tribunais, à lei e à ordem.

Juntamente com o impulso de expansão mental, a sorte e abundância estão muitas vezes ligadas a Júpiter. Júpiter estimula o anseio por experiências e viagens a lugares distantes e exóticos. A expansão excessiva, contudo, pode levar à avidez, ao falso otimismo, à insinceridade e ao ego inflado. No melhor dos casos, Júpiter simboliza o idealista generoso e bem-humorado, que tem fé e sabedoria para tornar os próprios planos realidade.

Júpiter rege Sagitário.

Positivo: desejo de verdade, generosidade, idealismo, otimismo, viagens longas, aprendizado elevado

Negativo: exagero, excesso de expansão, falso otimismo, avidez

♄ Saturno

Na Mitologia, Saturno é o Velho Senhor, o Tempo, o Ceifador. Nos períodos grego e romano, Saturno era o deus da ordem social e era reproduzido como o colhedor, com uma foice simbolizando o princípio de que colhemos o que plantamos. Saturno representa a justiça perfeita ou a lei da causa e do efeito.

Psicologicamente, Saturno é o arquétipo do velho homem sábio, do professor. Aceitando a responsabilidade e a disciplina para atingirmos a auto-realização, nós nos tornamos mais velhos e mais sábios. O trabalho e o treinamento árduos sugeridos pela influência restritiva de Saturno, em última análise, valem a pena, porque são a única maneira de aprendizado. Para equilibrar a expansividade de Júpiter, temos a influência restritiva de Saturno, que pode conter o excesso de presunção e manter a ordem. A influência restritiva de Saturno, no entanto, pode gerar pessimismo, medo e seriedade excessiva.

Saturno quer definição, forma e estrutura. Ele cria fronteiras para manter controle, regulação e segurança. Saturno representa qualquer coisa dura, desde os nossos ossos e dentes até as situações em que precisamos ser duros com nós mesmos.

Como este planeta requer que enfrentemos as nossas responsabilidades e deveres, as suas lições são às vezes pouco confortáveis. Saturno é totalmente justo e imparcial: o trabalho dedicado é recompensado. Com Saturno, você não pode esperar algo do nada. Ele fornece determinação e perseverança para sermos bem-sucedidos.

Saturno governa o signo de Capricórnio.

🡅 **Positivo**: disciplina, ordem, autoridade, sabedoria, realismo, paciência, perseverança

🡇 **Negativo**: pessimismo, medo, excesso de severidade

♅ Urano

O antigo nome de Urano era Céu Noturno e, na Mitologia, Urano era o pai de Saturno. A vastidão dos céus simboliza a nossa habilidade de abrir as mentes para o universal. Urano traz iluminação e liberdade de espírito, rompendo com a restrição e a segurança de Saturno. Esse tipo de liberdade requer que deixemos espaço em nossa vida para o inesperado, ou que ousemos expressar a nossa individualidade, apesar das pressões do conformismo. Mas se forçarmos muito, corremos o risco de nos tornar rebeldes sem causa.

Por uma análise psicológica, por intermédio de Urano nós podemos ampliar o nosso ponto de vista para ter uma visão universal e compreender a humanidade como uma família de irmãos e de irmãs. Urano nos leva a lutar pelos direitos humanos e pela liberdade de expressar o nosso eu. Urano governa a energia elétrica de todos os tipos: ondas de televisão e de rádio, campos magnéticos, *lasers*, computadores e a nova tecnologia eletrônica.

Sempre olhando para o futuro e com capacidade de pensar de forma simbólica e abstrata, Urano representa a intuição e a inventividade. Isso de uma forma geral significa estar à frente da sociedade como um todo e se expressar de maneira individualista e não-convencional.

Urano rege o signo zodiacal Aquário.

🡅 **Positivo**: liberdade, humanitarismo, desapego, objetividade

🡇 **Negativo**: rebelião, excentricidade, tendências revolucionárias, teimosia

♆ Netuno

Na Mitologia, Netuno é o rei do mar, profundo, insondável e misterioso. Assim como o oceano pode dissolver as rochas em areia, Netuno pode, lenta e sutilmente, dissolver as barreiras criadas pelo ego, levando-nos à experiência mística. A névoa que paira sobre o mar é análoga à névoa que circunda este planeta, onde nada é sólido e tudo é ilusório e enigmático.

Psicologicamente, a função de Netuno é nos ajudar a transcender as nossas limitações, por meio do refinamento e da purificação de nossa natureza emocional. Diferentemente de Saturno, ele não tem fronteiras, mas sim um senso de unidade com todas as coisas. Contudo, essa habilidade para se misturar com tudo pode gerar uma sensação de incerteza. A extrema sensibilidade a tudo, indicada pela influência de Netuno, pode conferir uma grande compaixão pelo sofrimento da humanidade.

Ele ainda oferece a habilidade de se perder na inspiração criativa da arte, da música ou do teatro. Netuno pode dar ao artista a inspiração e a imaginação para tudo o que é possível. Com uma percepção e imaginação elevadas, pode ser fácil escapar para um mundo de fantasia, para o excesso de drogas ou de álcool, ou enganar a si mesmo e entrar em confusão. O trabalho positivo com Netuno envolve uma visão do nosso ideal que nos leva a alcançar os nossos sonhos.

Netuno rege o signo zodiacal de Peixes.

Positivo: sensibilidade, visão, compaixão, inspiração, transcendência

Negativo: ilusão, engano, escapismo, confusão, incerteza

♇ Plutão

Mitologicamente, Plutão, o rei do submundo, representa transformação, morte e renascimento. Plutão significa mudança profunda, e sua energia é intensa e poderosa. Sob a influência de Plutão, podemos ter a habilidade de penetrar ou ler o subconsciente a partir de sinais subliminares que ele gera, especialmente por meio da linguagem corporal. Isso pode ser usado positivamente em áreas como a Psicologia Profunda, mas também pode ser usado para controlar os outros.

A descoberta do planeta Plutão aconteceu na mesma época da descoberta das partículas subatômicas e da publicação da teoria do inconsciente de Jung. Seja governando personagens sombrias do submundo, fanáticos ou terroristas, ou grandes transformadores que trabalham para o bem da sociedade, a energia de Plutão pode ser extrema. Ele também pode provocar esse mesmo nível de reação intensa dentro de nós. Plutão freqüentemente simboliza a reação do tudo ou nada. Como parte de nossos esforços em direção ao auto-aperfeiçoamento, há sempre momentos em que devemos deixar para trás o velho sem garantias para o futuro. A energia da morte e do renascimento é poderosamente simbolizada por Plutão. Com a ajuda de Plutão, aceitamos as mudanças da nossa vida e aprendemos a deixar para trás, na hora certa, o passado ou qualquer coisa que tenhamos de superar. Plutão nos ensina que todo fim é um novo começo e que a vida continua. Esse conhecimento nos ajuda em todo o processo de reconstrução.

Plutão governa o signo de Escorpião.

Positivo: poder, transformação, regeneração, revelação do oculto

Negativo: abuso do poder, obsessão, compulsão

Decanatos

Um decanato consiste em 10 dos 360 graus do círculo zodiacal. Cada signo tem 30 graus daquele círculo, e assim cada signo contém três decanatos espacialmente equivalentes, embora simbolicamente diferentes. Lembre-se de que 30 graus do zodíaco equivalem a uma porção de 30 graus do caminho da Terra em volta do céu. À medida que o Sol passa pelo signo zodiacal (a constelação zodiacal no céu celestial oposta à posição da Terra em relação ao Sol) no curso de um mês astrológico, o Sol passa por três decanatos, um após o outro. O Sol se move para um novo decanato a cada dez dias, aproximadamente. Cada um dos três decanatos adiciona as influências do próprio planeta e signo às influências básicas gerais do signo do Sol.

Considerando o decanato, além do signo do Sol, podemos apurar a leitura da data de nascimento individual. Por exemplo, um capricorniano nascido no segundo decanato estará sob a influência do signo de Touro. Os egípcios antigos consideravam os significados dos decanatos tão importantes quanto os do signo do Sol.

As influências dos decanatos são determinadas pelo elemento associado ao signo que os contém. Cada signo se associa simbolicamente a um dos quatro elementos fundamentais:

- O elemento **fogo** rege: Áries, Leão, Sagitário
  Regentes planetários: Marte, Sol, Júpiter
- O elemento **terra** rege: Touro,Virgem, Capricórnio
  Regentes planetários: Vênus, Mercúrio, Saturno
- O elemento **ar** rege: Gêmeos, Libra, Aquário
  Regentes planetários: Mercúrio, Vênus, Urano
- O elemento **água** rege: Câncer, Escorpião, Peixes
  Regentes planetários: Lua, Plutão, Netuno

A seqüência dos três decanatos obedece ao mesmo padrão de cada um dos doze signos solares. Os decanatos de cada signo do Sol estão associados aos três signos associados ao elemento ligado ao do signo do Sol. Por exemplo, como você pôde ver anteriormente, Áries está ligado ao elemento fogo. Todas as pessoas nascidas sob o signo de Áries pertencem ao elemento fogo. Todos os três decanatos de Áries estão associados a signos correspondentes ao fogo. O primeiro decanato de Áries está associado ao signo do Sol mais próximo de Áries e ligado ao fogo, nomeadamente, o próprio signo de Áries. Em seguida, viajando em direção oposta ao do relógio ao longo do círculo do zodíaco, o próximo elemento fogo será Leão. Leão está, por isso, associado ao segundo decanato. Continuando o percurso pelo círculo, alcançamos o terceiro signo relacionado ao elemento fogo: Sagitário. O terceiro decanato de Áries está associado a Sagitário. Acontece o mesmo para todos os decanatos de todos os signos do Sol.

Cada signo, indo além, está associado a um planeta. Assim como o signo do Sol tem um regente planetário, o mesmo acontece para cada signo do decanato. O decanato de Áries é regido pelo planeta Marte e o decanato de Sagitário é regido pelo planeta Júpiter.

No diagrama a seguir, você poderá ver claramente como os decanatos operam dentro dos diferentes signos. Apresentamos uma lista dos signos do Sol e as influências dos decanatos localizados dentro de cada um deles, juntamente com os dias associados a cada decanato.

ÁRIES, 21 DE MARÇO A 20 DE ABRIL	
Áries-Áries	Decanato de Marte: 20-21 de março a 30 de março
Áries-Leão	Decanato do Sol: 31 de março a 9 de abril
Áries-Sagitário	Decanato de Júpiter: 10 de abril a 20-21 de abril

TOURO, 21 DE ABRIL A 21 DE MAIO	
Touro-Touro	Decanato de Vênus: 20-21 de abril a 30 de abril
Touro-Virgem	Decanato de Mercúrio: 1 de maio a 10 de maio
Touro-Capricórnio	Decanato de Saturno: 11 de maio a 21-22 de maio

GÊMEOS, 22 de MAIO A 21 DE JUNHO	
Gêmeos-Gêmeos	Decanato de Mercúrio: 21-22 de maio a 31 de maio
Gêmeos-Libra	Decanato de Vênus: 1 de junho a 10 de junho
Gêmeos-Aquário	Decanato de Urano: 11 de junho a 21-22 de junho

CÂNCER, 22 DE JUNHO A 22 DE JULHO	
Câncer-Câncer	Decanato da Lua: 21-22 de junho a 1 de julho
Câncer-Escorpião	Decanato de Plutão: 2 de julho a 11 de julho
Câncer-Peixes	Decanato de Netuno: 12 de julho a 22-23 de julho

LEÃO, 23 DE JULHO A 22 DE AGOSTO	
Leão-Leão	Decanato do Sol: 23-24 de julho a 2 de agosto
Leão-Sagitário	Decanato de Júpiter: 3 de agosto a 12 de agosto
Leão-Áries	Decanato de Marte: 13 de agosto a 22-23 de agosto

VIRGEM, 23 DE AGOSTO A 22 DE SETEMBRO	
Virgem-Virgem	Decanato de Mercúrio: 22-23 de agosto a 2 de setembro
Virgem-Capricórnio	Decanato de Saturno: 3 de setembro a 12 de setembro
Virgem-Touro	Decanato de Vênus: 13 de setembro a 22-23 de setembro

LIBRA, 23 DE SETEMBRO A 21 DE OUTUBRO	
Libra-Libra	Decanato de Vênus: 22-23 de setembro a 3 de outubro
Libra-Aquário	Decanato de Urano: 4 de outubro a 13 de outubro
Libra-Gêmeos	Decanato de Mercúrio: 14 de outubro a 22-23 de outubro

ESCORPIÃO, 23 DE OUTUBRO A 21 DE NOVEMBRO	
Escorpião-Escorpião	Decanato de Plutão: 22-23 de outubro a 2 de novembro
Escorpião-Peixes	Decanato de Netuno: 3 de novembro a 12 de novembro
Escorpião-Câncer	Decanato da Lua: 13 de novembro a 21-22 de novembro

SAGITÁRIO, 22 DE NOVEMBRO A 21 DE DEZEMBRO	
Sagitário-Sagitário	Decanato de Júpiter: 21-22 de novembro a 2 de dezembro
Sagitário-Áries	Decanato de Marte: 3 de dezembro a 12 de dezembro
Sagitário-Leão	Decanato do Sol: 13 de dezembro a 21-22 de dezembro

CAPRICÓRNIO, 22 DE DEZEMBRO A 20 DE JANEIRO	
Capricor.-Capricor.	Decanato de Saturno: 21-22 de dezembro a 31 de dezembro
Capricórnio-Touro	Decanato de Vênus: 1 de janeiro a 10 de janeiro
Capricórnio-Virgem	Decanato de Mercúrio: 11 de janeiro a 20-21 de janeiro

AQUÁRIO, 21 DE JANEIRO A 19 DE FEVEREIRO	
Aquário-Aquário	Decanato de Urano: 20-21 de janeiro a 30 de janeiro
Aquário-Gêmeos	Decanato de Mercúrio: 31 de janeiro a 9 de fevereiro
Aquário-Libra	Decanato de Vênus: 10 de fevereiro a 19-20 de fevereiro

PEIXES, 20 DE FEVEREIRO A 20 DE MARÇO	
Peixes-Peixes	Decanato de Netuno: 19-20 de fevereiro a 1 de março
Peixes-Câncer	Decanato da Lua: 2 de março a 11 de março
Peixes-Escorpião	Decanato de Plutão: 12 de março a 20-21 de março

Progressões

As progressões astrológicas são muito usadas como uma técnica do sistema de predições. O mais conhecido método de progressão se faz pela substituição de "um dia por um ano" como modo de mostrar simbolicamente as nossas vidas em câmera lenta. Nesse sistema simbólico de interpretação, os movimentos planetários ao longo de um dia são traduzidos como o movimento de planetas ao longo de um ano. Por exemplo, as posições dos corpos celestiais nos 24 dias depois do nascimento correspondem ao 24º ano da vida da pessoa.

O Sol é o signo do grande círculo estelar do zodíaco oposto à posição da Terra em relação ao Sol. Como a Terra orbita em torno do Sol, este se move através dos diversos signos localizados nos intervalos de 30 graus deste grande círculo estelar.

Neste livro, seguimos essa jornada do Sol através dos vários signos e interpretamos como isto afeta cada indivíduo. Com o sistema de progressão de "um dia por um ano", o Sol demora aproximadamente trinta anos, e não trinta dias, para viajar por cada signo zodiacal. Por exemplo, se você nasceu na cúspide entre dois signos, no sistema "um dia por um ano" o seu Sol progredido chega à próxima cúspide depois de trinta anos, no seu 30º aniversário. Se você nasceu no décimo quinto dia de um determinado signo do Sol, o seu Sol progredido se move até o próximo signo do Sol depois de quinze anos; no seu 30º aniversário, você terá alcançado a metade deste signo.

Se você nasceu perto do final do signo zodiacal ou em uma cúspide, o seu Sol progride até o próximo signo zodiacal em poucos anos. Nessas ocasiões, você pode sentir uma afinidade maior com o signo seguinte do que com o seu signo solar. Colocamos abaixo três exemplos e um mapa correspondente das progressões do Sol; os períodos de mudança estão assinalados com um X.

EXEMPLO 1: Se você nasceu no início do signo de Gêmeos, isto é, no dia 23 de maio, o seu Sol progride através de Gêmeos durante vinte e oito anos. Ele se move para o signo de Câncer quando você tem cerca de 29 anos. Em seguida, o Sol demora mais trinta anos para completar a jornada através do signo de Câncer e se mover para Leão, quando você completa 59 anos.

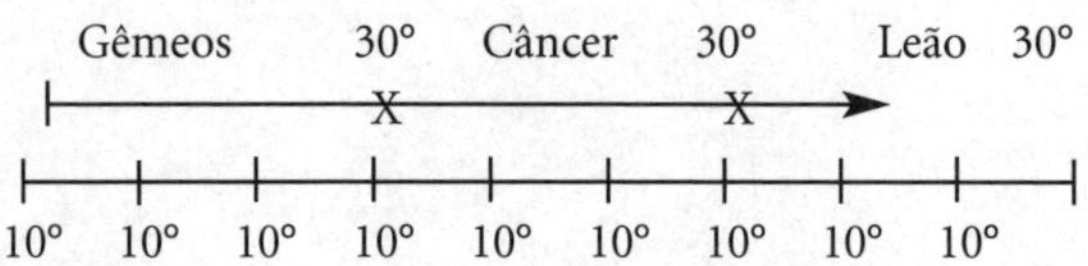

EXEMPLO 2: Se você nasceu no meio do signo de Virgem, isto é, no dia 7 de setembro, o seu Sol progredido irá mudar de signo zodiacal e entrar em Libra quando você tiver 15 anos. O Sol precisará então de mais trinta anos para atravessar o signo de Libra, antes de entrar no signo de Escorpião, quando você tiver aproximadamente 45 anos. Outra mudança ocorrerá aos 75 anos, quando o seu Sol progredido entrar no signo de Sagitário.

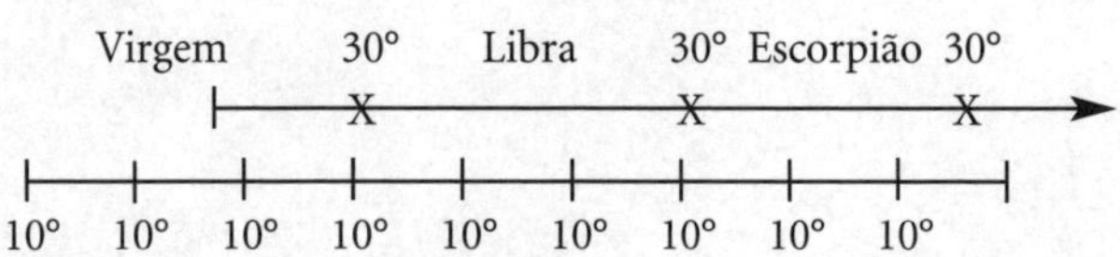

EXEMPLO 3: Se você nasceu nos últimos dias de Sagitário, o seu Sol progride até Capricórnio quando você ainda é bebê. O Sol precisa então de trinta anos para atravessar Capricórnio. Outra mudança ocorrerá aos 31 anos, quando o seu Sol progredido entrar no signo de Aquário. Quando você completar 61 anos, o seu Sol progredido mudará novamente de signo e entrará em Peixes.

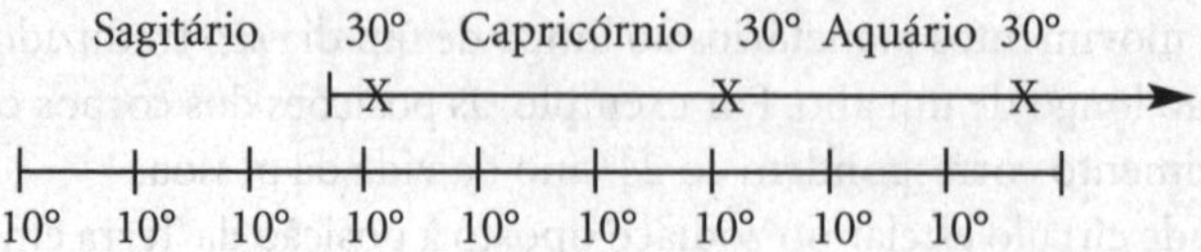

Introdução às Estrelas Fixas

As Estrelas Fixas pertencem ao grande Cosmos e não ao nosso sistema solar. Diferentemente dos planetas que orbitam o nosso Sol, as estrelas fixas também são sóis; de fato, dependendo da sua magnitude, algumas estrelas fixas são muito maiores e mais brilhantes do que o nosso Sol. Quando falamos a respeito de estrelas fixas, usamos o termo "anos-luz" para descrever as vastas distâncias que são difíceis de calcular ou entender. Devido à distância que essas estrelas estão da Terra, para nós elas parecem estacionárias e são, por isso, chamadas de estrelas "fixas". A influência das Estrelas Fixas é referente à sua força, que é calculada pelo seu brilho.

Embora haja milhões de Estrelas Fixas no Universo, na prática astrológica, relativamente poucas delas são consideradas — propriamente, as que estão localizadas perto do anel zodiacal. A observação e a relação das Estrelas Fixas com os eventos do mundo tiveram início milhares de anos atrás. Os nomes delas foram dados nas eras mesopotâmica e babilônica. As Estrelas Fixas foram mencionadas na Epopéia de Gilgamesh e, juntamente com os cometas, eclipses e planetas, desempenhavam um importante papel na interpretação dos fenômenos do tempo. Além dos babilônicos, os egípcios acreditavam na poderosa influência das Estrelas Fixas. Como conheciam o poder da natureza e eram dependentes do rio Nilo para a sobrevivência, os egípcios celebravam o solstício de verão do calendário agrícola com ritos de fertilidade e associavam o nascer da estrela Sirius à inundação do rio Nilo. Recentemente, surgiram muitos indícios de que os egípcios alinharam as majestosas pirâmides de Giza ao Cinturão Oriental. Embora muitos historiadores ainda achem que as grandes pirâmides são uma testemunha dos grandes reis do Egito, diversas novas descobertas arqueológicas revelam uma nítida conexão entre o projeto da Pirâmide de Queóps e as estrelas circumpolares.

Na história do nascimento de Jesus, uma estrela guiou os três homens sábios ao estábulo de Belém. Na Grécia, em torno do ano 250 a.C., foram registrados catálogos de Estrelas Fixas. A observação das Estrelas Fixas continuou por toda a História e foi incorporada à compreensão celestial dos antigos. As Estrelas Fixas eram associadas a diferentes aspectos da vida; a origem da sua interpretação deriva dos símbolos com os quais as constelações eram associadas. Por exemplo, na constelação de *Alpha Leonis*, ou Leão, a estrela fixa mais brilhante é *Regulus* (também chamada de Coração do Leão), que simboliza força, poder e autoridade. Ela é uma das Estrelas Fixas mais importantes do céu e está associada à realeza e às honrarias. Usualmente, ela aparece nos mapas de reis, rainhas, regentes e altos funcionários de governo. Essa estrela está também associada às pessoas que são favorecidas pelo público e confere autoridade.

A importância das estrelas fixas deriva do fato de que os corpos materiais do Cosmos estão em estado de corrente elétrica e são circundados por um campo magnético. Mesmo a emissão mais fraca pode influenciar a Terra. Isso é incrivelmente semelhante ao termo "efeito borboleta", usado pela moderna teoria do caos, que acredita que até mesmo uma asa de borboleta batendo no ar pode criar um efeito ondular que leva a uma transformação do sistema meteorológico em outra parte do mundo.

Como as Estrelas Fixas são essencialmente as mesmas que o nosso próprio Sol, elas têm campos de força similares. O efeito das estrelas é medido por sua magnitude e brilho.

As Estrelas Fixas proporcionam uma compreensão fascinante do subconsciente e do potencial ou problemas que um indivíduo pode ter. Essa interpretação, contudo, deve ser analisada cuidadosamente em relação ao horóscopo natal completo; as Estrelas Fixas não são interpretadas separadamente, mas sempre tomadas como uma subinfluência nas qualidades celestiais dos planetas. As Estrelas Fixas devem ser entendidas como uma força que amplia ou diminui as forças dos planetas com os quais mantêm contato.

Listamos nas páginas dos dias de aniversário as Estrelas Fixas mais influentes para cada dia. Freqüentemente, outras Estrelas Fixas exercem influências adicionais, e nós incluímos as suas interpretações no apêndice acerca de Estrelas Fixas no final deste livro.

Observe que nem todos os dias deste livro estão associados a uma estrela fixa. Discutimos apenas as estrelas associadas ao Sol, e quando não há estrelas de grande influência próxima ao Sol em um determinado dia, esse dia de aniversário não tem estrelas fixas. É provável, no entanto, que haja outras estrelas fixas associadas às posições dos planetas naquele dia. Com um mapa natal, você poderá usar o apêndice deste livro para entender as influências que as Estrelas Fixas associadas ao seu planeta exercem sobre você. Nossa discussão a respeito das Estrelas Fixas neste livro pretende ser somente uma introdução ao seu intrincado e fascinante reino.

Estrelas Fixas: regras básicas de interpretação

Em um ano, o Sol viaja através dos 360 graus do círculo zodiacal. Os doze signos astrológicos ocupam, cada um, 30 graus deste círculo. As estrelas fixas ocupam pontos de graus únicos, mas as suas órbitas, ou espectro de influência, podem ter muitos graus. A magnitude da estrela afeta a potência da sua influência. Tanto o espectro quanto a potência devem ser calculados para a determinação do potencial de duração e força da influência exercidos pela Estrela Fixa. Quando o Sol ou um planeta estão dentro da órbita de uma estrela fixa, a influência da estrela é nitidamente sentida, mais poderosamente no momento da conjunção e com uma intensidade menor à medida que o Sol ou o planeta se movem para fora da órbita.

Magnitude da Estrela Fixa

O poder de uma estrela é julgado por sua magnitude.

A maior magnitude: entre 0 e -1.

Magnitude 1: orb de 2° 30'
Magnitude 2: orb de 2° 10'
Magnitude 3: orb de 1° 40'
Magnitude 4: orb de 1° 30'
Magnitude 5: estrelas, agrupamentos e nebulosa: orb menor que 1°

Neste livro, ilustramos as influências positivas e negativas dessas estrelas sobre o dia de aniversário individual. Tentamos não apenas fornecer as interpretações clássicas, mas também sugerir os seus efeitos vistos à luz das interpretações da Psicologia Moderna.

Demos uma classificação de força para cada estrela, que corresponde a sua magnitude. Uma magnitude de -1, a maior, recebe uma classificação de força correspondente a dez estrelas. Uma magnitude de 5, a mais fraca, recebe uma classificação de duas estrelas.

Lista das estrelas fixas de Capricórnio

♑

Spiculum	★★
Polis	★★★★
Kaus Borealis	★★★★★★
Facies	★★
Pelagus	★★★★★★★★
Ascella	★★★★★★
Manubrium	★★★★
Wega	★★★★★★★★★★
Deneb	★★★★★★
Terebellum	★★

♑

Introdução à Numerologia

A crença de que os números possuem poderes sagrados é compartilhada não apenas pelas culturas arcaicas e pelos filósofos gregos, mas também pelos estudiosos renascentistas e muitos matemáticos contemporâneos.

Os entalhes gravados em ossos encontrados no Zaire, que datam entre 9000 e 750 a.C., correspondem às marcas das fases lunares e são um dos primeiros sinais da adiantada atividade matemática.

A Numerologia é tão Antiga quanto a Astrologia e tem a sua origem nas culturas mesopotâmica, judaica e grega antigas. Por exemplo, acreditava-se que os números e cartas do Antigo Testamento estavam relacionados a significados ocultos relativos a mensagens, sonhos e nomes de pessoas. Cada cultura desenvolveu o seu próprio sistema de interpretação de números para dar sentido ao Universo e à natureza humana. Os mais respeitados sistemas que contêm a Numerologia são as teorias de Pitágoras, da cabalística, do I Ching e dos maias.

Muitos filósofos gregos ficavam intrigados com o mistério dos números. Um dos mais extraordinários pensadores da antiga época grega foi Pitágoras, que dizia que os números eram sagrados e que "todas as coisas são números". Ele era um líder religioso, místico e estudioso de matemática pura. Diferentemente de muitos matemáticos modernos, ele unia a teologia ao pensamento racional. Pitágoras deixou um legado único à cultura ocidental e um início para a identificação dos números. Ao descobrir a importância da ligação entre a música e os números, ele estabeleceu uma conexão harmônica entre as notas musicais e a Matemática. Ao perceber que os números correspondiam às formas, ele foi o primeiro a descrever as figuras oblongas, o quadrado e o triângulo como um conjunto de pontos ou números. Seus seguidores, os pitagóricos, foram também os primeiros a acreditar que os princípios da Matemática eram a base de todas as coisas existentes e, desde então, entre esses princípios, os números são por natureza arquétipos primários, pois eles, acima de qualquer outra coisa, estabelecem a ordem na natureza e no Universo.

Alguns matemáticos contemporâneos dão eco a essas crenças e argumentam que quanto mais profundamente se percebe a maneira como o Universo funciona, mais se percebe que o Cosmos tem uma essência matemática. Os números e a Matemática salientam o modo mais preciso pelo qual o Universo se comporta.

Há três padrões básicos de números. Podemos ver os números por meio de teorias matemáticas, de definições filosóficas e de simbolismo numérico. No início do século XX, Jung interpretou o número como um arquétipo de ordem que se tornou consciente e afirmou que os números são instrumentos para a criação da ordem. Ele acreditava que um número tem uma natureza qualitativa e quantitativa. De fato, mesmo as investigações da física das partículas sugerem que as mudanças na quantidade atômica resultam em diferenças qualitativas perceptíveis no mundo macroscópico.

A Numerologia, da mesma maneira que a Astrologia, é um sistema simbólico, uma das diversas ferramentas que podemos usar para entender a nós mesmos e a nossa vida. Os números possuem uma natureza dual e podem representar tanto uma força negativa quanto uma força positiva. A exploração do seu significado pode nos ajudar a descobrir e desenvolver o nosso potencial pessoal e nos guiar na nossa vida.

Neste livro, nós nos concentramos particularmente nas interpretações qualitativas dos números em relação ao dia e mês de nascimento de uma pessoa e mostramos nas páginas a seguir como é simples descobrir o seu número holístico.

Como calcular o seu número holístico

O seu número holístico é simbolizado pela soma total dos números do dia, ano e mês do seu aniversário. Esse número revela o propósito da sua vida ou desafio, com os atributos positivos e negativos. Entendendo o seu número holístico, você pode atingir um nível mais alto de autoconsciência. Tudo o que você precisa é somar todos os dígitos, um por um. Por exemplo:

28 de junho de 1956 (28/6/1956) = 2 + 8 + 6 + 1 + 9 + 5 + 6 = 37 = 3 + 7 = 10 = 1 + 0 = 1.

O seu número holístico é 1, que também pode ser lido como 37/1

20 de outubro de 1961 (20/10/1961) = 2 + 0 + 1 + 0 + 1 + 9 + 6 + 1 + 20 = 2 + 0 = 2.

O seu número holístico é 2, que também pode ser lido como 20/2.

Os nove números básicos

A qualidade de cada um dos nove números básicos pode ter uma expressão positiva ou negativa na personalidade da pessoa, dependendo de como ela aborda os desafios da vida.

Número 1

A dinâmica do número 1 é consciente. Os atributos positivos do número 1 são assertividade, criatividade, singularidade e independência. Se o seu número holístico é 1, isso sugere que você é uma pessoa inventiva e cheia de vitalidade, ambição e impulso. Pioneiro e com um espírito ousado, você gosta de assumir um papel de liderança e de expressar a própria originalidade. À medida que conhece a própria força criativa e individualidade, você passa a ter mais necessidade de se expressar e de estar preparado para enfrentar a vida. Freqüentemente, isso pode significar pensar de forma diferente ou agir por conta própria. Às vezes, você pode se sentir isolado do seu ambiente imediato, principalmente se está dando início a novas idéias. A inspiração é a chave para a sua motivação, e o desenvolvimento da sua intuição irá ajudá-lo a decidir o que fazer quando confrontado com diversas escolhas. A sua grande força de vontade e determinação levam-no a liderar e não a ser liderado. Por toda a sua vida, você está propenso a ter experiências que irão ensiná-lo a superar as suas inseguranças, sejam elas de ordem emocional, física ou mental. Assumir a responsabilidade sobre as suas ações também faz parte da sua lição de vida. No melhor dos casos, você é uma pessoa confiante e confiável, que inspira os outros de uma forma positiva. O desenvolvimento da tolerância, da compaixão e da paciência irá ajudá-lo a alcançar os seus objetivos. Quando pode aperfeiçoar as suas habilidades, sente-se encorajado para exibir um pouco da sua originalidade. Os desafios que se colocam para as pessoas de número 1 incluem oscilações entre a falta de confiança e o excesso de confiança, ser uma pessoa exigente, arrogante, egoísta e um tanto ditatorial.

Número 2

A dinâmica do número 2 é sensorial. Os atributos positivos são sociabilidade, receptividade e habilidade para equilibrar as suas necessidades com as necessidades dos outros. Os indivíduos de número 2 têm jeito para lidar com as pessoas e muitas vezes aprendem por meio do trabalho cooperativo. Se o seu número holístico é 2, você é uma pessoa atenciosa e sensível aos sentimentos dos outros e tem uma natureza cortês e romântica.Você é também diplomático, amigável e sociável, com interesse por relações públicas. Intuitivo e adaptável, prospera quando é encorajado, mas pode ser suscetível à bajulação. Você precisa aprender a distinguir entre ser cooperativo e ajudar os outros e ser subserviente e se martirizar devido a inseguranças emocionais. A sua confiança pode ser abalada caso se torne excessivamente dependente; por isso, você precisa dar e receber em medidas iguais. Se você for uma pessoa carente ou vulnerável, outras pessoas podem facilmente se aproveitar da sua natureza gentil. O indivíduo número 2 precisa aprender a lidar com confrontos sem agressividade e aprender a dizer não sem se sentir culpado.Você também se beneficia ao receber ajuda alheia sem parecer fraco. A auto-aceitação é o caminho certo para as pessoas número 2. As suas realizações positivas são alcançar harmonia interior, desenvolver objetivos com propósito e estabelecer limites.

Os desafios para as pessoas número 2 são dependência, inquietude, insegurança, sensibilidade excessiva, ser facilmente desencorajado, desconfiança habitual das pessoas e baixa auto-estima.

Número 3

A dinâmica do número 3 é expressiva ou emocional. Os atributos positivos são a auto-expressão criativa, à sensibilidade, à imaginação e à versatilidade. Se o seu número holístico é 3, isso sugere que você é uma pessoa entusiástica, que gosta de se divertir, é sociável e amigável. Você pode exibir a sua natureza multitalentosa por meio de diversas atividades artísticas. Contudo, fazer escolhas pode ser um de seus desafios. Como uma pessoa número 3, você gosta de interagir com os outros, por intermédio de diversões, de reuniões sociais e de conversas íntimas. Amante da liberdade e emotivo, você precisa expressar a alegria de viver. Você também sabe sintetizar bem o seu conhecimento e transmitir as suas idéias. As pessoas número 3 costumam evitar conflitos, mantendo-se animadas e otimistas. Como o seu aprendizado se relaciona ao crescimento emocional e à auto-expressão, talvez você precise desenvolver uma compreensão mais profunda dos seus sentimentos, e, em vez de manipular as situações, deve expressar aberta e diretamente os seus sentimentos.

Os indivíduos número 3 podem também ter instabilidade emocional ou sentimentos negativos, como inveja e ódio. Embora sejam espirituosos e saibam lidar com as palavras, se se sentirem tímidos e inseguros podem se isolar ou ficar inibidos, achando difícil expressar os sentimentos. A realização e a satisfação emocional normalmente derivam da alegria de compartilhar e aprender a respeito do amor e da compaixão.

Os desafios para o número 3 são a preocupação e a dúvida quanto a si mesmos, a tendência para desperdiçar energia, exagero, intolerância, sentir-se despreparado, indecisão e irresponsabilidade.

Número 4

A dinâmica do número 4 é física. Os atributos positivos do número 4 são praticidade, capacidade de organização e autodisciplina. Se o seu número holístico é 4, você é uma pessoa honesta, direta e trabalhadora, que deseja ter estabilidade. Os indivíduos número 4 são pacientes, meticulosos e sabem que a metodologia e a preparação são essenciais. Qualquer coisa que fizerem na vida precisa ter um propósito e uma aplicação prática. Embora sejam indivíduos severos e que não demonstram as emoções, são leais e confiáveis.

Como número 4, você tem habilidades ligadas à forma, técnica e mecânica. Astutas e preocupadas com a própria segurança, as pessoas de número 4 são atraídas pelo mundo financeiro ou de negócios em geral. Você tende à teimosia e à rigidez e seria bom aprender a ser mais flexível e adaptável. A sua ambição e vitalidade geralmente o ajudam a resistir, enquanto outros desistem por falta de energia. No entanto, talvez seja necessário aprender a não assumir mais do que pode. Embora proteja as pessoas de quem cuida, você precisa superar a tendência a controlar as situações e a ser dominador.

Os indivíduos número 4 são, em geral, conhecidos como construtores e, de fato, podem muitas vezes ser os fundadores de projetos e empreendimentos.

Os desafios para o número 4 são dogmatismo, obstinação, falta de confiabilidade, oscilações entre ser muito preguiçoso ou trabalhar em excesso, dificuldade para deixar o passado para trás e dar em excesso.

Número 5

A dinâmica do número 5 é instintiva. Os atributos positivos do número 5 são engenhosidade, reações rápidas e ação decisiva. Os indivíduos número 5 são entusiásticos e amantes da liberdade. Se tiver uma disposição positiva, você é uma pessoa autodisciplinada e concentrada, com uma mente alerta e astuta. Embora possa ser uma pessoa responsável, você precisa de autonomia para se movimentar livremente.

Geralmente versátil e empreendedor, você gosta de conhecer novas pessoas e de ter experiências diferentes. Liberal e mentalmente aberto, você pode facilmente se adaptar a novas situações ou ter uma atitude progressista. Muitas vezes habilidoso e eficiente, você pode aprender rapidamente e captar as situações com a sua abordagem realista. As viagens e mudanças são parte do estilo de vida do número 5.

Como é provável que seja uma pessoa que segue o fluxo da vida, você aceita bem as mudanças e se adapta a novos ambientes com pouca resistência. Os traços negativos do número 5 são muitas vezes a inquietude, a impaciência e a falta de consistência. Sem propósito e sem perseverança, o número 5 pode vagar pela vida sem objetivos, procurando uma vocação verdadeira; assim, o melhor é não deixar as coisas ao acaso.

Profundidade de entendimento e maior conhecimento podem ajudá-lo a utilizar o seu grande potencial. Se aprender a combinar o seu pensamento rápido com os seus fortes instintos, você pode facilmente se destacar com as suas reações rápidas. Espirituoso e audacioso, você tem uma personalidade cortês e ousada.

Os desafios para o número 5 são comportamento impetuoso e errático, conduta irresponsável, impaciência, falta de consideração, rudeza e tendência a desperdiçar a própria energia.

Número 6

A dinâmica do número 6 é emocional e universal. Os atributos positivos do número 6 são idealismo, criatividade, humanitarismo, compaixão e visão. Os indivíduos número 6 são sensíveis e responsáveis, e muitas vezes julgam a vida de acordo com os próprios sentimentos.

Direto em suas reações, você espelha o seu ambiente imediato e o comportamento das pessoas. Você tanto pode ter amor à casa como ser mundano e pode se envolver com a sua comunidade. Com fortes laços familiares, você pode ser um bom pai, apoiando e animando os seus filhos. Como um indivíduo que age como conselheiro confiável e prático, você tem amigos que sempre o procuram em épocas difíceis. Muitas vezes perfeccionista, você gosta de atividades criativas ou artísticas. Com bom gosto e estilo, senso de beleza e forma, você gosta de decorar a sua casa. Se tem ideais elevados, sabe separar a realidade mundana da vida comum. No entanto, para tornar o mundo um lugar melhor, você deveria se ater aos seus ideais utópicos e tentar viver de acordo com o seu elevado padrão moral. Seria bom, todavia, aprender a superar a tendência a ser crítico e a julgar. Aprendendo a equilibrar os seus sentimentos e pensamentos, você pode criar com as suas limitações. Como uma pessoa número 6, você precisa superar a tendência a se preocupar ou a ficar frustrado. Quanto mais dá, mais recebe.

Os desafios do número 6 são insatisfação, esnobismo, falta de compaixão, criticismo excessivo, dominação e interferência na vida alheia.

Número 7

A dinâmica do número 7 é a intuição e a capacidade mental e racional. Alguns dos atributos positivos do número 7 são honestidade e confiabilidade, capacidade de discernimento, atenção aos detalhes, metodologia e engenhosidade. Analíticos e ponderados, os indivíduos de número 7 são autocentrados e reflexivos e têm habilidade para a perfeição e a precisão. A sua perspectiva autônoma indica que você também é autoconfiante e assertivo. Como prefere tomar as próprias decisões, muitas vezes aprende melhor por meio da experiência pessoal. Se tem tendência a ser excessivamente sensível e inseguro, pode se tornar distante e reservado. Quando não consegue expressar os seus sentimentos, você pode se sentir mal-interpretado.

A habilidade para diferenciar e refinar sugere que, embora possa se tornar uma pessoa que vive procurando defeitos, você pode ser excelente no aperfeiçoamento dos sistemas existentes. Você é bem-informado e meticuloso, o que significa que gosta de reunir informações e tem uma memória excelente. Você sabe analisar a si mesmo e busca uma maior autoconsciência, porque ficar sozinho é muitas vezes importante para a sua introspecção; contudo, tome o cuidado de evitar o isolamento.

O seu interesse em ler, em escrever ou em assuntos espirituais é, muitas vezes, uma fonte de inspiração e de ampliação dos seus horizontes. O desejo de obter uma maior compreensão pode incluir a educação e o mundo acadêmico ou da pesquisa em um campo especializado. Embora intuitivos, os indivíduos número 7 podem se deixar levar pelo excesso de racionalização, o que pode levá-los a se perder em detalhes. Isso, contudo, muitas vezes traz uma falta de fé ou cria uma sensação de dúvida quanto a si próprio e de insegurança. Embora tenha a tendência a ser reservado, enigmático ou retraído, você é curioso e muitas vezes faz perguntas sutis, sem deixar que ninguém saiba o que realmente pensa.

Os desafios a serem superados pelo número 7 são desconfiança, insinceridade, retraimento, ceticismo, confusão, criticismo exagerado, desapego e insensibilidade.

Número 8

A dinâmica do número 8 é emocional e de poder material. Os atributos positivos do número 8 são a força e as convicções fortes. Motivados e determinados, são trabalhadores e autoritários. A força ou o poder sugeridos pelo número 8 mostram um caráter com valores fortes, habilidade de execução e capacidade de julgamento.

Como número 8, você procura a segurança e a consistência em situações permanentes. Autoritário e desejoso de dominação e de sucesso material, o número 8 muitas vezes aspira a grandes realizações e possui uma natureza ambiciosa. Muitas vezes, assume posições de responsabilidade e liderança devido à sua dedicação e perseverança. Como uma pessoa número 8, você tem um senso natural para os negócios e irá se beneficiar muito desenvolvendo as suas habilidades organizacionais e executivas inatas. Talvez você precise aprender a delegar a sua autoridade ou a administrar de forma justa. Se estiver em posição de influência, você pode fornecer aos outros conselhos práticos e proteção. Como um indivíduo número 8, você precisa lidar com poder, paciência e tolerância, aprender a perdoar, a compreender e a considerar as fraquezas das pessoas quando fizer um julgamento. A pessoa de número 8 procura segurança por meio de planos em longo prazo e investimentos para o futuro. Em geral, você tem poder de curar a si e aos outros e se beneficia mais quando aprende a canalizar essas forças em prol das pessoas que estão à sua volta.

Os desafios colocados para o número 8 são impaciência, intolerância, excesso de trabalho, sede de poder, dominação e falta de planejamento.

Número 9

A dinâmica do número 9 é o coletivo ou o universal. Os atributos positivos do número 9 são a compaixão, a tolerância, a paciência, a integridade, a sensibilidade e o humanitarismo. Os indivíduos de número 9 são usualmente magnéticos e carismáticos, com mentes preceptivas e habilidade psíquica que apontam para uma receptividade universal.

Se o seu número holístico é 9, você é, muitas vezes, generoso e intuitivo e tem fortes premonições. Idealista e impressionável, como número 9 você muitas vezes tem visão e julga a vida de acordo com os seus sentimentos e sua receptividade. Esse senso de sabedoria profética implica que, como número 9, você possui sabedoria interior e uma elevada conscientização. Embora possa ser uma pessoa generosa e compassiva, com uma grande imaginação, você pode se iludir ou ficar emocionalmente frustrado quando percebe que as outras pessoas não correspondem às suas expectativas elevadas. Isso pode resultar em oscilações de humor ou em uma tendência para se deixar levar pelo escapismo.

Como número 9, você precisa encontrar a satisfação interior e evitar o desânimo ou a melancolia. Você também deve desenvolver a compreensão, a tolerância e a paciência, bem como aprender a exercer a impessoalidade. Além disso pode ser destinado a servir aos outros ou a contribuir para o bem-estar da humanidade. Sendo universal, você provavelmente irá se beneficiar muito de viagens pelo mundo e com a interação com outras pessoas de outros círculos sociais. A necessidade de superar os desafios e a tendência a ser excessivamente sensível indicam que você se beneficia quando mantém o equilíbrio e evita ter sonhos irreais. A combinação de inspiração e idealismo com uma vida interior intensa e sonhos vívidos sugere que você pode ser a pessoa mais feliz do mundo se procurar um caminho espiritual.

Os desafios que se colocam para o número 9 são nervosismo, egoísmo, teimosia, falta de senso prático, deixar-se levar facilmente, complexo de inferioridade e preocupação.

Como calcular o seu número pessoal anual

Para calcular o seu número pessoal para um determinado ano, simplesmente some o seu mês pessoal com o dia do seu aniversário e o ano em questão. Por exemplo, se você nasceu no dia 28 de junho de 1956 e quer saber como será o ano de 2001, simplesmente substitua o ano do seu nascimento por 2001. Por exemplo:

Substitua o ano do seu nascimento (1956) por 2001.
28 de junho de 2001 = 2 + 8 + 6 + 2 + 0 + 0 + 1 = 19
A vibração será sentida por apenas um ano, de 1° de janeiro de 2001 a 31 de dezembro de 2001.

Interpretações dos nove anos pessoais

Os números pessoais anuais têm ciclos de nove anos.As palavras-chave a seguir descrevem a qualidade da vibração de cada ano pessoal.

Ano 1

É tempo de novos começos.Você terá numerosas oportunidades para a expansão de projetos que já foram estabelecidos ou para o início de programas que têm a marca da sua própria individualidade. Embora haja a possibilidade de você vir a tomar uma nova direção, fazer as escolhas certas exige coragem e confiança. Por isso, ouça a sua voz interior e evite ser desencorajado pelos outros. Se as mudanças estão no ar, esta é a hora de agir. O auto-aperfeiçoamento é verdadeiramente importante para você e é importante que neste ano você seja independente, positivo e ambicioso; se não o for, poderá perder oportunidades que o ano número 1 tem a oferecer. Qualquer tentativa de retrocesso será negada ou é desaconselhável. Na busca para realizar os seus sonhos, evite a preguiça ou a insegurança. A experiência mais gratificante para as pessoas número 1 é criar uma nova idéia ou invenção que beneficie os outros.

Ano 2

Este é um ano de relacionamentos, cooperação e paciência. Você provavelmente irá expandir o seu círculo social e conhecerá pessoas novas. Ao desenvolver a sua capacidade de agir como um apaziguador, você aumenta as suas chances de estabelecer relacionamentos ou parcerias duradouras. Pode ser que você se depare com alguém que represente um verdadeiro desafio e o melhor é enfrentar a situação, pois, se mantiver a mente aberta e positiva, terá muito a aprender com essa pessoa.

Aprender a fazer acordos, manter o equilíbrio, ser diplomático e desenvolver a sua habilidade de comunicação são possibilidades oferecidas a você este ano.

Este é, de forma geral, um ano para o aperfeiçoamento por meio da autoconscientização. Lembre-se de que a maneira pela qual você se relaciona com as pessoas pode ensinar-lhe muitas coisas acerca de si mesmo. O ano número 2 lhe oferece a experiência de estar em boa companhia e de formar novas parcerias baseadas em sinceridade, que lhe permitirão manter a liberdade e a independência.

Ajude os outros enquanto ajuda a si mesmo.

Ano 3

Este é um ano de auto-expressão emocional mediante atividades criativas, diversão e amor. É também uma época para comemorações, e é provável que você sinta necessidade de se divertir mais. As suas energias criativas irão fluir, permitindo que se expresse mais completa e livremente. É um período em que você pode se apaixonar e o seu otimismo jovial irá ajudá-lo a satisfazer a sua necessidade de amor e alegria. Você pode também expandir o seu círculo social, mas evite a tendência ao ciúme, à preocupação, à indecisão e ao desperdício de energia. O número 3 indica também um ano de criatividade e de expansão: ter um filho, viajar por prazer, levar a arte, a música e a cultura para a sua casa, tornando-a mais agradável. Programas sociais, cinema, exibições artísticas e reuniões com os amigos na sua casa são coisas que você quer ou precisa fazer este ano.

Se quiser se expressar artisticamente, esta é uma época excelente para adotar um *hobby* ou uma atividade criativa que sempre tenha sonhado iniciar, como atuar em teatro amador, pintar, dançar, cantar ou escrever.

Tenha confiança em si mesmo, experimente novos projetos e lembre-se de se divertir. As experiências mais gratificantes que o ano número 3 tem a oferecer são o aprendizado das coisas boas da vida e a experiência do crescimento emocional.

Ano 4

Em um ano número 4, a chave é ter uma boa estrutura. Neste ano, a organização, a ordem, a paciência e a aplicação prática irão ajudá-lo a estabelecer uma base mais firme. Neste ano, você pode realizar muitas coisas e terá oportunidades para isso. A necessidade de ter uma perspectiva pragmática sugere que desafios financeiros ou materiais também podem ocorrer, especialmente se os seus recursos forem mal-administrados. Contudo, qualquer que seja a sua situação, esta é a época para fazer uma revisão nas suas finanças e nas questões legais ou ligadas a seguros, bem como fazer os arranjos necessários para que tudo fique mais simples ou eficiente.

Os anos número 4 são bons para os negócios, construção e reformas em propriedades, ou simplesmente para se mudar para um local melhor. No entanto, tome cuidado para não tomar decisões pouco práticas em relação ao seu patrimônio ou apólice de seguro, pois mais tarde você pode se arrepender. O desafio mais importante para este ano é construir uma base sólida e não se deixar levar pela rebeldia ou pela preguiça. A experiência mais gratificante pode ser a conquista de algo de que você venha a se orgulhar.

Ano 5

Este é um ano de mudanças, o que muitas vezes indica que a sua situação, profissional ou pessoal, está em processo de transformação. Oportunidades de viagem (pequenas viagens ou longas jornadas) ou de mudança de emprego podem dar vez a muita atividade. Os seus instintos são poderosos e a necessidade de mudança pode tornar-se crucial. Você pode procurar novas pessoas e novas experiências.

Espere o inesperado e surpresas agradáveis.

Em um ano número 5, é vital fazer ajustes para as mudanças. Tente manter a perspectiva e evite a impaciência, a agitação e o tédio; seja também cuidadoso para não agir no calor do momento e depois se arrepender. Esta é uma época para agir com propósito e determinação, por isso renove a sua aparência ou faça alterações na sua rotina regular para evitar a mesmice. Os elementos mais gratificantes de um ano de número 5 são as experiências de novos aprendizados, novos rostos e novos lugares, bem como saber que você pode conquistar muito em um curto período de tempo.

Ano 6

Este é um ano para assumir responsabilidades, em casa ou no mundo. Como o número 6 é universal, você precisa se interessar mais pelo mundo de modo geral, sem se restringir ao próprio meio. Esta é a época para você se estabelecer em um novo ambiente. As novas responsabilidades muitas vezes dizem respeito aos seus familiares ou à vontade de tornar a sua casa confortável e bonita. Servir aos outros, como por exemplo participar de um trabalho comunitário, faz deste ano uma época de dedicação. Contudo, se trabalhar arduamente durante este ano, você irá colher recompensas positivas posteriormente, pois as oportunidades e os ganhos inesperados vêm da ajuda que dá aos outros. Procure dispor de tempo para estar com seus amigos e entes queridos, pois, neste ano, eles podem precisar de seu apoio. Por ser uma época de incorporação da harmonia e da beleza em sua vida, o ano número 6 oferece uma boa oportunidade para fazer melhorias na sua casa e torná-la mais confortável e luxuosa.

Ano 7

Este é um ano para o auto-aperfeiçoamento, a obtenção de novos conhecimentos e o desenvolvimento mental. O desejo de ter uma nova compreensão ou aprendizado pode encabeçar a sua lista de prioridades, sugerindo que vale a pena fazer uma avaliação de sua vida, refletir acerca dos seus esforços e realizações passados e planejar o futuro. É também um bom ano para aprimorar as suas habilidades ou para dedicar-se ao estudo de um novo assunto. Novas oportunidades podem vir por meio de seu trabalho, como, por exemplo, um aprendizado que pode melhorar a sua posição profissional ou o seu desempenho. Você terá necessidade de passar mais tempo sozinho ou, se estiver sozinho, desejará conhecer novas pessoas com as quais possa compartilhar seus interesses e se comunicar com facilidade. Um livro ou artigo poderão influenciá-lo de maneira profunda ou levá-lo a compreender as coisas sob novos aspectos. Escrever, ler ou se juntar a um grupo intelectualmente estimulante podem ser experiências interessantes. Evite isolar-se do mundo ou criticar excessivamente os que estão à sua volta, pois, em um ano número 7, mal-entendidos têm mais probabilidade de ocorrer. O mais gratificante este ano será procurar alcançar uma compreensão mais profunda da vida e expressar as suas idéias de uma nova maneira.

Ano 8

Este é um ano para agir com decisão, estabelecer e atualizar todos os esforços feitos nos últimos sete anos. Se quiser ser bem-sucedido, este não é o ano para sonhar acordado — você precisará se esforçar e seguir adiante. É provável que surjam oportunidades por intermédio de promoções ou de ganhos financeiros. Planos ou investimentos feitos no passado darão frutos. Este é também um ano de trabalho árduo e de responsabilidades adicionais. Por isso, evite o excesso de trabalho.

Pode ser que você se interesse em fazer investimentos em longo prazo, como, por exemplo, comprar uma propriedade, pois sentirá a necessidade de criar raízes e controlar a sua vida ou ter segurança duradoura. Boas oportunidades de negócios poderão surgir este ano e você terá sorte. Entretanto, é essencial que saiba gerenciar as suas finanças para garantir um bom retorno. Neste ano, procure ter consideração pelos outros e desfrutar o que a vida tem a oferecer, sem querer dominar os outros ou se concentrar somente nos seus ganhos pessoais.

Ano 9

Este é o ano mais importante e espiritual do ciclo numerológico. É um ano de completude, de buscar amarrar o que está solto. Um novo ciclo ainda não nasceu, mas o anterior está se acabando. O fundamental é que no ano número 9 você colhe o que planta. Esta é também uma época para avaliar a sua posição e descartar tudo o que não é essencial. Evite agarrar-se ao passado; se você tiver superado certas situações ou mesmo pessoas, esta é a época de dizer adeus e de planejar o futuro, especialmente no final do ano.

O simbolismo universal do número 9 também indica a conquista da maturidade e a compreensão dos princípios fundamentais da vida — do ciclo de morte e renascimento, do término e do recomeço. O número 9 representa a base do movimento eterno da vida, de mudança e de continuidade. As experiências mais gratificantes para o ano de número 9 são compaixão e perdão. Os seus bons atos não serão vãos: sua caridade para com os outros irá torná-lo uma pessoa melhor e lhe dará coragem para seguir adiante.

Interpretação dos 31 dias pessoais

O número do dia pessoal corresponde ao dia do mês que você nasceu. Ele nunca muda.

Dia 1

O grande desejo de ser o primeiro e independente é sugerido pelo dia do seu aniversário. Como número 1, você tem inclinação para ser original, inovador e corajoso, além de dispor de muita energia. Muitas vezes, há a necessidade de estabelecer uma identidade marcante e de desenvolver a autoconfiança e a assertividade. O espírito pioneiro aqui indicado o encoraja a tomar as suas decisões ou a agir por conta própria, o que o estimula a desenvolver habilidades executivas ou de liderança.

Cheio de entusiasmo e de idéias originais, você freqüentemente mostra aos outros o caminho a seguir. Contudo, a necessidade de ser admirado e popular pode minar a sua confiança, e a tendência a depender dos outros pode surgir da falta de confiança. Com o dia de aniversário número 1, pode ser que você precise aprender que o mundo não gira ao seu redor e tenha de evitar o autocentramento e o autoritarismo.

A vitória e o sucesso são possíveis por meio de novas idéias ou empreendimentos.

🅐 **Positivo**: liderança, criatividade, progressão, vigor, otimismo, forte convicção, competitividade, independência, espírito gregário

🅑 **Negativo**: arrogância, ciúme, egocentrismo, orgulho, antagonismo, falta de controle, egoísmo, fraqueza, instabilidade, impaciência

Dia 2

Sensibilidade e uma grande necessidade de pertencer a um grupo são sugeridos pelo dia de aniversário número 2. Você é, na maioria das vezes, uma pessoa adaptável e compreensiva, que tem prazer em participar de atividades cooperativas, nas quais possa interagir com os outros. Receptivo e influenciado pelo seu ambiente, você possui uma personalidade amigável e calorosa, tem boas habilidades sociais e uma abordagem diplomática. O amor pela harmonia e a inclinação para trabalhar melhor com os outros podem inspirá-lo a agir como mediador em assuntos familiares ou a atuar como apaziguador. Na sua tentativa de agradar os outros, você corre o risco de se tornar excessivamente dependente. Quando desenvolve a autoconfiança, você pode superar a tendência a se magoar com facilidade com as ações e críticas alheias. Nas suas relações amorosas e sociedades, aprenda a confiar na sua intuição. Evite a inclinação à manipulação.

Positivo: boas parcerias, gentileza, tato, receptividade, intuição, consideração, harmonia, boa vontade extrema, agradável

Negativo: desconfiança, subserviência, timidez, hipersensibilidade, egoísmo, facilmente magoável, ardiloso, mentiroso

Dia 3

Necessidade de amor, criatividade e expressão emocional são indicados pelo dia de nascimento número 3. Uma pessoa que gosta de se divertir, de fácil trato e boa companhia, você gosta de atividades sociais amigáveis e tem muitos interesses. A sua versatilidade e necessidade de auto-expressão podem levá-lo a ter numerosas experiências. A sua inclinação para se entediar facilmente pode levá-lo a se tornar indeciso ou a querer abraçar o mundo com as pernas. Mas como uma pessoa com o dia de aniversário número 3, você é em geral artístico e charmoso e tem senso de humor.

Talvez seja preciso desenvolver a auto-estima e evitar a tendência a se preocupar, a sentir ciúmes e outras manifestações de insegurança emocional. As relações pessoais e uma atmosfera amorosa são de importância vital para você, pois lhe dão entusiasmo e inspiração.

Positivo: humor, felicidade, amizade, produtividade, criatividade, habilidade artística, poder de desejar, amor à liberdade, talento com as palavras

Negativo: tédio, vaidade, exagero, extravagância, auto-indulgência, preguiça, hipocrisia, preocupação, indecisão, insegurança

Dia 4

A sólida estrutura e o poder de organização sugeridos pelo dia de aniversário número 4 indicam que você, muitas vezes, precisa de estabilidade e de ordem. Dotado de energia, habilidades práticas e muita determinação, você pode ser bem-sucedido se trabalhar firmemente. Com dia de nascimento número 4, você é uma pessoa sensível à forma e à composição e é capaz de criar sistemas práticos. Preocupado com a própria segurança, você quer construir uma base sólida para si e para sua família. Confiável mas retraído, você acredita que as ações falam mais alto do que as palavras. A maneira pragmática com que encara a vida lhe confere senso para negócios e habilidade para alcançar o sucesso material na vida. Como uma pessoa número 4, você, em geral, é honesto, franco e justo. No entanto, talvez precise aprender a expressar os seus sentimentos e evitar a teimosia e a falta de tato.

Os desafios postos ao indivíduo de número 4 podem incluir a superação de períodos de instabilidade, preocupação financeira ou de crueldade.

Positivo: organização, autodisciplina, firmeza, trabalho árduo, engenhosidade, habilidade manual, pragmatismo, confiabilidade, precisão

Negativo: comportamento destrutivo, falta de comunicação, repressão, rigidez, preguiça, pãodurismo, autoritarismo, severidade

Dia 5

Fortes instintos, natureza aventureira e desejo de liberdade são indicados pelo dia de aniversário número 5. Sua disposição para explorar ou experimentar qualquer novidade e a sua abordagem animada sugerem que a vida tem muito a lhe oferecer. Viagens e muitas oportunidades de mudança, algumas inesperadas, podem levá-lo a passar por uma verdadeira transformação de pontos de vista e crenças. Com o dia de aniversário número 5, você precisa sentir que a vida é empolgante; no entanto, talvez precise desenvolver uma atitude responsável e evitar a tendência à imprevisibilidade, a excessos e à agitação.

Muitas vezes, o dia de aniversário número 5 significa que você precisa aprender a ser paciente e a prestar atenção aos pormenores. Você pode alcançar o sucesso se evitar ações precipitadas ou especulativas. O talento natural do indivíduo número 5 é saber como seguir o fluxo da vida e ser desapegado.

🅐 **Positivo**: versatilidade, capacidade de adaptação, progressão, instinto forte, magnetismo, sorte, ousadia, amor à liberdade, rapidez, inteligência, curiosidade, misticismo, sociabilidade

🅥 **Negativo**: falta de confiabilidade, instabilidade, procrastinação, inconsistência, excesso de confiança, obstinação

Dia 6

Compaixão, idealismo e natureza atenciosa são alguns dos atributos sugeridos pelo dia de aniversário número 6. Este é o número da amizade universal e indica que você, muitas vezes, é um visionário ou humanitário, que pode ser responsável, amoroso e prestativo.

Embora possa ser, em muitas ocasiões, uma pessoa mundana e voltada para a sua vida profissional, com o dia de aniversário número 6, você é uma pessoa caseira e um pai de família dedicado. As suas intensas emoções e o desejo de promover a harmonia universal muitas vezes o encorajam a trabalhar arduamente pelo que acredita, seja mediante atividades na sua comunidade ou outro tipo de trabalho voluntário.

Os tipos mais sensíveis precisam encontrar uma forma de expressão criativa e são, muitas vezes, atraídos pelo mundo das diversões, da arte ou do *design*. Entre os desafios a ser enfrentados por algumas pessoas com o dia de aniversário número 6, estão o desenvolvimento da autoconfiança e da compaixão pelos amigos e vizinhos, bem como o aprendizado da responsabilidade. Pode ser que você precise superar a tendência a interferir na vida alheia, a preocupação, a insatisfação e a solidariedade com as pessoas erradas.

🅐 **Positivo**: fraternidade universal, compaixão, confiabilidade, compreensão, solidariedade, idealismo, vida doméstica, ideais humanitários, estabilidade, talento artístico, equilíbrio

🅥 **Negativo**: ansiedade, timidez, irracionalidade, teimosia, franqueza, desarmonia, perfeccionismo, comportamento dominador, irresponsabilidade, egoísmo, desconfiança, autocentramento

Dia 7

Analíticos e ponderados, os indivíduos de número 7 são, em geral, perfeccionistas, críticos e egocêntricos. Você, na maioria das vezes, prefere tomar as próprias decisões e sempre aprende melhor com a experiência pessoal. Por sua necessidade de elevar a autoconsciência, você gosta de reunir informações e tem interesse em ler, em escrever ou em assuntos ligados à espiritualidade. O desejo de aprender pode também levá-lo ao mundo acadêmico ou ao aperfeiçoamento constante das próprias habilidades. Como um indivíduo número 7, você muitas vezes pode se deixar levar pelo excesso de racionalização ou se perder em detalhes. Em outros momentos, pode se tornar uma pessoa extremamente sensível à crítica ou se sentir incompreendido. A tendência a ser enigmático ou dissimulado muitas vezes o leva a desenvolver a arte de fazer perguntas sutis sem deixar que ninguém saiba o que você realmente está pensando. Pode ser que o indivíduo número 7 também precise evitar ser excessivamente crítico, dogmático, pouco comunicativo e arrogante.

Positivo: educação, confiabilidade, meticulosidade, idealismo, honestidade, habilidade física, orientação científica e racional, reflexão

Negativo: ilusão, tendência à solidão, dissimulação, ceticismo, confusão, distanciamento, frieza

Dia 8

A força e o poder sugeridos pelo dia de aniversário número 8 mostram uma personalidade com princípios fortes e julgamento sólido. O número 8 muitas vezes indica que você aspira a grandes realizações e possui uma natureza ambiciosa. O desejo de dominação, segurança e sucesso material também é indicado por este dia de aniversário. Como uma pessoa número 8, você tem um senso natural para negócios e irá se beneficiar muito se desenvolver as suas habilidades organizacionais e executivas. Se tiver disposição para trabalhar duro, você sempre poderá arcar com grandes responsabilidades, mas talvez precise aprender a administrar a própria autoridade ou a delegar tarefas de forma justa e imparcial. Muitas pessoas com dia de aniversário número 8 costumam se sentir atraídas por atividades ligadas à justiça, lei e ordem, ou por posições de liderança em gerenciamento administrativo, bancário e financeiro. A forte necessidade de se sentir seguro ou estabelecido pode levá-lo a fazer planos ou investimentos em longo prazo. Muitos indivíduos com o dia de aniversário número 8 também possuem um grande poder de curar a si mesmos e aos outros e podem se beneficiar se aprenderem a canalizar essas forças para o aperfeiçoamento da humanidade.

Positivo: liderança, meticulosidade, capacidade de trabalho, tradição, autoridade, proteção, poder de cura, capacidade de julgamento

Negativo: impaciência, intolerância, avareza, agitação, excesso de trabalho, sede de poder, comportamento dominador, facilidade de ser desencorajado, falta de planejamento, comportamento controlador

Dia 9

Benevolência, compaixão e sensibilidade emocional estão associadas ao dia de aniversário número 9. Criativo e gentil, você é muitas vezes considerado inteligente e generoso. Você tem intuição, habilidades psíquicas e receptividade universal que, se forem positivamente canalizadas, podem inspirá-lo a seguir o caminho espiritual. Com o dia de aniversário número 9, você usualmente sente que a sua vida já está traçada e que não há muito espaço para manobrá-la.Você talvez precise desenvolver a compreensão, a tolerância e a paciência, bem como aprender a se tornar impessoal.

Este dia de aniversário sugere uma necessidade de superar desafios e uma tendência a ser excessivamente sensível e a sofrer de instabilidade emocional. Mesmo assim, as pessoas com o dia de aniversário número 9 estão destinadas a conquistar na vida e a servir à humanidade.

É provável que você se beneficie muito de viagens pelo mundo e da interação com pessoas dos mais diversos círculos sociais. Talvez precise evitar a tendência a ter sonhos irrealistas ou a inclinação ao escapismo.

Positivo: idealismo, humanitarismo, criatividade, sensibilidade, generosidade, magnetismo, natureza poética, caridade, distanciamento, sorte, popularidade

Negativo: frustração, nervosismo, incerteza, egoísmo, falta de senso prático, amargura, falta de personalidade, complexo de inferioridade, medo, preocupação, isolamento

Dia 10

Como as pessoas de dia de aniversário número 1, você provavelmente se esforça para alcançar as suas realizações e conquistas. Não obstante, talvez precise superar diversos obstáculos antes de conquistar as suas metas. Em geral, há uma forte necessidade de estabelecer uma identidade única, e o dia de aniversário número 10 indica que você pode ser inovador, autoconfiante e ambicioso.Você pensa grande e é em geral mundano. Muitas vezes vigoroso e original, você defende as próprias crenças, mesmo quando elas são diferentes das dos outros. Às vezes, pode se sentir sozinho ou pouco popular. A sua habilidade para iniciar as coisas sozinho e o seu espírito pioneiro freqüentemente o encorajam a viajar para locais distantes ou a se aventurar por conta própria. A sua tendência a depender dos outros muitas vezes deriva da falta de confiança, do medo, ou da necessidade de ser admirado e reconhecido. Com o dia de aniversário número 10, você talvez precise aprender que o mundo não gira ao seu redor e deve evitar o egoísmo e o autoritarismo. O sucesso e a realização são importantes para todas as pessoas que têm o dia de aniversário número 10, e muitas vezes você chegará ao topo da sua profissão. Como isso muitas vezes implica o envolvimento com questões mais amplas, pode ser que você não tenha inclinação para a vida doméstica.

Positivo: liderança, criatividade, progressão, vigor, otimismo, fortes convicções, competitividade, independência, senso gregário

Negativo: arrogância, ciúme, orgulho, antagonismo, falta de controle, egoísmo, fraqueza, instabilidade, impaciência

Dia 11

A vibração especial do dia de aniversário número 11 sugere que o idealismo, a inspiração e a inovação são altamente importantes para você. Um misto de humildade e de confiança geralmente o desafia a trabalhar o próprio autocontrole, tanto material quanto espiritual. Mediante a experiência, você pode aprender a lidar com os dois lados da sua natureza e a desenvolver uma atitude menos radical, quando acredita nos próprios sentimentos. Embora tenha intuição, você pode desperdiçar as suas energias e muitas vezes precisa encontrar um objetivo sobre o qual possa concentrar a sua atenção. Usualmente, você é altamente enérgico e vigoroso, mas deve evitar se tornar excessivamente ansioso ou perder o senso prático.

Com o dia de aniversário número 11, você, na pior das hipóteses, pode ter dificuldade em separar os seus sentimentos do que deseja realizar. Na melhor, pode ter características geniais que podem gerar benefícios para as outras pessoas.

Positivo: equilíbrio, foco, objetividade, entusiasmo, inspiração, espiritualidade, idealismo, intuição, inteligência, natureza expansiva, inventividade, natureza artística, disposição para servir, habilidade de cura, humanitarismo, fé, habilidade psíquica

Negativo: complexo de superioridade, emotividade excessiva, desonestidade, falta de objetivos, facilidade para ser magoado, tensão, egoísmo, falta de clareza, dominação, mesquinhez

Dia 12

O desejo de estabelecer uma verdadeira individualidade é muitas vezes sugerido pelo dia de aniversário número 12. Em geral intuitivo, prestativo e amigável, você tem boa capacidade de raciocínio. Inovador, compreensivo e sensível, você também sabe usar o tato e métodos cooperativos para alcançar os seus objetivos e metas. Para os outros, você muitas vezes parece ser confiante, embora a dúvida quanto a si mesmo e a desconfiança possam minar a sua personalidade naturalmente expansiva e sua perspectiva positiva. Quando alcança o equilíbrio entre a necessidade de auto-expressão e a inclinação natural para apoiar as outras pessoas, você pode encontrar a satisfação emocional e a realização pessoal. No entanto, talvez precise desenvolver a autoconfiança ou aprender a não ser facilmente desencorajado pelas outras pessoas.

Positivo: criatividade, atração, iniciativa, disciplina, promoção dos outros

Negativo: reclusão, excentricidade, falta de cooperação, excesso de sensibilidade, falta de auto-estima

Dia 13

Sensibilidade, entusiasmo e inspiração são muitas vezes identificados com o dia de aniversário número 13. Numericamente, você está associado à ambição e ao trabalho árduo e pode conquistar muito por meio da auto-expressão criativa. Pode ser, contudo, que você precise desenvolver uma perspectiva pragmática, se quiser transformar os seus talentos criativos em resultado concreto. A sua abordagem original e inovadora inspira novas e excitantes idéias que, freqüentemente, resultam em trabalhos que impressionam as pessoas.

Com o dia de aniversário número 13, você é sério, romântico, charmoso e amante das diversões, e com dedicação pode prosperar na vida. As suas poderosas emoções e desejo de liberdade e de auto-expressão emocional podem ser os seus grandes trunfos. Porém, quando aprende a importância das parcerias e da cooperação, você tem mais oportunidades de compartilhar o seu grande talento com as outras pessoas. Como muitos outros que fazem aniversário no dia 13, você talvez queira viajar ou se estabelecer em um novo ambiente, em busca de uma vida melhor. Os idealistas podem escolher uma carreira no mundo do entretenimento e procurar caminhos para expressar seu talento criativo.

🅐 **Positivo**: ambição, criatividade, amor à liberdade, auto-expressão, iniciativa
🅑 **Negativo**: impulsividade, indecisão, autoritarismo, natureza pouco emotiva, rebeldia

Dia 14

Potencial intelectual, perspectiva pragmática e forte determinação são algumas das qualidades das pessoas nascidas no dia 14. Muitas vezes, você possui um forte desejo de estabelecer uma sólida base e de alcançar o sucesso por meio do trabalho árduo. De fato, com o dia de aniversário número 14, você normalmente prioriza o trabalho e julga a si próprio e aos outros tomando como base a realização profissional.

Embora você precise de estabilidade, a agitação indicada pelo número 14 impele-o a seguir adiante e a assumir novos desafios, em uma constante tentativa de aperfeiçoamento. Essa insatisfação inata também pode inspirá-lo a passar por grandes mudanças na vida, especialmente se não estiver satisfeito com sua situação profissional e com sua condição financeira. Como muitas pessoas associadas a este dia de aniversário, você pode muitas vezes chegar ao topo da sua profissão.

As características ocultas indicadas pelo dia de aniversário número 14 sugerem que você sempre será beneficiado se explorar os seus talentos criativos e se aprender a expressar os seus sentimentos mais abertamente. O amor pode, em algumas ocasiões, apresentar-se como um verdadeiro desafio, embora a sua versatilidade, senso prático e grande intuição possam atropelar a sua tendência à teimosia. Com a sua mente perceptiva, você reage rapidamente aos problemas e gosta de resolvê-los. Tendo o dia de aniversário 14, você gosta de jogos e de correr riscos, e pode ter bastante sorte.

🅐 **Positivo**: ações decisivas, trabalho árduo, sorte, criatividade, pragmatismo, imaginação, diligência
🅑 **Negativo**: cautela excessiva ou impulsividade excessiva, instabilidade, imprevidência, teimosia

Dia 15

Versatilidade, generosidade e inquietude são qualidades sugeridas pelo dia de aniversário número 15. Geralmente, você é uma pessoa rápida e animada e tem uma personalidade carismática. Os seus grandes trunfos são a sua grande intuição e a habilidade para aprender rapidamente mediante a combinação entre prática e teoria. Em muitas ocasiões, você consegue conciliar o ganho financeiro com o aprendizado de novas habilidades. Muitas vezes, você pode utilizar a sua intuição e perceber rapidamente as oportunidades que surgem. Com o aniversário número 15, você possui talento para atrair dinheiro e receber ajuda de outros. Habitualmente despreocupado e animado, você saúda o inesperado. Embora seja naturalmente aventureiro, você precisa ter uma base verdadeira, ou algum local que considere a sua verdadeira casa. Embora tenha muito vigor e ambição, às vezes você pode se tornar teimoso ou obstinado. Evite a mesmice. Se combinar as suas habilidades práticas com suas idéias originais e superar a tendência a ser agitado e a se sentir insatisfeito, você pode ser mais bem-sucedido nos seus empreendimentos.

- **Positivo**: disposição, generosidade, responsabilidade, amabilidade, cooperação, apreço, idéias criativas
- **Negativo**: destrutividade, agitação, irresponsabilidade, egocentrismo, medo de mudanças, perda da fé, preocupação, indecisão, materialismo, mau uso do poder

Dia 16

O dia de aniversário número 16 sugere que você é uma pessoa ambiciosa, mas emotiva, cuidadosa e amigável. O seu grande desejo de se realizar e a necessidade de conhecer o mundo podem encorajá-lo a se afastar da sua família. Muitas vezes, você julga a vida de acordo com os seus sentimentos e tem a capacidade de compreender profundamente as pessoas e as situações. Como uma personalidade de número 16, no entanto, você pode sofrer tensões interiores quando se defronta com a necessidade de conciliar a sua auto-expressão com a responsabilidade para com os outros.

Com o dia de aniversário número 16, você pode se interessar por assuntos mundanos e trabalhar em corporações internacionais ou ligadas a meios de comunicação internacionais. Mas você pode também se envolver com organizações de caridade e trabalhar em prol de causas justas. Os que são criativos podem ter talento para escrever e receber súbitos rasgos de inspiração. A inquietude interior indicada pelo dia de aniversário 16 freqüentemente indica um despertar espiritual do "eu", especialmente nos períodos de instabilidade ou de mudança. Se você fizer aniversário no dia 16, precisa aprender a equilibrar o excesso de confiança com a insegurança. Embora muitos de vocês venham de famílias unidas, sempre preferem viver sozinhos ou viajar muito.

- **Positivo**: educação elevada, responsabilidade para com a casa e a família, intuição, sociabilidade, cooperação, discernimento
- **Negativo**: preocupação, inabilidade para se sentir satisfeito, irresponsabilidade, autopromoção, dogmatismo, ceticismo, alvoroço, irritabilidade, egoísmo, falta de solidariedade

Dia 17

Com o dia de aniversário número 17, você é muitas vezes uma pessoa arguta, de natureza reservada e dotada de habilidade analítica. Com capacidade para pensar de forma independente, você é uma pessoa culta ou cheia de habilidades e confia em sua experiência pessoal. Usualmente, você se vale de seu conhecimento de forma específica para se desenvolver na sua especialização e tem capacidade para o sucesso material ou para ocupar uma posição proeminente, como especialista ou pesquisador. Reservado, retrospectivo e distante, com um grande interesse por fatos e números, você, em geral, tem um comportamento sério e ponderado e gosta de fazer as coisas em um ritmo próprio. Mas se desenvolver a sua capacidade de comunicação, você pode descobrir muito mais acerca de si mesmo com o auxílio das outras pessoas. Contudo, depois de optar por um curso de ação, pode ser bastante determinado e não dar ouvidos ao conselho dos outros. Freqüentemente capaz de longos períodos de concentração e de resistência, você pode aprender muito mais com a experiência. Não obstante, você pode aprender mais rapidamente se deixar o ceticismo de lado.

Positivo: ponderação, capacidade para se tornar um especialista, planejamento, aptidão para os negócios, habilidade para atrair dinheiro, pensamento independente, natureza trabalhadora, precisão, habilidade para o trabalho de pesquisa, habilidade científica

Negativo: distanciamento, solidão, teimosia, falta de cuidado, mudanças de humor, excesso de sensibilidade, estreiteza mental, criticismo, tendência à solidão, preocupação, desconfiança

Dia 18

Determinação, assertividade e ambição são alguns dos atributos associados ao dia de aniversário número 18. Dinâmico e ativo, você muitas vezes deseja o poder e precisa de desafios constantes. Muitas vezes uma pessoa capaz, trabalhadora e responsável, você alcança posições de autoridade e tem inclinação para carreiras ligadas à justiça, à organização social e ao governo. Mas o seu grande senso para os negócios e sua capacidade de organização podem levá-lo ao mundo do comércio. Com o aniversário no dia 18, você pode ser uma pessoa com tendência a discussões, uma pessoa crítica ou difícil de contentar. Há também uma inclinação ao excesso de trabalho. Por isso talvez você precise aprender a relaxar ou a diminuir o ritmo de vez em quando.

Como uma personalidade número 18, você tem poder de curar, aconselhar ou resolver problemas dos outros. Contudo, talvez precise aprender a distinguir entre o bom e mau uso do poder, aprendendo a viver com os outros.

Positivo: evolução, assertividade, intuição, coragem, resolução, capacidade de cura, eficiência, habilidade para aconselhar

Negativo: descontrole das emoções, preguiça, falta de ordem, egoísmo, insensibilidade, incapacidade de concluir trabalhos ou projetos, engano

Dia 19

Criativo, radiante, ambicioso e dinâmico, embora humanitário e sensível, com o dia de aniversário número 19, você é uma pessoa decidida e cheia de recursos. Você tem profundidade de visão, mas o lado sonhador da sua natureza é compassivo, idealista e sensível. A necessidade de se tornar alguém pode ser a força que o leva a ser uma pessoa dramática e a querer ocupar o centro das atenções. Muitas vezes, há um grande desejo de criar uma identidade individual. Contudo, para tanto, você precisa primeiro superar a influência exercida pela pressão dos outros.

Somente por meio de diversas experiências, você poderá desenvolver a sua autoconfiança e capacidade de liderança. Para os outros, você pode aparentar ser uma pessoa confiante, resistente e cheia de recursos, mas as suas tensões internas podem causar instabilidade emocional. Embora seja orgulhoso e sinta necessidade de achar que as outras pessoas apreciam os seus esforços, você precisa também aprender que o mundo não gira ao seu redor. Isso muitas vezes indica que a sua tendência a ser egoísta e arrogante deve ser superada. É provável que você precise aprender algo acerca de coragem, planejamento e estrutura, bem como a superar o medo de ficar sozinho. Criativo e carismático, você sente que o mundo está aí para ser explorado e terá mais possibilidade de ser bem-sucedido se trabalhar sozinho ou em grandes corporações.

Positivo: dinamismo, centramento, criatividade, liderança, sorte, progressão, otimismo, fortes convicções, competitividade, independência, espírito gregário

Negativo: autocentramento, depressão, preocupação, medo de rejeição, instabilidade, materialismo, egoísmo, impaciência

Dia 20

Com o dia de aniversário número 20, você é uma pessoa intuitiva, sensível, adaptável e compreensiva, e muitas vezes se vê fazendo parte de um grupo maior. Em geral, você gosta de atividades cooperativas nas quais possa interagir, compartilhar experiências ou aprender com os outros. Influenciado pelo seu ambiente, você pode ser artístico ou musical. Normalmente charmoso e gracioso, você tem habilidades diplomáticas e sociais e pode freqüentar com facilidade diversos círculos sociais. Todavia, talvez precise desenvolver a autoconfiança ou superar a tendência a ser facilmente magoado pelas atitudes e críticas alheias. Em relacionamentos e sociedades em geral, você deve evitar a inclinação a se martirizar, a ser desconfiado ou a ser excessivamente dependente dos outros. Você é um mestre quando se trata de criar uma atmosfera agradável e harmônica e pode ser chamado a atuar como mediador em assuntos familiares ou apaziguador no trabalho, onde freqüentemente assiste aos outros.

Positivo: boas parcerias, gentileza, tato, receptividade, intuição, consideração, harmonia, agradável, amigável, boa vontade extrema

Negativo: desconfiança, subserviência, timidez, excesso de sensibilidade, egoísmo, tendência a ser facilmente magoado, ilusão

Dia 21

Vigor dinâmico e personalidade expansiva estão sempre presentes nas pessoas nascidas no dia 21. Com inclinação social, você tem muitos interesses e contatos e costuma ter sorte. Geralmente, você mostra aos outros a sua personalidade gregária e amigável. Altamente original e intuitivo, você possui um espírito independente.

Se você nasceu no dia 21, pode ser amante das diversões, magnético, criativo e dotado de charme social. Mas pode ser que você seja tímido e reservado, com necessidade de desenvolver a assertividade, especialmente nas relações mais próximas. Você tem muitas oportunidades e alcança o sucesso com as outras pessoas. Embora possa ter inclinação para relacionamentos cooperativos ou para o casamento, sempre quer ser reconhecido pelos próprios talentos e habilidades. As personalidades de número 21, contudo, devem evitar ser muito egoístas ou procurar a própria identidade nos sonhos de outras pessoas. Você pode também despender muito tempo com os seus relacionamentos e, assim, acabar se tornando uma pessoa dependente.

Positivo: inspiração, criatividade, amor a uniões, relacionamentos duradouros

Negativo: dependência, nervosismo, emotivo ao extremo, falta de visão, desapontamento, medo de mudança

Dia 22

Com o dia de aniversário 22, você é uma pessoa orgulhosa, prática, disciplinada e altamente intuitiva. Este é um número mestre, que pode vibrar tanto como número 22 quanto como número 4. Muitas vezes honesto, trabalhador, com capacidade natural de liderança, você tem uma personalidade carismática e uma capacidade de compreender profundamente as pessoas e suas motivações. Embora seja reservado, você sempre mostra uma preocupação cuidadosa e protetora com o bem-estar das pessoas. No entanto, você nunca perde de vista a sua posição pragmática ou realista. Freqüentemente culto e mundano, você tem muitos amigos e admiradores. Seus atributos mais evidentes são as suas habilidades práticas e executivas. A sua personalidade direta, mas tranqüila, ajuda-o a conquistar cargos gerenciais. Os que são mais competitivos alcançam o sucesso e prosperidade com a ajuda e o encorajamento de outros. Muitas pessoas nascidas neste dia têm fortes vínculos com irmãos e irmãs e muitas vezes os apóiam e protegem.

Positivo: universalidade, intuição, pragmatismo, habilidade manual e construtora, organização, realismo, resolução de problemas, realização

Negativo: vontade de enriquecimento rápido, nervosismo, complexo de inferioridade, autoritarismo, materialismo, falta de visão, preguiça, egoísmo, autopromoção

Dia 23

Intuição, sensibilidade emocional e criatividade são alguns dos atributos do dia de aniversário 23. Você é versátil, apaixonado, tem rapidez de raciocínio, atitude profissional e mente cheia de idéias criativas. Com a influência do número 23, você pode aprender novos assuntos facilmente, mas prefere a prática à teoria. Você precisa, contudo, superar a tendência a criticar os outros e desenvolver uma atitude menos egoísta. Amante das viagens, aventuras e desejoso de conhecer novas pessoas, sua inquietude leva-o a ter diversas experiências, às quais você se adapta para tirar o melhor proveito da situação. Em geral amigável e amante das diversões, dotado de coragem e vigor, você precisa levar uma vida ativa para realizar o seu verdadeiro potencial. Embora goste de ajudar os outros, se tiver propensão à indecisão e a mudar de idéia, pode aparentar ser uma pessoa irresponsável. Algumas pessoas de número 23 podem ter diversos relacionamentos curtos antes de encontrar a felicidade e o parceiro ideal.

Positivo: lealdade, responsabilidade, viagens, comunicação, intuição, criatividade, versatilidade, confiabilidade, fama

Negativo: egoísmo, insegurança, teimosia, natureza inflexível, criticismo, ciúme, retraimento, agitação

Dia 24

Percepção, responsabilidade e empreendimento são algumas das qualidades encontradas nas pessoas nascidas no dia 24. Embora você possa não gostar da rotina, é, na maioria das vezes, uma pessoa trabalhadora, dotada de senso prático e de boa capacidade de julgamento. A sensibilidade emocional do número 24 indica que você precisa de estabilidade, lei e ordem. Você também é sensível à forma e à estrutura e pode facilmente criar um sistema complexo, mas eficiente. Muitas vezes honesto, confiável e preocupado com a própria segurança, você precisa do amor e do apoio de um parceiro e deseja construir uma sólida base para si e para sua família. Confiável e justo, mas reservado, você se inclina a acreditar que as ações falam mais alto do que as palavras. A sua maneira pragmática de encarar a vida também lhe confere aptidão para os negócios e habilidade para ser materialmente bem-sucedido na vida. Com o dia de aniversário 24, você talvez precise superar períodos de instabilidade e a tendência a ser teimoso ou a ter idéias fixas. Aprendendo a confiar na sua intuição e a desenvolver habilidades sociais, você pode adquirir autodisciplina. Você deve, no entanto, evitar se comportar de forma destrutiva, pois isso pode ser interpretado pelos outros como rudeza e materialismo. O maior desafio para o dia de aniversário número 24 é aprender a conviver com as pessoas e superar a tendência à desconfiança, bem como construir uma base segura.

Positivo: energia, idealismo, habilidades práticas, determinação, honestidade, franqueza, imparcialidade, generosidade, amor à casa, atividade

Negativo: rudeza, materialismo, avareza, aversão à rotina, preguiça, infidelidade, dominação, teimosia, vingança

Dia 25

Intuitivo e ponderado, embora rápido e vigoroso, você precisa se expressar mediante experiências diferentes, como, por exemplo, idéias, pessoas ou lugares novos e empolgantes. O desejo de perfeição associado ao dia de aniversário 25 muitas vezes leva ao trabalho árduo e à produtividade. Porém, quando as coisas não acontecem conforme o planejado, você precisa ser menos impaciente ou crítico.

A sensibilidade emocional e o talento artístico e criativo são apenas alguns dos seus atributos ocultos. Talvez você precise evitar se subestimar, pois isso pode levar à frustração ou a um comportamento destrutivo. A sua grande necessidade de ter relacionamentos pessoais próximos duradouros, amor e afeição pode ser minada pela vibração agitada do número 25. Você, em geral, é uma pessoa instintiva e alerta, que pode ampliar o seu conhecimento por meio da aplicação prática, mais do que pela teoria. Sua capacidade de julgamento e a atenção que dispensa aos detalhes garantem o seu sucesso. Talvez seja importante desenvolver uma atitude menos cética e superar a tendência a tomar decisões impulsivas. Você pode sentir-se emocionalmente tenso ou mal-humorado devido ao medo que tem de mudanças. Como número 25, você possui uma grande energia mental; quando se concentra, ela o ajuda a considerar todos os fatos e a chegar a uma conclusão mais rapidamente do que qualquer outra pessoa. O sucesso e a felicidade serão seus quando aprender a confiar na própria intuição e quando desenvolver a perseverança e a paciência.

Positivo: intuição, busca da perfeição, percepção, criatividade, habilidade em lidar com as pessoas

Negativo: impulsividade, impaciência, irresponsabilidade, emotividade excessiva, ciúme, hermetismo, criticismo, mau humor, nervosismo

Dia 26

O dia de aniversário 26, freqüentemente, sugere que você aspira a grandes realizações e possui uma natureza ambiciosa. Muitas vezes, você tem uma maneira pragmática de encarar a vida, habilidade executiva e aptidão para os negócios. A força e o poder sugeridos pelo número 26 mostram que você tem uma personalidade cautelosa, princípios e boa capacidade de julgamento. Se você nasceu no dia 26 é, normalmente, uma pessoa responsável, com senso estético inato. O amor à vida doméstica e o forte instinto paternal podem também sugerir que você tem uma grande necessidade de construir uma sólida base ou uma estabilidade genuína. Mas, devido à teimosia ou à falta de autoconfiança, você pode, às vezes, desistir muito facilmente. Não obstante, com autocontrole e planejamento cuidadoso, você pode alcançar o sucesso.

A sua inclinação para causas idealistas e humanitárias pode levá-lo a se envolver em atividades educacionais ou comunitárias. Muitas vezes, você é um manancial de força para outras pessoas, apóia os amigos e familiares que o procuram em momentos de dificuldade. Você deve, no entanto, evitar as tendências materialistas e o desejo de controlar as situações e as pessoas.

Positivo: criatividade, praticidade, cuidado, responsabilidade, orgulho da família, entusiasmo, coragem

Negativo: teimosia, rebeldia, falta de entusiasmo, falta de persistência, instabilidade, dominação

Dia 27

O dia de aniversário 27 indica que você pode ter uma maior profundidade de pensamento se desenvolver a paciência e o autocontrole. Intuitivo, mas analítico, você é muitas vezes vigoroso, determinado e observador e presta muitas atenção aos detalhes. Muitas vezes idealista e sensível, dotado de uma mente fértil e criativa, você pode impressionar os outros com os seus pensamentos e idéias originais. Embora às vezes possa aparentar ser uma pessoa reservada, racional ou distante, na verdade, você pode estar escondendo uma tensão interna, que pode se manifestar como uma tendência à impulsividade, à indecisão, à confusão ou à desconfiança em face de mudanças iminentes. Se desenvolver a sua capacidade de se comunicar, você pode superar a relutância em expressar seus sentimentos mais profundos. Muitas vezes, a inspiração é a chave para o sucesso. Quando desenvolve uma perspectiva mais universal, você consegue controlar rompantes ou evitar se preocupar com o que os outros possam pensar ou dizer. A educação e a cultura são essenciais para as pessoas nascidas no dia 27 e, com as devidas qualificações, você pode ser bem-sucedido se escrever, pesquisar ou trabalhar em grandes organizações. Naturalmente versátil e imaginativo, dotado de grande intuição ou habilidade psíquica, você pode ser uma pessoa ambiciosa e cheia de idéias. No entanto, a inquietação pode levá-lo a se comportar de forma instável e impulsiva. Talvez você precise aprender a converter as suas idéias em resultados concretos. Embora seja muitas vezes afetivo e tenha consideração pelos outros, você pode, ocasionalmente, dar a impressão de ser uma pessoa excessivamente sensível e distante. Se desenvolver uma perspectiva mais neutra, você será capaz de ouvir e de aceitar as críticas ou idéias alheias.

- **Positivo**: versatilidade, imaginação, criatividade, decisão, coragem, boa compreensão, capacidade mental, espiritualidade, inventividade, força mental
- **Negativo**: mau humor, facilidade de se ofender, tendência a discutir com os outros, inquietação, nervosismo, desconfiança, sentimentalismo excessivo, tensão

Dia 28

Independente, idealista e anticonvencional, embora pragmático e determinado, você é, muitas vezes, a sua própria lei. O conflito interno entre o desejo de ser independente e o de querer pertencer a um grupo também é patente. Como o indivíduo número 1, você é ambicioso, direto e empreendedor. Sempre pronto para a ação e para se lançar em novos empreendimentos, você assume corajosamente os desafios da vida e, com o seu entusiasmo, pode facilmente inspirar os outros — se não a juntar-se a você, pelo menos a apoiá-lo no seu empreendimento mais recente. Entre as suas diversas qualidades incluem-se fortes convicções, abundância de recursos, bom juízo e habilidade para acumular conhecimento e usá-lo na solução dos problemas. Com o dia de aniversário 28, você normalmente tem capacidade de liderança e confia no seu senso comum, lógica e clareza de pensamento. Embora se preocupe com o sucesso e seja ambicioso, a sua família e a vida doméstica são muito importantes para você. Encontrar a estabilidade e cuidar dos entes queridos pode às vezes ser um desafio para você. Muitas vezes, você assume responsabilidades, mas pode também se tornar uma pessoa excessivamente entusiasmada, impaciente ou intolerante. Você deve também evitar o autoritarismo, o dogmatismo ou a rebeldia.

- **Positivo**: compaixão, progressão, audácia, habilidade artística, criatividade, idealismo, ambição, capacidade para o trabalho árduo, vida familiar estável, força de vontade
- **Negativo**: sonhador, sem compaixão, pouco sensato, autoritarismo, mau juízo, agressividade, falta de cooperativismo, falta de confiança, dependência de outras pessoas, orgulho

Dia 29

Visionários idealistas, dotados de uma natureza vigorosa, os indivíduos número 29 possuem uma personalidade poderosa e um extraordinário potencial. Você é muitas vezes altamente intuitivo, sensível e emotivo. Sua natureza compassiva e compreensiva inspira um sentimento humanitário e pode encorajar os outros a realizar as suas esperanças e sonhos. De fato, a inspiração é a chave para o seu sucesso... sem ela você pode experimentar uma falta de sentido na vida. Embora seja um verdadeiro sonhador, com freqüência, os aspectos extremos da sua natureza indicam que você tem de se resguardar contra a instabilidade emocional. Você pode oscilar entre ser muito amigável e caloroso e ser frio e indiferente com os outros; ou pode oscilar entre o otimismo e o pessimismo. Embora quem nasce no dia 29 seja uma pessoa competitiva e ambiciosa, você tem necessidade de ser popular e se interessa pelo que os outros pensam a seu respeito. No entanto, você precisa aprender a ser menos crítico, desconfiado, tímido ou distante e a ter mais consideração com os que estão ao seu redor. Se confiar nos seus sentimentos mais íntimos e se abrir o seu coração para os outros, você pode superar a tendência a se preocupar ou a usar a sua mente como escudo protetor. Use os seus pensamentos criativos para realizar alguma coisa de especial e única, que possa inspirar ou servir aos outros.

Positivo: inspiração, equilíbrio, paz interior, generosidade, sucesso, criatividade, intuição, misticismo, sonhos poderosos, interesse pelo mundo, fé

Negativo: falta de concentração, insegurança, nervosismo, temperamental, pessoa difícil, extremismo, isolamento, sensibilidade excessiva

Dia 30

Artístico e criativo, amigável e sociável são apenas alguns dos adjetivos usados para caracterizar as pessoas que fazem aniversário no dia 30. Você gosta de levar uma vida confortável e de se socializar e pode ser excepcionalmente carismático, leal e amigável. Emotivo e ambicioso, dotado de potencial criativo, você apreende as idéias e as expande no seu próprio estilo dramático. Com temperamento estável e espírito gregário, dotado de bom gosto e talento estético, você pode ser bem-sucedido em todos os tipos de trabalho relativos à arte, ao *design* e à música. O orgulho e a ambição, combinados com boas oportunidades, muitas vezes permitem que você chegue ao topo da sua profissão. Se você nasceu no dia 30, possui sentimentos fortes: estar apaixonado ou sentir-se contente é um requisito vital. Na sua busca de felicidade, evite ser preguiçoso, excessivamente indulgente, impaciente ou invejoso, pois isso pode provocar uma instabilidade emocional. Entre as pessoas que nasceram no dia 30, muitas têm reconhecimento ou fama, especialmente os músicos, atores e comediantes, mas talvez precisem fazer ainda alguns sacrifícios pelas pessoas que amam.

Positivo: amor à diversão, lealdade, amizade, capacidade de síntese, talento com as palavras, criatividade, sorte

Negativo: preguiça, obstinação, comportamento errático, impaciência, indulgência excessiva, indiferença, indecisão, inveja

Dia 31

Forte força de vontade, determinação e ênfase na auto-expressão são indicados pelo dia de aniversário 31. Você, muitas vezes, combina a sua intuição com a capacidade prática de tomar as decisões certas. Geralmente, você é incansável e determinado e tem necessidade de progredir materialmente; contudo, talvez você precise aprender a aceitar as limitações da vida e, por isso, precise construir uma sólida base. Se você nasceu no dia 31, é uma pessoa com idéias originais, dotada de senso estético e habilidade para ser bem-sucedida nos negócios, se não se precipitar e se seguir um plano de ação prático. Boa sorte e oportunidades também são sugeridas pelo número 31, além da capacidade de transformar passatempos em empreendimentos lucrativos. Contudo, talvez você precise aprender a não se desencorajar facilmente e a ter mais consideração pelos outros. Para você, é crucial ter tempo para o amor e para as diversões, dado que tende a ser uma pessoa muito trabalhadora. No entanto, precisa evitar a tendência a ser excessivamente indulgente ou egoísta, ou ser excessivamente otimista. Os indivíduos mais fracos associados ao dia de aniversário 31 são inseguros e desistem muito facilmente dos seus sonhos ou se deixam levar pelo mundo da fantasia.

- **Positivo**: sorte, criatividade, originalidade, capacidade para construir e ser construtivo, persistência, praticidade, capacidade de comunicação, responsabilidade
- **Negativo**: insegurança, impaciência, desconfiança, tendência a se desencorajar facilmente, falta de ambição, egoísmo, teimosia, materialismo

Os 30 dias de CAPRICÓRNIO

22 de dezembro a 21 de janeiro

22 de Dezembro

Magnético, charmoso e trabalhador, você possui um extraordinário potencial de realização e precisa, para isso, apenas usar a autodisciplina necessária. Como nasceu na cúspide, você tem a vantagem de ter a perspectiva realista e pragmática de Saturno e a habilidade sagitariana de perceber as oportunidades positivas. Juntas, essas duas qualidades podem ajudá-lo a alcançar posições de liderança, nas quais você pode usar as suas refinadas habilidades sociais e sensibilidade emocional no trato com as pessoas.

Com a subinfluência do regente do seu decanato, Capricórnio, você é ambicioso e tem um forte senso de dever. O seu perfeccionismo indica que, quando se compromete com um trabalho, você quer fazê-lo bem. O seu bom senso de estrutura lhe dá uma habilidade natural para os negócios e o ajuda a organizar os seus objetivos. As questões de ordem financeira devem ocupar muito a sua atenção e você tem a capacidade de comercializar os seus diversos talentos. No entanto, tome cuidado para que a sua preocupação com o materialismo ou prestígio não o afaste dos seus elevados ideais. Na verdade, um dos seus desafios pode ser obter o equilíbrio entre o trabalho e as diversões e, assim, garantir que a sua vida não se torne árdua.

♑

SOL: CÚSPIDE DE SAGITÁRIO/ CAPRICÓRNIO
DECANATO: CAPRICÓRNIO/SATURNO
GRAU: 29°30'-0°30' CAPRICÓRNIO
MODO: CARDEAL
ELEMENTO: TERRA

♑

Cuidadoso e amável, você tem sentimentos profundos e gosta de deixar as pessoas à vontade. O seu interesse pelas pessoas pode se manifestar por meio de uma forte inclinação humanitária que o pode encorajar a lutar por uma causa idealista. Amigável e naturalmente persuasivo, você sabe conversar de maneira refinada e sabe como ninguém dar aquele toque pessoal. O seu apreço pela beleza e pelas artes pode se expressar por meio da música, da arte ou do teatro, bem como por intermédio do desejo de se cercar de estilo e luxo.

Até os 29 anos de idade, você é uma pessoa voltada para alcançar os seus objetivos e tem uma abordagem prática no que diz respeito à sua realização. A sua vida passa por uma mudança aos 30 anos de idade, quando o seu Sol progredido entra no signo de Aquário. Essa influência traz uma necessidade crescente de liberdade, novas idéias e vontade de expressar a sua individualidade. A sua vida passa por uma outra transformação aos 60 anos de idade, quando o seu Sol progredido entra no signo de Peixes. Essa fase acentua a sua receptividade emocional, sua imaginação ou sua consciência psíquica.

O Seu Eu Secreto

Embora seja muito generoso, caloroso e espontâneo, você também possui a habilidade de ser duro e cumpridor dos deveres. Isso pode, às vezes, provocar um conflito entre os seus afetos e o seu trabalho. Com a sua extrema sensibilidade e fortes emoções, você pode sofrer muito devido a frustrações ou desapontamentos caso se deixe levar pela negatividade e não consiga esquecer o passado. Quando tem o pensamento positivo e aceita a vida como ela é, você aprende a se manter mais desapegado e menos cínico, acreditando que a vida irá, naturalmente, dar-lhe tudo o que precisa na hora certa.

É provável que na sua juventude você tenha reprimido a manifestação dos seus sentimentos devido à necessidade de ter de corresponder às expectativas alheias. Quando tem fé e confiança nas suas habilidades, você fica em posição de ser compassivo com os outros, pressentindo, no momento, o que é bom para você.

Trabalho & Vocação

Apesar de sensível e criativo, você tem uma natureza prática. Você pode ser atraído pelo mundo das finanças, no qual pode ser um excelente economista, analista ou corretor da Bolsa de Valores. Você pode também ter ocupações ligadas a algum tipo de consultoria ou contabilidade. O seu talento para lidar com as pessoas pode encorajá-lo a trabalhar como negociador ou vendedor. Ambicioso, você prefere ocupar uma posição de liderança. Como tem uma excelente capacidade de organização, você pode ser bem-sucedido como político, gerente ou administrador. Você pode também ser atraído pelo mundo da pesquisa e ciência ou por algum tipo de trabalho comunitário. Por outro lado, como é criativo e multitalentoso, você pode seguir alguma carreira no mundo do *design*, do teatro ou da música.

ESTRELA FIXA

Nome da estrela:
Sinistra

Posição:
28°46'-29°44' de Sagitário, entre os anos de 1930 e 2000

Magnitude:
3

Força:
★★★★★★

Órb:
1°40'

Constelação:
Nu Ophiuchi

Dias:
21, 22 e 23 de dezembro

Qualidades da estrela:
Vênus/Saturno

Descrição:
uma estrela anã laranja, localizada na mão esquerda de Ophiuchus.

Numerologia

Nascido no dia 22, você é uma pessoa prática, disciplinada e altamente intuitiva. Este é um número mestre e pode vibrar tanto como número 22 quanto como número 4. Geralmente honesto e trabalhador, com capacidade natural de liderança, você possui uma personalidade carismática e uma compreensão profunda das pessoas e de suas motivações. Ainda que seja reservado, você muitas vezes tem uma preocupação atenciosa e protetora com o bem-estar das pessoas, mas nunca perde de vista a sua posição realista e pragmática. A subinfluência do mês número 12 indica que você é ambicioso e idealista. Como é, ao mesmo tempo, uma pessoa otimista e cética, muito depende da sua disposição mental. Quando está com uma disposição positiva as suas idéias podem ser altamente lucrativas, mas você deve evitar a depressão ou a ansiedade emocional. Altamente receptivo, você tem fortes premonições, mas, se duvidar muito de si mesmo, pode transformá-las em preocupações. Você tem necessidade de criar harmonia e um ambiente calmo, o que pode aumentar as suas chances de ter paz interior e tranqüilidade.

⬆ **Positivo**: universal, original, altamente intuitivo, pragmático, prático, habilidade com as mãos, espírito construtivo, capacidade de organização, realista, capacidade para solucionar problemas, realização

⬇ **Negativo**: esquemas de enriquecimento rápido, complexo de inferioridade, autoritarismo, materialismo, preguiça, egotismo

Amor & Relacionamentos

Com a sua intuição e compreensão, você pode se conectar facilmente com as pessoas. Amigável e afetuoso, você precisa de pessoas e de relacionamentos. Mesmo sendo normalmente uma pessoa generosa e atenciosa, há momentos em que você se torna excessivamente sensível ou reservado. Nesses períodos você pode aparentar frieza, por isso é necessário procurar restabelecer o seu equilíbrio. Mudanças, viagens ou exercícios físicos podem ajudá-lo a recuperar o seu ânimo. Romântico, sensível e com conceitos humanitários e universais, você gosta de compartilhar suas experiências e pode ser um amigo ou parceiro leal e presente.

INFLUÊNCIA DA ESTRELA PRIMÁRIA

Sinistra confere sucesso nos negócios, boa habilidade executiva, potencial de liderança e uma personalidade independente ou original. Contudo, esta estrela também confere uma natureza irriquieta e necessidade constante de mudança, que pode resultar em instabilidade. Muitas vezes, você procura posições de poder ou de influência.

Ligada ao grau do seu Sol, Sinistra concede aspirações elevadas e uma natureza ousada e original, mas briguenta. Realizações nos negócios, profissão legal, governo ou trato com o público são indicados pela influência desta estrela. Mas pode ser que você tenha aspirações quanto à Educação Superior, Religião e Filosofia. Você também terá oportunidades para fazer o seu nome e alcançar a fama ou notoriedade.

- **Positivo**: posição elevada na vida pública
- **Negativo**: dominação, pouco sentimental, excessiva seriedade

ALGUÉM ESPECIAL

Para ter amor e relacionamentos duradouros, você pode procurar alguém que tenha nascido em uma das seguintes datas:

Amor & amizade: jan: 2, 7, 9, 11, 12, 22, 25; fev: 7, 10, 20, 23, 26; mar: 5, 8, 18, 21; abr: 3, 6, 16, 19; mai: 1, 3, 4, 14, 17, 20, 24, 29; jun: 2, 12, 15, 27; jul: 10, 13, 16, 20, 25, 30; ago: 9, 15, 24, 26; set: 7, 13, 22, 24; out: 4, 7, 10, 14, 19, 24, 28, 29, 30; nov: 2, 5, 8, 12, 17, 22, 26, 27, 28; dez: 3, 6, 10, 15, 20, 24, 25

Relacionamentos benéficos: jan: 12, 23, 29; fev: 10, 21, 27; mar: 22, 26; abr: 6, 17, 23; mai: 4, 15, 21; jun: 2, 13, 19, 28, 30; jul: 11, 17, 26, 28; ago: 9, 15, 24, 26; set: 7, 13, 22, 24; out: 5, 11, 20, 22; nov: 3, 9, 18, 20, 30; dez: 1, 7, 16, 18, 28

Atrações fatais: jun: 20, 21, 22, 23; jul: 29; ago: 27; set: 25; out: 23; nov: 21; dez: 19

Relacionamentos desafiantes: jan: 1, 4, 26, 30; fev: 2, 24, 28; mar: 22, 26; abr: 20, 24; mai: 18, 22, 31; jun: 16, 20, 29; jul: 14, 18, 27; ago: 12, 16, 20, 29; set: 10, 14, 23, 28; out: 8, 12, 21, 26; nov: 6, 10, 19, 24; dez: 4, 8, 17, 22

Alma gêmea: jan: 20; fev: 18; mar: 16; abr: 14; mai: 12; jun: 10; jul: 8; ago: 6; set: 4; out: 2

23 de Dezembro

As influências do dia do seu aniversário sugerem que você é uma pessoa prática, imaginativa, forte e que gosta de ação. Embora tenha energia e determinação para prosperar na vida, é por meio do seu poder emocional de influenciar as pessoas que você pode realmente satisfazer-se.

Com a subinfluência do regente do seu decanato, Capricórnio, você é uma pessoa ambiciosa e trabalhadora. Com persistência, você terá a energia necessária para atingir os seus objetivos. Ainda que seja normalmente gentil e amigável, a tendência a reprimir as suas fortes emoções pode às vezes fazer com que você pareça ser frio e reservado. Contudo, por meio de seu charme dinâmico e sua habilidade para divertir as pessoas, você pode impressionar com o seu calor humano e sua generosidade.

♑

SOL: CAPRICÓRNIO
DECANATO: CAPRICÓRNIO/SATURNO
GRAU: 0°30'-1°30' CAPRICÓRNIO
MODO: CARDEAL
ELEMENTO: TERRA

♑

Com o talento para combinar negócios com prazer, você quer obter sucesso material e *status*. Em geral você possui muitos sentimentos e tem grandes sonhos. Contanto que esteja disposto a fazer o esforço necessário, o seu intelecto intuitivo e sua extraordinária imaginação podem ser trunfos valiosos na sua escalada para o sucesso. Apesar de versátil, às vezes é preciso que você canalize qualquer possível agitação para um desejo de mudança positiva.

Até os 28 anos de idade, a sua preocupação gira em torno de questões de ordem prática relacionadas à sua carreira ou às suas responsabilidades. A sua vida passa por uma mudança aos 29 anos de idade, quando o seu Sol progredido entra no signo de Aquário. Essa influência traz uma necessidade crescente de mais independência e capacidade de expressar a sua visão singular. A sua vida passa por uma outra transformação aos 59 anos de idade, quando o seu Sol progredido entra no signo de Peixes. Essa fase acentua a sua sensibilidade emocional e a receptividade às suas necessidades criativas.

O Seu Eu Secreto

Orgulhoso e independente, você precisa de maneiras positivas para canalizar o seu enorme poder emocional. Prático e realista, você também tem a habilidade de inspirar as outras pessoas com os seus ideais e espontaneidade. Mentalmente sagaz para compreender as pessoas e com uma inclinação altruísta ou humanitária, você pode se destacar em atividades que requeiram o trato com o público.

Os lados diferentes da sua personalidade podem, às vezes, confundir as pessoas à sua volta. Geralmente, você é muito sociável e forte, mas tem a tendência a, ocasionalmente, procurar o isolamento, o que o pode levar a sentir-se sozinho. Se você se retrair, pode ter uma certa teimosia que afeta o seu relacionamento com os outros. O seu desejo de transcender o lado mundano pode ajudá-lo a superar essas tendências e inspirá-lo a compartilhar a sua generosidade, visão e compaixão inata pelas pessoas.

Trabalho & Vocação

Uma pessoa cheia de recursos e dotada de personalidade forte, você tem uma aptidão natural para os negócios e pode ser bem-sucedido em todos os tipos de atividades que envolvam o trato com outras pessoas. Normalmente uma pessoa versátil e responsável, você é trabalhador e dedicado. Como tem uma excelente capacidade executiva, o trabalho em grandes corporações muitas vezes permite que você ocupe posições gerenciais ou administrativas.

O seu charme, sua persuasão e sua habilidade comunicativa também indicam o sucesso no mundo das vendas, promoções e negociação. Criativo, você pode ser inspirado por ocupações ligadas a fotografia, literatura, arte, música e teatro. Você pode comercializar os seus talentos em qualquer carreira que escolha, desde que esteja disposto a trabalhar duro para alcançar os seus objetivos.

ESTRELA FIXA

Nome da estrela:
Polis

Posição:
2°15'-3°14' de Capricórnio, entre os anos de 1930 e 2000

Magnitude:
4

Força:
★★★★

Órb:
1°30'

Constelação:
Mu Sagitário

Dias:
23, 24, 25 e 26 de dezembro

Qualidades da estrela:
Júpiter/Marte

Descrição:
uma estrela tripla, azul e branca, localizada na parte superior do arco do Arqueiro.

Numerologia

Intuição, sensibilidade emocional e criatividade são algumas das qualidades de uma pessoa com o dia de aniversário número 23. Você, em geral, é versátil, passional e de pensamento rápido, com uma atitude profissional e uma mente cheia de idéias criativas. Com a influência do número 23, você pode aprender novos assuntos facilmente, mas prefere a prática à teoria. Você gosta de viagens, de aventuras e de conhecer pessoas novas; e a inquietação típica da influência do número 23 o impele a ter diversos tipos de experiências, das quais aproveita ao máximo. Você costuma ser uma pessoa amável e que gosta de se divertir, tem coragem e impulso, e precisa de uma vida ativa para desenvolver o seu verdadeiro potencial. A subinfluência do mês número 12 indica que você precisa expressar os seus sentimentos claramente e manter a perseverança apesar das dificuldades. Para evitar problemas emocionais, você precisa se disciplinar e controlar as suas reações quando as coisas não saem como deseja. Quando desenvolve a arte de dar e receber, você também aprende a manter-se neutro.

⬆ **Positivo**: leal, compassivo, responsável, amor às viagens, comunicativo, intuitivo, criativo, versátil, confiável

⬇ **Negativo**: egoísta, inseguro, teimoso, inflexível, crítico

Amor & Relacionamentos

Embora seja ativo e inquieto, você deseja tranqüilidade emocional. Como deseja harmonia, você, muitas vezes, esforça-se para manter a paz e por isto os seus relacionamentos e vida doméstica têm um papel importante na sua vida. Porém, as suas fortes emoções também indicam uma necessidade de se expressar positivamente, pois pode vir a ter problemas se reprimir as suas emoções. Com o seu charme dinâmico, no entanto, você pode conquistar facilmente as pessoas e atrair admiradores. Mesmo tendo muito amor a dar, você precisa, nos seus relacionamentos duradouros, de um parceiro que possa lhe dar estabilidade emocional e segurança.

INFLUÊNCIA DA ESTRELA PRIMÁRIA

Polis confere uma percepção aguçada e poder de se concentrar em uma meta específica. Esta estrela o encoraja a buscar o sucesso e a dar a determinação necessária para alcançar posições superiores. A habilidade para tomar decisões rápidas e felizes lhe dá capacidade de liderança. Esta estrela também adverte contra a tendência a ser rebelde e dominador.

Ligada ao grau do seu Sol, Polis confere uma natureza pioneira e corajosa, muitas oportunidades, resistência e aspirações elevadas. Você é orgulhoso e quer ter o seu nome conhecido independentemente se isso resultar em fama ou notoriedade. Esta estrela pode também conferir sucesso na educação superior e com especial interesse em assuntos espirituais. Polis também adverte contra a tendência a querer dominar as situaçoes e a liderar, a menos que você tenha iniciado o empreendimento.

- **Positivo**: concentração, natureza competitiva
- **Negativo**: rebeldia, inquietude, falta de resistência, excesso de otimismo

ALGUÉM ESPECIAL

Para encontrar aquele alguém especial, comece procurando entre as pessoas nascidas em uma das seguintes datas:

Amor & amizade: jan: 8, 11, 12, 29; fev: 6, 9, 27; mar: 4, 7, 25, 29; abr: 2, 5, 23, 27; mai: 3, 4, 21, 25; jun: 1, 19, 23; jul: 17, 21; ago: 15, 19, 29; set: 13, 17, 27; out: 11, 15, 25, 29, 30; nov: 9, 13, 23, 27, 28; dez: 7, 11, 21, 25, 26

Relacionamentos benéficos: jan: 13, 30; fev: 3, 17; mar: 1, 15; abr: 7, 24, 30; mai: 5, 22, 28; jun: 3, 20, 26; jul: 1, 18, 24, 29; ago: 16, 22, 25; set: 14, 20, 25; out: 12, 18, 23; nov: 10, 16, 21; dez: 8, 14, 19

Atrações fatais: jun: 21, 22, 23; out: 30; nov: 28, dez: 28

Relacionamentos desafiantes: jan: 5, 19; fev: 3, 17; mar: 1, 15; abr: 13; mai: 11; jun: 9, 30; jul: 7, 28, 30; ago: 5, 26, 28; set: 3, 24, 26; out: 1, 22, 24; nov: 20, 22; dez: 18, 20

Alma gêmea: jan: 7; fev: 5; mar: 3; abr: 1; set: 30; out: 28; nov: 26; dez: 24

24 de Dezembro

Com a sua natureza prática e seus fortes ideais emocionais, você é uma pessoa refinada e pragmática, dotada de um intelecto sensível. Altamente intuitivo, embora racional, você pode usar as suas habilidades críticas tanto para fins profissionais quanto de auto-análise. Apenas tome cuidado para que a tendência ao ceticismo não feche a sua mente para as várias possibilidades e oportunidades abertas a você.

Com a subinfluência do regente do seu decanato, Capricórnio, você é uma pessoa ambiciosa e que tem muita consciência das suas responsabilidades. Com perseverança, você tem o poder de progredir lentamente em direção às suas metas e superar as dificuldades. Como prefere trabalhar com um sistema estruturado, você pode ser uma pessoa confiável e que encara as suas tarefas com seriedade. Contudo, tome cuidado para que o seu autocontrole não se transforme em melancolia ou o torne teimoso ou frio.

♑

SOL: CAPRICÓRNIO
DECANATO: CAPRICÓRNIO/SATURNO
GRAU: 1°30'-2°30' CAPRICÓRNIO
MODO: CARDEAL
ELEMENTO: TERRA

♑

Normalmente, você tem uma maneira realista de encarar a vida e pode ser charmoso e talentoso. O seu dom para o pensamento criativo pode se manifestar por meio da literatura, da oratória ou de outras formas de comunicação. Com a sua diplomacia, voz atraente e personalidade amigável, você é capaz de fazer amigos e ter domínio sobre os outros. Quando se sente inseguro, você pode ter medo de ficar sozinho ou de ser abandonado. Entretanto, você precisa de períodos regulares de paz e privacidade para introspecção.

Até os 27 anos de idade, você quer ter ordem e estrutura na sua vida, e as considerações de natureza prática são importantes. A sua vida passa por uma mudança aos 28 anos de idade, quando o seu Sol progredido entra no signo de Aquário. Essa influência traz uma necessidade crescente de independência e de autonomia. Você se torna mais sociável e com mais consciência de grupo e tem o desejo de expressar a sua própria individualidade. A sua vida passa por uma outra transformação aos 58 anos de idade, quando o seu Sol progredido entra no signo de Peixes. Essa fase acentua a sua receptividade emocional, sua imaginação ou conscientização psíquica e espiritual.

O Seu Eu Secreto

Com forte poder emocional interior, você tem a habilidade de encantar, animar ou inspirar as outras pessoas. A sua poderosa imaginação e sua intensa praticidade podem se combinar para torná-lo um visionário realista. Todavia, é melhor evitar que a sua imaginação seja usada para sonhar acordado ou escapar da realidade. Quando se concentra positivamente, você tem a capacidade de transmitir um amor e uma determinação poderosos que com certeza lhe trarão sucesso.

O seu charme cativante e a sua capacidade de liderança podem ajudá-lo a alcançar o sucesso, mas você pode ocasionalmente ser tão perfeccionista que as pessoas não correspondem aos seus ideais elevados. Isso pode provocar mal-entendidos ou dificuldade na expressão de suas idéias. Com a sua mente aguçada, é importante manter-se ocupado para aproveitar ao máximo os seus diversos talentos. Por meio do desenvolvimento da sua sensibilidade intuitiva, você pode se conhecer melhor e evitar o excesso de seriedade ou depressão. Quando mantém o seu senso de humor e o prazer de dar início a novas atividades, você é capaz de se manter criativamente ocupado.

Trabalho & Vocação

Determinado e autoconfiante, você é, na maior parte das vezes, intuitivo, inteligente, ambicioso e enérgico. A sua boa capacidade intelectual sugere que você gosta de usar a sua sagacidade para os negócios e ser empreendedor. Você tem também talento para solucionar problemas e excelentes habilidades para organizar e gerenciar. Quando inspirado, você pode desenvolver a sua habilidade nata para escrever. Você pode ainda usar os seus talentos para administração ligada à arte em instituições nacionais. Com atração pela vida pública, você pode se envolver com educação, política, teatro ou com o mundo do entretenimento. Apesar de ser muito prático, você pode sentir-se atraído por Filosofia, Metafísica ou Misticismo. Como gosta de variedade e tem necessidade de se manter ativo e independente, pode ser que você queira trabalhar por conta própria.

ESTRELA FIXA

Nome da estrela:
Polis
Posição:
2°15'-3°14' de Capricórnio, entre os anos de 1930 e 2000
Magnitude:
4
Força:
★★★★
Órb:
1°30'
Constelação:
Mu Sagitário
Dias:
23, 24, 25 e 26 de dezembro
Qualidades da estrela:
Júpiter/Marte
Descrição:
uma estrela tripla, azul e branca, localizada na parte superior do arco do Arqueiro.

Numerologia

A sensibilidade emocional do dia de aniversário número 24 sugere que você precisa de equilíbrio e de harmonia. Você é também receptivo à forma e estrutura e pode criar com facilidade um sistema complexo e eficiente. Apesar de idealista, confiável e justo, você tem a tendência a ser reservado, acreditando que as ações falam mais alto do que as palavras. O maior desafio para o indivíduo número 24 é aprender a se dar com pessoas dos diferentes círculos sociais, superar as tendências à desconfiança e construir uma base segura. A subinfluência do mês número 12 indica que você é altamente perceptivo e tem fortes ambições. Você é amigável e sociável, mas a tendência a se magoar com facilidade sugere que, às vezes, você leva as coisas muito a sério. A inclinação a alternar entre ser confiante e independente e ser vulnerável e duvidar de si mesmo também indica que você precisa de equilíbrio e harmonia em todos os seus relacionamentos. Se mantiver uma perspectiva liberal, você pode ver as coisas por um ângulo maior. No entanto, você é sério, eficiente, trabalhador e confiável.

Positivo: enérgico, idealista, habilidades práticas, forte determinação, tolerante, franco, justo, generoso, amor à vida doméstica, ativo

Negativo: materialista, ciumento, rude, aversão à rotina, preguiça, falta de confiabilidade, teimosia

Amor & Relacionamentos

Com o seu amor à verdade e à beleza, você pode ser uma pessoa honesta e direta. Idealista no amor, você procura amigos e parceiros que o estimulam. O seu charme natural pode fazer com que você encante as outras pessoas e se torne popular. Como é possível que você tenha muitas mudanças emocionais nos seus relacionamentos, é melhor que você seja versátil e se adapte em vez de se manter inflexível. Como é uma pessoa sensível, a demonstração de amor e afeição pode ser especialmente importante para você e ajudá-lo a superar a sua agitação emocional. A sua necessidade de ter uma firme base doméstica e segurança pode ser o que o levará a se estabelecer.

INFLUÊNCIA DA ESTRELA PRIMÁRIA

Polis confere uma percepção aguçada e poder de se concentrar em uma meta específica. Esta estrela o encoraja a buscar o sucesso e a dar a determinação necessária para alcançar posições superiores. A habilidade para tomar decisões rápidas e felizes lhe dá capacidade de liderança. Esta estrela também adverte contra a tendência a ser rebelde e dominador.

Ligada ao grau do seu Sol, Polis confere uma natureza pioneira e corajosa, muitas oportunidades, resistência e aspirações elevadas. Você é orgulhoso e quer ter o seu nome conhecido independentemente se isso resultar em fama ou notoriedade. Esta estrela pode também conferir sucesso na educação superior e com especial interesse em assuntos espirituais. Polis também adverte contra a tendência a querer dominar as situações e a liderar, a menos que você tenha iniciado o empreendimento.

- **Positivo**: concentração, natureza competitiva
- **Negativo**: rebeldia, inquietude, falta de resistência, excesso de otimismo

ALGUÉM ESPECIAL

Você pode começar a procurar uma companhia interessante entre as pessoas nascidas em uma das seguintes datas:

Amor & amizade: jan: 9, 13, 30; fev: 7, 28; mar: 5, 26, 30; abr: 3, 24, 28; mai: 1, 5, 22, 26; jun: 3, 20, 24; jul: 18, 22, 31; ago: 16, 20, 29, 30; set: 14, 18, 27, 28; out: 12, 16, 25, 26, 31; nov: 10, 14, 23, 24, 29; dez: 8, 12, 21, 22, 27

Relacionamentos benéficos: jan: 15, 22, 31; fev: 13, 20, 29; mar: 11, 18, 27; abr: 9, 16, 25; mai: 7, 14, 23, 30; jun: 5, 12, 21, 28; jul: 3, 10, 19, 26, 30; ago: 1, 8, 17, 24, 28; set: 6, 15, 22, 26; out: 4, 13, 20, 24; nov: 2, 11, 18, 22; dez: 9, 16, 20

Atrações fatais: jan: 11; fev: 9; mar: 7; abr: 5; mai: 3; jun: 1, 22, 23, 24, 25; out: 31; nov: 29; dez: 27

Relacionamentos desafiantes: jan: 5, 8, 16, 21; fev: 3, 6, 14, 19; mar: 1, 4, 12, 17; abr: 2, 10, 15; mai: 8, 13; jun: 6, 11; jul: 4, 9, 29; ago: 2, 7, 27; set: 5, 25; out: 3, 23; nov: 1, 21; dez: 19

Alma gêmea: jan: 13; fev: 11; mar: 9; abr: 7; mai: 5; jun: 3; jul: 1; ago: 31; set: 29; out: 27; nov: 25; dez: 23

25 de Dezembro

As influências do dia do seu aniversário mostram que você é uma pessoa prática e afetuosa, além de dotada de um forte desejo de harmonia. Como é provável que o seu charme seja um dos seus grandes trunfos, a sua habilidade para lidar com as pessoas pode ajudá-lo muito no seu sucesso. Você se comunica de uma forma agradável e inteligente e tem idéias originais e inventivas muitas vezes à frente do seu tempo. Embora seja sagaz e independente, você tem um cuidado e preocupação genuínos pela outras pessoas, o que o pode levar a apoiar uma causa idealista.

Com a subinfluência do regente do seu decanato, Capricórnio, você é confiável e tem uma grande consciência das suas responsabilidades. Para você é importante ter uma vida doméstica segura e por isso está disposto a trabalhar duro para proteger as pessoas que ama. Quando executa um trabalho, você quer fazê-lo bem e está disposto a fazer sacrifícios para alcançar os seus objetivos. O seu senso de estrutura o ajuda a organizar as suas metas, dando-lhe uma aptidão natural para os negócios.

♑

SOL: CAPRICÓRNIO
DECANATO: CAPRICÓRNIO/SATURNO
GRAU: 2°30'-3°30' CAPRICÓRNIO
MODO: CARDEAL
ELEMENTO: TERRA

♑

Você gosta de levar uma vida boa, mas isso não inibe o lado humanitário ou filantrópico da sua personalidade. Com vontade de ser útil, você pode muitas vezes orientar ou ajudar as pessoas. Contudo, se isso for levado a extremos, há o perigo de você se tornar muito crítico, dominador ou de interferir na vida alheia. No entanto, na maioria das vezes, você quer manter a paz e é uma pessoa liberal e confiável.

Até os 26 anos de idade, você tem uma maneira pragmática e realista de conduzir as coisas para as suas realizações. A sua vida passa por uma mudança aos 27 anos de idade, quando o seu Sol progredido entra no signo de Aquário. Essa influência traz uma necessidade crescente de liberdade e de independência. Você quer colocar em prática diferentes conceitos, fazer novos amigos e se envolver em atividades de grupo. A sua vida passa por uma outra transformação aos 57 anos de idade, quando o seu Sol progredido entra no signo de Peixes. Essa fase traz uma ênfase maior na sua já grande sensibilidade. Você pode se tornar mais solidário e compassivo para com as outras pessoas ou se envolver em atividades artísticas ou místicas.

O Seu Eu Secreto

Com o seu intelecto aguçado, seu idealismo e sua perspectiva filosófica natural, você se sente muito feliz quando está ocupado com atividades construtivas e ampliando o seu conhecimento. A educação, convencional ou autodidata, pode ser vital para o seu sucesso e progresso. Em geral uma pessoa honesta e direta, você pode também ser altamente intuitivo quanto às situações e às motivações das outras pessoas. Com uma boa habilidade estratégica e capacidade para ver as coisas em um plano maior, você, muitas vezes, tem ímpetos de otimismo e inspiração que o podem ajudar a seguir adiante de uma forma ousada e empreendedora.

Com habilidade para aprender rapidamente, você tem uma maneira criativa de encarar a vida e deseja se expressar. Você precisa estar na companhia de outras pessoas e a sua inquietude interior pode levá-lo a ter muitas atividades sociais. Como tem interesse em diversas áreas, é importante que você se mantenha concentrado para não desperdiçar a sua energia ou ficar indeciso e preocupado. Ao se manter humilde e sensível às necessidades alheias, você pode desenvolver a sua tolerância e sua satisfação emocional.

Trabalho & Vocação

ESTRELA FIXA

Nome da estrela:
Polis
Posição:
2°15'-3°14' de Capricórnio, entre os anos de 1930 e 2000
Magnitude:
4
Força:
★★★★
Órb:
1°30'
Constelação:
Mu Sagitário
Dias:
23, 24, 25 e 26 de dezembro
Qualidades da estrela:
Júpiter/Marte
Descrição:
uma estrela tripla, azul e branca, localizada na parte superior do arco do Arqueiro.

Empreendedor e idealista, você é uma pessoa humanitária com inclinações filantrópicas. Como é charmoso e receptivo, você sabe como lidar com as pessoas. Uma carreira na vida pública pode ser adequada à sua personalidade, e você poderá ser admiravelmente bem-sucedido no mundo da política, da medicina ou de organizações públicas. O amor ao conhecimento e o interesse pela Metafísica podem inspirá-lo a estudar e a ensinar História, Filosofia ou Astrologia. Mas, como tem inclinação para a área técnica e interesse por matemática, você pode estudar Ciências, Astronomia, Química ou Biologia. Criativo, com necessidade de se expressar, você pode se dedicar à literatura ou desenvolver os seus talentos artísticos.

Numerologia

Intuitivo e ponderado, embora rápido e enérgico, com o dia de aniversário número 25 você precisa se expressar por meio de diferentes experiências. O desejo de perfeição o impele a trabalhar duro e a ser produtivo. Normalmente, você é instintivo e alerta e pode ampliar o seu conhecimento por meio da aplicação prática e não apenas da mera teoria. Boa capacidade de julgamento e para perceber os detalhes lhe garantem o sucesso. Você precisa desenvolver uma atitude menos cética, superando a tendência a tomar decisões impulsivamente. Com o dia de aniversário número 25, você possui uma forte energia mental que, quando concentrada, ajuda-o a ver todos os fatos e a chegar a uma conclusão mais rapidamente do que qualquer outra pessoa. A subinfluência do mês número 12 indica que você é prestativo e amigável e tem uma personalidade atraente. As suas fortes convicções e inclinação para pensar de forma independente sugerem que você é inteligente e prático. Mesmo que, em geral, seja uma pessoa confiável, a tendência a ser crítico ou a interferir na vida alheia indica que você precisa manter a mente aberta e ser humilde.

Positivo: altamente intuitivo, perfeccionista, perceptivo, criativo, habilidade para lidar com as pessoas

Negativo: impulsivo, impaciente, irresponsável, excessivamente emotivo, ciumento, reservado, mal-humorado, nervoso

Amor & Relacionamentos

A sua grande necessidade de amor e de afeição pode levá-lo a querer ter uma vida romântica idealista. Como é amigável, você muitas vezes se sente atraído por atividades que envolvam o trato com outras pessoas, mas, com a sua sensibilidade, o melhor é evitar excessos sociais. Ainda que com o seu charme você tenha muitos admiradores, é importante escolher cuidadosamente os seus parceiros para evitar envolvimentos emocionais infelizes. Quando tem relacionamentos equilibrados, você não se torna dependente. Como tem uma grande necessidade de harmonia e paz interior, uma vida doméstica segura pode ter um papel importante na sua vida.

INFLUÊNCIA DA ESTRELA PRIMÁRIA

Polis confere uma percepção aguçada e poder de se concentrar em uma meta específica. Esta estrela o encoraja a buscar o sucesso e a dar a determinação necessária para alcançar posições superiores. A habilidade para tomar decisões rápidas e felizes lhe dá capacidade de liderança. Esta estrela também adverte contra a tendência a ser rebelde e dominador.

Ligada ao grau do seu Sol, Polis confere uma natureza pioneira e corajosa, muitas oportunidades, resistência e aspirações elevadas. Você é orgulhoso e quer ter o seu nome conhecido independentemente se isso resultar em fama ou notoriedade. Esta estrela pode também conferir sucesso na educação superior e com especial interesse em assuntos espirituais. Polis também adverte contra a tendência a querer dominar as situações e a liderar, a menos que você tenha iniciado o empreendimento.

- **Positivo**: concentração, natureza competitiva
- **Negativo**: rebeldia, inquietude, falta de resistência, excesso de otimismo

ALGUÉM ESPECIAL

Para ter amor e um relacionamento estável, comece procurando por alguém que tenha nascido em uma das seguintes datas:

Amor & amizade: jan: 9, 14, 15, 25, 28; fev: 10, 13, 23, 26; mar: 8, 11, 21, 24, 31; abr: 6, 9, 19, 22, 29; mai: 4, 6, 7, 17, 20, 27; jun: 2, 5, 15, 18, 25; jul: 3, 13, 16, 23; ago: 1, 11, 14, 21, 31; set: 9, 12, 19, 29; out: 7, 10, 17, 27; nov: 5, 8, 15, 25; dez: 3, 6, 13, 23

Relacionamentos benéficos: jan: 12, 23, 26; fev: 10, 21, 24; mar: 8, 19, 22, 28; abr: 6, 17, 20, 26; mai: 4, 15, 18, 24; jun: 2, 13, 16, 22; jul: 11, 14, 20, 31; ago: 9, 12, 18, 29; set: 7, 10, 16, 27; out: 5, 8, 14, 25; nov: 3, 6, 12, 23; dez: 1, 4, 10, 21

Atrações fatais: jun: 23, 24, 25, 26; nov: 30; dez: 28

Relacionamentos desafiantes: jan: 7, 18, 21; fev: 15, 16, 19; mar: 13, 14, 17, 29; abr: 11, 12, 15, 27; mai: 9, 10, 13, 25; jun: 7, 8, 11, 23; jul: 5, 6, 9, 21, 30; ago: 3, 4, 7, 19, 28; set: 1, 2, 5, 17, 26; out: 3, 15, 24; nov: 1, 13, 22; dez: 11, 20

Alma gêmea: jan: 24; fev: 22; mar: 20; abr: 18, 30; mai: 16, 28; jun: 14, 26; jul: 12, 24; ago: 10, 22; set: 8, 20; out: 6, 18; nov: 4, 16; dez: 2, 14

26 de Dezembro

Com as suas emoções dinâmicas, sua intuição e seu calor humano, você tem um talento natural para lidar com as pessoas. O seu dia de aniversário em Capricórnio sugere que a sua praticidade inata permite que você trabalhe com entusiasmo para atingir os seus ideais. Além de charme, você tem uma boa capacidade de organização e um intelecto criativo. Porém, tome cuidado para que a sua inquietude interior não o afaste do desenvolvimento do seu incrível potencial.

Com a subinfluência do regente do seu decanato, Capricórnio, você é uma pessoa confiável e tem um forte senso de dever. Leal, você pode ser ardente no seu desejo de ajudar as outras pessoas. Ainda que seja capaz de se concentrar quando se interessa por um projeto, você precisa desenvolver a paciência se tiver tendência a se entediar com facilidade.

♑

SOL: CAPRICÓRNIO
DECANATO: CAPRICÓRNIO/SATURNO
GRAU: 3°30'-4°30' CAPRICÓRNIO
MODO: CARDEAL
ELEMENTO: TERRA

♑

Cheio de grandes planos e de desejo de ação, liberdade e aventura, você pode ter uma vida agitada. Contudo, os problemas de ordem financeira podem, ocasionalmente, interferir nos seus anseios ou pode ser você sinta que a sua satisfação esteja sempre em outro lugar. Por meio da auto-análise, responsabilidade e aprendendo a esquecer o passado, você pode evitar a instabilidade emocional.

Até os 25 anos de idade, você tem necessidade de ter ordem e estrutura na sua vida e as considerações de ordem prática são importantes. A sua vida passa por uma mudança aos 26 anos de idade, quando o seu Sol progredido entra no signo de Aquário. Essa influência traz uma necessidade crescente de independência e de liberação do mundano. Você se torna mais sociável e voltado para o seu grupo e deseja expressar a sua própria individualidade. A sua vida passa por uma outra transformação aos 56 anos de idade, quando o seu Sol progredido entra no signo de Peixes. Essa fase traz uma ênfase maior à sua receptividade emocional, imaginação e conscientização espiritual.

O Seu Eu Secreto

Apesar de prático, interiormente você é uma pessoa sensível e intuitiva. Com os seus elevados ideais e desejo de amor, você pode se envolver em causas humanitárias, expressão artística ou na busca pela verdade por meio de experiências místicas. Juntamente com a sua grande necessidade de ter uma vida organizada, você também precisa de um trabalho que lhe dê proteção financeira. Com uma imaginação fértil e um bom senso de valores, você verá que pode transformar as suas visões em realidade com persistência e concentração.

O seu espírito empreendedor sugere que você precisa de ação e aventura. Se isso for reprimido, você pode sentir falta de consistência e oscilar entre a inquietude ou impaciência e a inércia. Para evitar a tendência ao escapismo e a sonhar acordado, é vital que você se concentre em projetos e atividades criativas e empolgantes. Quando se sente otimista e entusiástico, você é capaz de inspirar as pessoas e de fazer com que as coisas aconteçam em grande escala.

Trabalho & Vocação

Inteligente e decidido, com determinação e energia, você prefere trabalhar em grandes negócios e com muita atividade. Autoconfiante, você quer ser bem-sucedido por meio dos próprios esforços e trabalho duro. Embora queira ter sucesso material, você pode seguir uma carreira no mundo editorial, da publicidade ou de promoções. O seu talento com as palavras e sua habilidade para transmitir as suas idéias indicam que você pode se realizar como escritor ou em trabalhos ligados aos meios de comunicação, teatro ou cinema. Prático e com boa capacidade de organização, você pode ser eficiente e autoritário. Em qualquer carreira que escolha, para evitar o tédio, você precisa de desafios e diversidade.

ESTRELA FIXA

Nome da estrela:
Polis

Posição:
2°15'-3°14' de Capricórnio, entre os anos de 1930 e 2000

Magnitude:
4

Força:
★★★★

Órb:
1°30'

Constelação:
Mu Sagitário

Dias:
23, 24, 25 e 26 de dezembro

Qualidades da estrela:
Júpiter/Marte

Descrição:
uma estrela tripla, azul e branca, localizada na parte superior do arco do Arqueiro.

Numerologia

A força ou o poder sugeridos pelo dia de aniversário 26 mostra que você tem uma personalidade cautelosa, com fortes princípios e julgamento sólido. Os seus instintos paternais e amor à vida doméstica também sugerem que você precisa construir uma base sólida ou encontrar uma estabilidade verdadeira. Muitas vezes um manancial de força para as outras pessoas, você está disposto a apoiar os amigos e familiares que o procuram quando precisam. No entanto, você precisa tomar cuidado com as tendências materialistas e com a vontade de controlar situações ou pessoas. A subinfluência do mês número 12 indica que você é gregário e amigável e tem espírito empreendedor. Intuitivo, inteligente e com habilidades executivas, você tem idéias inspiradas e habilidade para transformá-las em resultados concretos e ser bem-sucedido financeiramente. Na maior parte das vezes, você sabe tirar proveito de novas situações. Todavia, a insatisfação com a sua situação pode deixá-lo agitado, e esta busca constante de paz indica que você precisa ter equilíbrio e harmonia.

Positivo: criativo, prático, atencioso, meticuloso, idealista, honesto, responsável, orgulhoso da família, entusiástico, corajoso

Negativo: teimoso, rebelde, pouco amigável, sem persistência, instável

Amor & Relacionamentos

Com o seu charme, você pode atrair as outras pessoas com facilidades. Muito sociável, você pode sentir-se atraído por pessoas criativas e trabalhadoras que possam estimular em você essas qualidades. Contudo, como tem uma grande necessidade de amor, você pode ter dificuldade na escolha de parceiros até aprender a manter um certo desapego. Criativo e com tendência a se entediar com a rotina, você terá muitos relacionamentos curtos até encontrar o seu parceiro ideal. Depois que encontra o verdadeiro amor, você é capaz de ser amoroso e leal.

INFLUÊNCIA DA ESTRELA PRIMÁRIA

Polis confere uma percepção aguçada e poder de se concentrar em uma meta específica. Esta estrela o encoraja a buscar o sucesso e a dar a determinação necessária para alcançar posições superiores. A habilidade para tomar decisões rápidas e felizes lhe dá capacidade de liderança. Esta estrela também adverte contra a tendência a ser rebelde e dominador.

Ligada ao grau do seu Sol, Polis confere uma natureza pioneira e corajosa, muitas oportunidades, resistência e aspirações elevadas. Você é orgulhoso e quer ter o seu nome conhecido independentemente se isso resultar em fama ou notoriedade. Esta estrela pode também conferir sucesso na educação superior e com especial interesse em assuntos espirituais. Polis também adverte contra a tendência a querer dominar as situações e a liderar, a menos que você tenha iniciado o empreendimento.

Positivo: concentração, natureza competitiva

Negativo: rebeldia, inquietude, falta de resistência, excesso de otimismo

ALGUÉM ESPECIAL

Você pode encontrar alguém que compreenda a sua sensibilidade e as suas necessidades entre as pessoas nascidas nas datas listadas abaixo:

Amor & amizade: jan: 6, 11, 14, 26; fev: 4, 9, 12; mar: 2, 7, 10, 28; abr: 5, 8, 20, 26, 30; mai: 3, 6, 24, 28; jun: 1, 4, 22, 26; jul: 2, 20, 24; ago: 18, 22; set: 10, 16, 20, 30; out: 14, 18, 28; nov: 12, 16, 26; dez: 10, 14, 24

Relacionamentos benéficos: jan: 20, 24; fev: 18, 22; mar: 16, 20, 29; abr: 14, 18, 27; mai: 12, 16, 25; jun: 10, 14, 23, 29; jul: 8, 12, 21, 27; ago: 6, 10, 19, 25, 30; set: 4, 8, 17, 23, 28; out: 2, 6, 15, 21, 26; nov: 4, 13, 19, 24; dez: 2, 11, 17, 22

Atrações fatais: jun: 24, 25, 26, 27; ago: 31; set: 29; out: 27; nov: 25; dez: 23

Relacionamentos desafiantes: jan: 22, 23, 27; fev: 20, 21, 25; mar: 18, 19, 23; abr: 16, 17, 21; mai: 14, 15, 19; jun: 12, 13, 17; jul: 10, 11, 15, 31; ago: 8, 9, 13, 29; set: 6, 7, 11, 27; out: 4, 5, 9, 25; nov: 2, 3, 7, 23; dez: 1, 5, 21

Alma gêmea: jan: 23; fev: 21; mar: 19; abr: 17; mai: 17, 29; jun: 13, 25; jul: 11, 23; ago: 9, 21; set: 7, 19; out: 5, 17; nov: 3, 15; dez: 1, 13

27 de Dezembro

Com os seus fortes sentimentos e praticidade inata, você gosta de se posicionar, seja em relação às pessoas ou na vida de uma forma geral. O seu dia de aniversário em Capricórnio sugere que a sua forte necessidade de ter uma base firme na vida se combina com o seu senso de honestidade e sua franqueza. Embora seja idealista por natureza, a sua ambição sugere que você pode ser empreendedor e trabalhador. As pessoas são muito importantes para você e a sua habilidade para se comportar como um diplomata charmoso pode ajudá-lo a ser bem-sucedido em todas as atividades que envolvam o trato com o público.

Com a subinfluência do regente do seu decanato, Capricórnio, você pode ser uma pessoa perseverante e voltada para os seus objetivos. O seu intelecto aguçado e seu senso de discernimento lhe dão uma boa capacidade de julgamento e bom senso. Como é um bom estrategista e planejador, você gosta de ser construtivo, mas deve tomar cuidado com a tendência a ser excessivamente confiante ou preocupado com a sua realização.

♑

SOL: CAPRICÓRNIO
DECANATO: CAPRICÓRNIO/SATURNO
GRAU: 4°30'-5°30' CAPRICÓRNIO
MODO: CARDEAL
ELEMENTO: TERRA

♑

Como é sensível e intuitivo, você se beneficia quando confia nos próprios sentimentos, que, em geral, são corretos. Você gosta de divertir as pessoas e, na maior parte das vezes, sabe combinar o trabalho com a vida social. Porém, tome cuidado para não se deixar levar por excessos emocionais.

Até os 24 anos de idade, você tem uma maneira realista de abordar as suas realizações e um forte senso do que quer na vida. A sua vida passa por uma mudança aos 25 anos de idade, quando o seu Sol progredido entra no signo de Aquário. Essa influência traz uma necessidade crescente de liberdade e de independência. Você, nessa fase, tem vontade de experimentar coisas diferentes, fazer novos amigos ou se envolver em atividades humanitárias ou em grupo. A sua vida passa por uma outra transformação aos 55 anos de idade, quando o seu Sol progredido entra no signo de Peixes. É provável que essa fase amplie a sua sensibilidade e sentimentos. Você se torna mais receptivo aos outros ou solidário e compassivo. Quando permite que a sua imaginação flua, você pode se envolver em atividades artísticas ou místicas.

O Seu Eu Secreto

Ainda que tenha uma aparência despreocupada, você pode ser muito voltado para alcançar o próprio sucesso especialmente quando tem um plano de ação. Liberal, você pode sentir-se atraído por viagens ou pelo estudo de assuntos filosóficos ou espirituais. Isso não o desvia da sua praticidade, que permite que você perceba as oportunidades e valorize o seu dinheiro.

Com a sua mente rápida e suas observações penetrantes, você é espirituoso e divertido. Confiante nas suas opiniões, você deve tomar cuidado com a tendência a ser levado pelas situações e ficar muito arrogante. O seu sexto sentido, especialmente no tocante a assuntos de natureza material, permite que você tenha proteção financeira e uma rápida compreensão das pessoas. Quando junta a sua dedicação com os seus objetivos e propósitos, você precisa apenas se esforçar para construir uma base sólida para as suas realizações, para fazer milagres e para alcançar um sucesso duradouro.

Trabalho & Vocação

Ambicioso e trabalhador, com talento para lidar com o público, você tem uma habilidade natural de cura. Você se sai bem em atividades nas quais possa utilizar a sua personalidade tranqüila e competência prática. Na maioria das vezes uma pessoa estável e compreensiva, você sabe ouvir e aconselhar as pessoas. Você pode ter uma atuação especialmente boa nas áreas de educação ou pesquisa, e se preocupa com as questões sociais. Como tem capacidade de organização e quer construir algo construtivo, você pode se envolver em atividades filantrópicas. Mas o seu desejo de se expressar pode levá-lo à literatura ou às artes performáticas. O seu interesse por Metafísica e a sua habilidade técnica sugerem que você pode se dedicar à Astrologia ou à Astronomia.

ESTRELA FIXA

Nome da estrela:
Kaus Borealis

Posição:
5°20'-6°19' de Capricórnio, entre os anos de 1930 e 2000

Magnitude:
3

Força:
★★★★★★

Órb:
1°40'

Constelação:
Lambda Sagitário

Dias:
27, 28 e 29 de dezembro

Qualidades da estrela:
Mercúrio/Marte

Descrição:
uma estrela laranja gigante, localizada no norte do arco do Arqueiro.

Numerologia

Você é intuitivo e curioso e o dia de aniversário número 27 indica que a sua profundidade de pensamento pode ser bastante ampliada se você desenvolver a paciência e o autocontrole. Você é, na maioria das vezes, uma pessoa enérgica, determinada, observadora e que presta muita atenção aos detalhes. Em geral uma pessoa idealista e sensível, com uma mente fértil e criativa, você pode impressionar as outras pessoas com os seus pensamentos originais. Se desenvolver a sua capacidade de comunicação, você pode superar a resistência a expressar os seus sentimentos mais profundos. A educação é um elemento fundamental para as pessoas número 27, e, com as qualificações adequadas, você pode ser bem-sucedido nas áreas da literatura, da pesquisa e no trabalho em grandes organizações. A subinfluência do mês número 12 indica que você é talentoso e ambicioso. Preocupado com a sua segurança, você gosta de pensar em termos realistas, mas em grande escala. Quando aprende a confiar na sua intuição, você se torna uma pessoa equilibrada, com senso comum refinado e pode solucionar os problemas adquirindo uma perspectiva mais ampla. Dessa maneira, você pode relaxar e transmitir uma imagem confiante às outras pessoas.

Positivo: liderança, meticulosidade, trabalhador, tradicional, autoritário, protetor, habilidade de cura, bons princípios

Negativo: intolerante, pão-duro, inquieto, excesso de trabalho, dominador, facilmente desencorajado, falta de planejamento

Amor & Relacionamentos

A sua necessidade de estar com outras pessoas sugere que o amor e os relacionamentos são especialmente importantes para você. Com a sua personalidade calorosa, é provável que você tenha muitos amigos e trabalhe bem em grupos ou parcerias. Você gosta muito da vida doméstica e familiar, e as raízes e uma sólida base podem ter um papel significativo na sua vida. Como, de um modo geral, você não gosta de ficar sozinho, tome cuidado para não se tornar dependente nos seus casos amorosos. Com as suas intensas emoções, você pode ser dedicado, leal e atencioso, mas deve também tomar cuidado com a possibilidade de se comportar de maneira dominadora.

INFLUÊNCIA DA ESTRELA PRIMÁRIA

Kaus Borealis confere inteligência, mente aguçada, oratória enérgica e impressionante e boa capacidade de comunicação. O amor aos debates e discussões também é indicado por esta estrela; contudo, ocasionalmente, você pode ter uma aparência agressiva ou brigona. Muitas vezes, esta estrela confere habilidade para ter respostas rápidas, tendências humanitárias e natureza idealista, com um senso aguçado de justiça. Esta estrela também pode obrigá-lo a passar por mudanças e desafia a sua obstinação. Ligada ao grau do seu Sol, Kaus Borealis concede resolução e energia interior para atingir posições de influência. A sua capacidade de liderança e inventividade muitas vezes é reconhecida pelas outras pessoas e leva à realização ou à promoção. Entretanto, a sua inquietude interior e sua necessidade constante de seguir adiante podem sugerir uma certa insatisfação.

- **Positivo**: versatilidade, determinação, cultura, franqueza
- **Negativo**: insatisfação, extremismo, dogmatismo

ALGUÉM ESPECIAL

Você pode ter realização emocional e encontrar aquele alguém especial entre as pessoas nascidas nas seguintes datas:

Amor & amizade: jan: 7, 12, 15, 27; fev: 5, 10, 13; mar: 3, 8, 11, 29; abr: 1, 6, 9, 19, 27; mai: 4, 7, 25, 29; jun: 2, 5, 23, 27; jul: 3, 21, 25; ago: 1, 19, 23; set: 11, 17, 21; out: 15, 19, 29; nov: 13, 17, 27; dez: 11, 15, 18, 25

Relacionamentos benéficos: jan: 21, 25; fev: 19, 23; mar: 17, 21, 30; abr: 15, 19, 28; mai: 13, 17, 26; jun: 11, 15, 24, 30; jul: 9, 13, 22, 28; ago: 7, 11, 20, 26, 31; set: 5, 9, 18, 24, 29; out: 3, 7, 16, 22, 29; nov: 1, 5, 14, 20, 25; dez: 3, 12, 18, 23

Atrações fatais: jun: 26, 27, 28

Relacionamentos desafiantes: jan: 5, 8, 28; fev: 3, 6, 26; mar: 1, 4, 24; abr: 2, 22; mai: 20; jun: 18; jul: 16; ago: 14, 30; set: 12, 28, 30; out: 10, 26, 28; nov: 8, 24, 26; dez: 6, 22, 24

Alma gêmea: jan: 4, 10; fev: 2, 8; mar: 6; abr: 4; mai: 2

28 de Dezembro

A influência do dia do seu aniversário sugere que você é um capricorniano charmoso, inteligente, sensível e bem-apessoado mas trabalhador. Como conhece diversos assuntos e se entusiasma quando se envolve com novos projetos, a educação é um aspecto significativo da sua vida. Embora seja rápido, espirituoso e sociável, a indecisão ou a preocupação podem ser os principais desafios para a sua mente bem estruturada.

A subinfluência do regente do seu decanato, Capricórnio, sugere que, para realizar a sua necessidade de auto-expressão, você, provavelmente, terá de superar a inclinação à seriedade ou à timidez. Como é uma pessoa idealista, você tem habilidades executivas e de organização. Esses talentos podem ser usados em um trabalho que traga melhores condições de vida para outras pessoas. Quando percebe a importância da organização ou de um bom sistema, você pode usar o seu bom senso e idealismo como uma fonte de inspiração e unir as pessoas, especialmente se houver um interesse mútuo.

♑

SOL: CAPRICÓRNIO
DECANATO: CAPRICÓRNIO/SATURNO
GRAU: 5°30'-6°30' CAPRICÓRNIO
MODO: CARDEAL
ELEMENTO: TERRA

♑

Como possui uma mente rápida e detesta o tédio, é provável que você busque incansavelmente projetos novos e originais que despertem o seu interesse. Apenas tome cuidado para que isso não provoque um estado de nervosismo, incerteza ou insatisfação emocional. Ambicioso, persistente e prático, você sabe resistir a situações difíceis, mas depois que se cansa torna-se inflexível. Como este dia de aniversário normalmente confere dons intuitivos ou psíquicos, com a idade há sempre um reconhecimento crescente de uma sabedoria superior.

Até os 24 anos de idade, quando o seu Sol progredido entra no signo de Aquário, você torna-se menos influenciável pelas aparências, mais independente e mais confiante na sua individualidade. Você pode se interessar mais por assuntos pouco comuns, questões ligadas à consciência de grupo ou humanitárias. A sua vida passa por uma outra transformação aos 54 anos de idade, quando o seu Sol progredido entra no signo de Peixes. A partir dessa época, há uma ênfase maior nas suas necessidades e ideais emocionais, com uma ampliação da sua sensibilidade e imaginação.

O Seu Eu Secreto

Profundamente emotivo e sensível, você tem uma busca interior pelo amor e pela afeição que as outras pessoas podem não perceber. Você deve sempre confiar no seu coração e não na sua mente, que pode, às vezes, ser muito racional ou calculadora. Você tem uma dramaticidade contida, por isto previna-se contra a melancolia ou o egoísmo, desenvolvendo alguma forma de atividade criativa, especialmente música, que permitirá que você expresse os seus poderosos sentimentos amorosos.

Como é muito inteligente e tem um magnetismo pessoal, você tem um grande senso de individualidade. O seu espírito empreendedor pode colocar a sua ambição em ação e fazer com que os seus grandes planos sejam bem-sucedidos. Porém, previna-se contra a rebeldia ou a teimosia, que podem abalar a autodisciplina necessária para aproveitar ao máximo o seu potencial. Felizmente, você está conectado a uma fonte intuitiva de conhecimento superior que pode lhe trazer a felicidade pessoal e a realização por meio da ajuda aos outros.

Trabalho & Vocação

Persuasivo e charmoso, dotado de capacidade de organização, você é uma pessoa ambiciosa e multitalentosa. O seu interesse pelo conhecimento e as suas habilidades comunicativas podem levá-lo a carreiras na área editorial, educacional, de pesquisa de *marketing*, nos meios de comunicação ou na literatura. Mas você pode usar a sua capacidade administrativa no mundo dos negócios, da política, de organizações de caridade e em grandes empreendimentos como o serviço público. Empreendedor, você provavelmente irá mudar de vocação pelo menos uma vez, pois precisa de pessoas e variedade no seu ambiente de trabalho. Com habilidade para pensar em grande escala e um forte senso de independência, você prefere trabalhar como *freelancer* ou ser autônomo.

ESTRELA FIXA

Nome da estrela:
Kaus Borealis

Posição:
5°20'-6°19' de Capricórnio, entre os anos de 1930 e 2000

Magnitude:
3

Força:
★★★★★★

Órb:
1°40'

Constelação:
Lambda Sagitário

Dias:
27, 28 e 29 de dezembro

Qualidades da estrela:
Mercúrio/Marte

Descrição:
uma estrela laranja gigante, localizada no norte do arco do Arqueiro.

Numerologia

Como o indivíduo número 1, você é ambicioso, direto e empreendedor. Sempre pronto para a ação e novos empreendimentos, você aceita corajosamente os desafios da vida, e com o seu entusiasmo pode com facilidade inspirar as outras pessoas, se não a se juntar, pelo menos a apoiá-lo nas suas aventuras. Mesmo que seja uma pessoa voltada para o sucesso e determinada, a vida familiar e doméstica são muito importantes para você. Ter estabilidade e proteger e cuidar das pessoas que ama pode ser um desafio para você. A subinfluência do mês número 12 indica que você é idealista e multitalentoso, e que tem uma grande necessidade de se expressar. Quando acredita em algo, você se mantém firme e inflexível. Você não gosta de mudanças, mas gosta de planejar o futuro. Emocionalmente sensível e altamente intuitivo, você prefere usar os seus talentos criativos de forma prática. A sua habilidade para pensar em grandes termos sugere que você deixa a sua imaginação fluir e pode ser uma pessoa cheia de recursos e original.

Positivo: progressista, ousado, temperamento artístico, compassivo, idealista, ambicioso, trabalhador, vida doméstica estável, força de vontade.

Negativo: muito sonhador, sem motivação, sem compaixão, fora da realidade, autoritário, mau julgamento, falta de confiança, muito dependente dos outros, orgulhoso

Amor & Relacionamentos

O seu charme natural e sua personalidade amigável são a garantia de muitas amizades, e você se torna uma companhia inteligente e muito divertida quando consegue superar a sua timidez e supersensibilidade. Você se sente atraído por pessoas inteligentes, criativas e com personalidade forte, com as quais você pode se conectar mentalmente. Você tem uma incerteza que pode provocar uma certa indecisão e afetar os seus relacionamentos. Quando se mantém positiva ou criativamente ocupado, você é capaz de se manter leve e evitar as preocupações.

INFLUÊNCIA DA ESTRELA PRIMÁRIA

Kaus Borealis confere inteligência, mente aguçada, oratória enérgica e impressionante e boa capacidade de comunicação. O amor aos debates e discussões também é indicado por esta estrela; contudo, ocasionalmente, você pode ter uma aparência agressiva ou brigona. Muitas vezes, esta estrela confere habilidade para ter respostas rápidas, tendências humanitárias e natureza idealista, com um senso aguçado de justiça. Esta estrela também pode obrigá-lo a passar por mudanças e desafia a sua obstinação. Ligada ao grau do seu Sol, Kaus Borealis concede resolução e energia interior para atingir posições de influência. A sua capacidade de liderança e inventividade muitas vezes é reconhecida pelas outras pessoas e leva à realização ou à promoção. Entretanto, a sua inquietude interior e sua necessidade constante de seguir adiante podem sugerir uma certa insatisfação.

Positivo: versatilidade, determinação, cultura, franqueza

Negativo: insatisfação, extremismo, dogmatismo

ALGUÉM ESPECIAL

Você pode ter um relacionamento duradouro com alguém que tenha nascido em uma das seguintes datas:

Amor & amizade: jan: 1, 2, 8, 19, 28; fev: 6, 26; mar: 4, 24, 30; abr: 2, 22, 28; mai: 11, 20, 26, 30; jun: 18, 24, 28; jul: 16, 22, 26; ago: 14, 20, 24; set: 3, 12, 18; out: 10, 16, 20, 30; nov: 8, 14, 18, 28; dez: 6, 12, 16, 26

Relacionamentos benéficos: jan: 18, 21, 22; fev: 16, 19, 20; mar: 14, 17, 18, 31; abr: 12, 15, 16, 29; mai: 10, 13, 14, 27; jun: 8, 11, 12, 25; jul: 6, 9, 10, 23; ago: 4, 7, 8, 21, 30; set: 2, 5, 6, 19, 28, 30; out: 3, 4, 17, 26, 28; nov: 1, 2, 15, 24, 26; dez: 13, 22, 24

Atrações fatais: jun: 26, 27, 28, 29; out: 29; nov: 27; dez: 25

Relacionamentos desafiantes: jan: 29; fev: 27; mar: 25; abr: 23; mai: 21; jun: 19; jul: 17; ago: 15, 30; set: 13, 28; out: 11, 26; nov: 9, 24; dez: 7, 22

Alma gêmea: jan: 24, 27, 28; fev: 22, 25, 26; mar: 20, 23, 24; abr: 18, 21, 22; mai: 16, 19, 20; jun: 14, 17, 18, 30; jul: 12, 15, 16, 28; ago: 10, 13, 14, 26; set: 8, 11, 12, 24; out: 6, 9, 10, 22; nov: 4, 7, 8, 20; dez: 2, 5, 6, 18, 30

29 de Dezembro

Sensível e com talento para lidar com as pessoas, você é um capricorniano charmoso e criativo. A sua capacidade de comunicação, suas maneiras agradáveis e seu encanto social permitem que você faça o papel de diplomata cortês. Embora tenha ideais elevados, você também pode ser uma pessoa prática e normalmente tem disposição para trabalhar duro para alcançar os seus objetivos.

Com a subinfluência do regente do seu decanato, Capricórnio, você pode ser dedicado e consciencioso quando acredita em uma causa ou projeto. Você é uma pessoa pragmática e um bom planejador, por isso gosta de ser construtivo e é sagaz para vender ou promover uma idéia ou produto. O medo infundado de não ter dinheiro suficiente pode às vezes deixá-lo preocupado, mas a sua excelente capacidade para lidar com as pessoas e responsabilidade garantem que você sempre terá uma reserva financeira à sua disposição.

Altamente imaginativo, você é um pensador criativo e um visionário trabalhador. Você pode usar essas habilidades para progredir nos negócios; mas os seus talentos artísticos e espirituais inatos podem inspirá-lo. Como tem uma voz agradável e consciência da sua imagem, você se mostra como uma pessoa atraente para as outras. Você gosta de luxo e deve tomar cuidado com a inclinação à vaidade ou à extravagância.

♑

SOL: CAPRICÓRNIO
DECANATO: CAPRICÓRNIO/SATURNO
GRAU: 6°30'-7°30' CAPRICÓRNIO
MODO: CARDEAL
ELEMENTO: TERRA

♑

Depois dos 23 anos de idade, quando o seu Sol progredido entra no signo de Aquário, você torna-se menos influenciável por normas e tradição. Quando deixa o passado para trás, você se torna mais independente e passa a confiar na sua perspectiva. Você pode se interessar por questões ligadas à consciência de grupo, assuntos humanitários ou pela expressão da sua individualidade. A sua vida passa por uma outra transformação aos 53 anos de idade, quando o seu Sol progredido entra no signo de Peixes. A partir dessa época, há uma ênfase maior na sua vida emocional interior, que se reflete por meio de visões, de sonhos e de uma compreensão intuitiva do seu relacionamento com as pessoas.

O Seu Eu Secreto

Ainda que o amor seja particularmente importante para você, a busca pelo conhecimento de uma compreensão mais profunda também são vitais para a sua realização emocional. A educação, autodidata ou formal, pode estimular o seu desejo de obter conhecimento e sabedoria.

A necessidade de estar sempre dando início a novos projetos que o desafiem mentalmente sugere que você pode encontrar uma satisfação na aquisição de uma autoconsciência ampliada e na oportunidade de compartilhar as suas descobertas com outras pessoas. Quando combina o seu autocontrole com o seu conhecimento, você se torna capaz de aconselhar outras pessoas e adquire uma habilidade de liderança. Quando conecta o seu idealismo natural e compaixão a uma perspectiva mais ampla, você pode também evitar o pessimismo ou o pensamento negativo.

Trabalho & Vocação

Charmoso e carismático, você é cativante e atencioso. A sua habilidade para trabalhar com o público sugere que você pode ter uma grande realização em carreiras ligadas a vendas e promoções. Com interesse em adquirir conhecimento, você pode sentir-se atraído por uma carreira na área da educação, como professor ou palestrante. Como possui também habilidades técnicas, você pode se interessar pela área de tecnologia da informação e de comunicação. A sua habilidade para assimilar as informações que recebe e utilizá-las pode inspirá-lo a aprender muitas línguas e a trabalhar em organizações internacionais como intérprete. Mas você pode também seguir uma carreira no mundo da política ou do serviço público. O interesse que tem pela arte e o talento que tem para escrever podem inspirá-lo a ser compositor musical, poeta ou a tocar um instrumento.

ESTRELA FIXA

Nome da estrela:
Kaus Borealis

Posição:
5°20'-6°19' de Capricórnio, entre os anos de 1930 e 2000

Magnitude:
3

Força:
★★★★★★

Órb:
1°40'

Constelação:
Lambda Sagitário

Dias:
27, 28 e 29 de dezembro

Qualidades da estrela:
Mercúrio/Marte

Descrição:
uma estrela laranja gigante, localizada no norte do arco do Arqueiro.

Numerologia

Como indivíduo número 29, você é altamente intuitivo, sensível e emotivo. A sua natureza compassiva e compreensiva inspira o humanitarismo e pode encorajar outras pessoas a realizar suas esperanças e aspirações. Apesar de um grande sonhador, muitas vezes os lados extremos da sua personalidade indicam que você deve evitar oscilações do seu estado de humor. Com o dia de aniversário número 29, você tem necessidade de ser popular e se importa com o que os outros pensam de você. A subinfluência do mês número 12 indica que você é sociável e amigável, mesmo que possa aparentar ser tímido e reservado. A sua perspectiva pragmática e sua disposição para trabalhar duro pela prosperidade material indicam que, embora você se preocupe com a sua insegurança, precisa superar a tendência a se preocupar com a sua situação financeira. Você gosta da liberdade e da independência, mas, quando aprende a compartilhar e a confiar, você pode se beneficiar muito com os seus relacionamentos próximos, parcerias ou trabalhos em grupo.

Positivo: inspirador, equilibrado, bem-sucedido, místico, criativo, intuitivo, sonhos poderosos, atenção aos detalhes, fé.

Negativo: falta de concentração, mau humor, temperamento difícil, radical, falta de consideração com os outros e excesso de sensibilidade.

Amor & Relacionamentos

A grande necessidade que tem de companhia enfatiza a importância dos seus relacionamentos pessoais. Embora esteja sempre procurando por um amor ideal, você se sente estimulado por pessoas bem-sucedidas e criativas e prefere se associar com pessoas que sejam ricas, tenham *status* ou habilidade artística. Depois que se compromete com um relacionamento, você se esforça para manter a paz e a harmonia e é capaz de fazer até sacrifícios. Você pode fazer amigos e se divertir compartilhando interesses criativos e intelectuais mútuos.

INFLUÊNCIA DA ESTRELA PRIMÁRIA

Kaus Borealis confere inteligência, mente aguçada, oratória enérgica e impressionante e boa capacidade de comunicação. O amor aos debates e discussões também é indicado por esta estrela; contudo, ocasionalmente, você pode ter uma aparência agressiva ou brigona. Muitas vezes, esta estrela confere habilidade para ter respostas rápidas, tendências humanitárias e natureza idealista, com um senso aguçado de justiça. Esta estrela também pode obrigá-lo a passar por mudanças e desafia a sua obstinação. Ligada ao grau do seu Sol, Kaus Borealis concede resolução e energia interior para atingir posições de influência. A sua capacidade de liderança e inventividade muitas vezes é reconhecida pelas outras pessoas e leva à realização ou à promoção. Entretanto, a sua inquietude interior e sua necessidade constante de seguir adiante podem sugerir uma certa insatisfação.

- **Positivo**: versatilidade, determinação, cultura, franqueza
- **Negativo**: insatisfação, extremismo, dogmatismo

ALGUÉM ESPECIAL

Para encontrar o seu parceiro ideal, você pode começar procurando por alguém que tenha nascido em uma das seguintes datas:

Amor & amizade: jan: 5, 6, 14, 16, 31; fev: 12, 14; mar: 1, 2, 10, 12, 31; abr: 8, 10, 25, 29; mai: 6, 8, 27; jun: 4, 6, 25; jul: 2, 4, 23, 29; ago: 2, 21, 27; set: 15, 19, 25; out: 17, 23, 31; nov: 15, 21, 29; dez: 13, 19, 27

Relacionamentos benéficos: jan: 19, 22, 30; fev: 17, 20, 28; mar: 15, 18, 26; abr: 13, 16, 24, 30; mai: 11, 14, 22, 28; jun: 9, 12, 20, 26; jul: 7, 10, 18, 24; ago: 5, 8, 16, 22; set: 3, 6, 14, 20; out: 1, 4, 12, 18, 29; nov: 2, 10, 16, 27; dez: 8, 14, 25

Atrações fatais: jun: 27, 28, 29, 30

Relacionamentos desafiantes: jan: 11, 25, 26; fev: 9, 23, 24; mar: 7, 21, 22; abr: 5, 19, 20; mai: 3, 17, 18, 29; jun: 1, 15, 16, 27; jul: 13, 14, 25; ago: 11, 12, 23; set: 9, 10, 21, 30; out: 7, 8, 19, 28; nov: 5, 6, 17, 26; dez: 3, 4, 15, 24

Alma gêmea: mai: 31; jun: 29; jul: 27; ago: 25; set: 23; out: 21; nov: 19; dez: 17

30 de dezembro

Com uma boa capacidade de comunicação e uma perspectiva de vida singular, você tende a ser um capricorniano prático, penetrante e divertido. A maneira criativa com que aborda a vida sugere que você é amigável, sociável e tem um grande desejo de amor e de auto-expressão. Apenas tome cuidado para que a tendência à preocupação ou à indecisão não arruíne o seu extraordinário potencial.

Com a subinfluência do regente do seu decanato, Capricórnio, você sabe que não pode ter nada da vida sem esforço. Como tem muita força de vontade, quando se envolve em atividades que realmente lhe interessam, você é dedicado e trabalhador. Você tem muitos interesses e gosta de variedade, o que sugere que pode ter muitas experiências diferentes; contudo, tome cuidado para não desperdiçar a sua energia em muitas coisas diferentes.

SOL: CAPRICÓRNIO
DECANATO: CAPRICÓRNIO/SATURNO
GRAU: 7°30'-8°30' CAPRICÓRNIO
MODO: CARDEAL
ELEMENTO: TERRA

Como é inteligente e sensível, você tem uma grande necessidade de estar com outras pessoas e, muitas vezes, faz o papel de mensageiro de idéias. Embora a sua sensibilidade possa ser útil em atividades artísticas ou de ajuda a outros, você deve evitar o excesso de emotividade ou a tendência a se preocupar demais consigo mesmo. Impressionável pelo ambiente que o cerca, você precisa de uma atmosfera harmônica, pois isso pode ajudá-lo a desenvolver a sua compreensão universal e desapego emocional, impedindo o desapontamento com as ações alheias.

Até os 21 anos de idade, você aborda a vida de maneira cautelosa e realista. Contudo, depois dos 22 anos de idade, quando o seu Sol progredido entra no signo de Aquário, você torna-se menos influenciado pela opinião das outras pessoas, mais independente e passa a querer expressar a sua individualidade. Amigos, questões ligadas à consciência de grupo ou assuntos de natureza humanitária passam a ter um papel mais importante na sua vida. A sua vida passa por uma outra transformação aos 52 anos de idade, quando o seu Sol progredido entra no signo de Peixes. A partir dessa época, há uma ênfase maior na sua sensibilidade e nos seus sentimentos. Você fica mais receptivo e imaginativo ou pode sentir necessidade de desenvolver os seus talentos criativos.

O Seu Eu Secreto

Apesar de ser amoroso e afetuoso, a sua grande necessidade interior de ter sucesso financeiro pode motivá-lo a agir. A necessidade que tem de ter dinheiro e *status* pode, ocasionalmente, entrar em choque com os seus ideais sensíveis. Isso indica que você pode oscilar entre os dois extremos ou que considera a situação ideal obter um reconhecimento financeiro por meio do apoio a uma causa ou crença. Apesar de ter uma capacidade de liderança natural, é melhor evitar ser muito exigente.

Quando se sente positivamente inspirado, você tem uma alegria contagiante. Inteligente e bem-informado, você não gosta de se sentir entediado e irá buscar incansavelmente projetos novos e originais. Quando se sente emocionalmente inseguro ou insatisfeito com a sua situação, você perde a sua força positiva. Assim, é importante estar sempre buscando canais criativos para os seus talentos. Com a idade, você gradualmente passa a perceber a importância de uma sabedoria superior que pode ajudá-lo a utilizar os seus dons intuitivos inatos.

Trabalho & Vocação

Criativo e dinâmico, você tem uma personalidade cativante e uma maneira realista de encarar a vida. Com a sua habilidade diplomática natural, você gosta de trabalhos que envolvam a cooperação com outras pessoas e se sente bem quando tem a oportunidade de combinar negócios com prazer. Quando acredita em uma idéia ou projeto, você se compromete e fica entusiasmado. Como é independente e tem capacidade natural de liderança, você prefere delegar tarefas em vez de receber ordens. Isso pode estimulá-lo a buscar posições em nível de gerenciamento ou a trabalhar por conta própria. Com muita vontade de agir e talento para inspirar outras pessoas, você sempre prospera quando dá início a novos projetos ou enfrenta desafios. A arte, a música ou a literatura podem ser atraentes para você, seja profissionalmente ou como passatempo.

ESTRELA FIXA

Nome da estrela:
Facies

Posição:
7°12'-8°24' de Capricórnio, entre os anos de 1930 e 2000

Magnitude:
5

Força:
★★

Órb:
1°

Constelação:
M22 Sagitário

Dias:
29, 30 e 31 de dezembro

Qualidades da estrela:
Sol/Marte

Descrição:
agrupamento aberto e nebulosa de estrelas brilhantes, localizado no arco do Arqueiro.

Numerologia

Artístico, amigável e sociável são algumas das qualidades usadas para descrever as pessoas que nascem neste dia. Você quer ter uma vida boa, adora atividades sociais e pode ser incrivelmente carismático, leal e amigável. Gregário, com bom gosto e senso estético, você pode ser bem-sucedido em todos os tipos de trabalho ligados à arte, ao *design* e à música. A necessidade que sente de se expressar e o talento natural para lidar com palavras pode inspirá-lo a escrever ou a cantar. Você tem sentimentos fortes e é vital estar apaixonado ou sentir-se satisfeito. Na sua busca pela felicidade, evite a preguiça e a auto-indulgência. Entre as pessoas nascidas no dia 30 muitas serão reconhecidas ou famosas, especialmente músicos, atores e comediantes. A subinfluência do mês número 12 indica que você é idealista e sabe cativar as outras pessoas. Com senso estético, você presta atenção aos detalhes, mas a tendência a ser exigente sugere que deve evitar ser muito crítico. A habilidade para sintetizar conceitos e ampliá-los muitas vezes permite que você dê início a novos projetos ou reveja antigas idéias, dando-lhes vida nova.

Positivo: gosta de se divertir, leal, amigável, bom de papo, criativo, sortudo

Negativo: preguiçoso, obstinado, extravagante, impaciente, temperamental, ciumento, inseguro, indiferente

Amor & Relacionamentos

Espirituoso e dinâmico, você tem uma personalidade charmosa e carismática. Amigável e sociável, você pode atrair o amor e a afeição que precisa receber dos outros. As mulheres podem ajudá-lo muito na sua vida. Você pode gostar da companhia de pessoas dramáticas e criativas que o possam encorajar a se tornar mais gregário e dramático. Ocasionalmente, as dúvidas ou a indecisão podem afetar os seus relacionamentos próximos e você pode então ser influenciado por questões ligadas à insegurança.

INFLUÊNCIA DA ESTRELA PRIMÁRIA

Facies confere assertividade, espírito lutador e natureza destemida. Você tem muita vitalidade e vigor e normalmente gosta de exercer o poder e tem as qualidades necessárias de liderança. Facies concede habilidade de tomar decisões com rapidez e, assim, você é um bom estrategista que gosta de atividades competitivas e de ganhar.

Ligada ao grau do seu Sol, esta estrela concede sucesso nos negócios e no trato com o público, além de muita força de vontade, vigor interior e espírito competitivo. Esta estrela também adverte que a necessidade constante de ser o número um pode trazer alguns riscos e sugere que você deve evitar transações escusas e situações perigosas.

- **Positivo**: vontade de viver, vida ativa, poder de realização, decisão
- **Negativo**: tensão, obstinação, inclinação a discussões

ALGUÉM ESPECIAL

A sua chance de ter felicidade e encontrar um parceiro amoroso é maior com as pessoas nascidas nas seguintes datas:

Amor & amizade: jan: 5, 6, 7, 15, 17; fev: 3, 5, 13, 15; mar: 1, 2, 3, 11, 13; abr: 1, 9, 11, 27, 30; mai: 7, 9, 28; jun: 5, 7, 26; jul: 3, 5, 24, 30; ago: 1, 3, 22, 28; set: 1, 17, 20, 26; out: 18, 24; nov: 16, 22, 30; dez: 14, 20, 28

Relacionamentos benéficos: jan: 8, 30, 31; fev: 6, 18, 29; mar: 4, 16, 27; abr: 2, 14, 25; mai: 12, 23, 29; jun: 10, 21, 27; jul: 8, 19, 25; ago: 6, 17, 23; set: 4, 15, 21; out: 2, 3, 13, 19, 30; nov: 11, 17, 28; dez: 9, 15, 26

Atrações fatais: jun: 28, 29, 30; jul: 1

Relacionamentos desafiantes: jan: 11, 12, 27; fev: 9, 10, 25; mar: 7, 8, 23; abr: 5, 6, 21; mai: 3, 4, 19, 30; jun: 1, 2, 17, 28; jul: 15, 26; ago: 13, 24; set: 11, 22; out: 9, 20, 29; nov: 7, 18, 27; dez: 5, 16, 25

Alma gêmea: jan: 26; fev: 24; mar: 22; abr: 20; mai: 18; jun: 16; jul: 14; ago: 12; set: 10; out: 8; nov: 6, 30; dez: 4, 28

31 de Dezembro

Sério mas carismático, você tem muita presença e individualidade, o que o torna uma pessoa especial. Com o seu charme audacioso, você gosta de ser o centro das atenções e é extremamente persistente quando se trata de alcançar os seus objetivos. Às vezes pessimista ou melancólico, mas sempre consciente de si mesmo, você organiza a sua vida de um modo prático para obter o máximo de cada situação. Por meio da autodisciplina, você pode aproveitar ao máximo os seus vários talentos e extraordinário potencial.

A subinfluência do regente do seu decanato, Capricórnio, indica que você tem senso de oportunidade e estrutura e, por isso, pode ficar ansioso em momentos de mudanças ou de instabilidade. O seu desejo de ser uma pessoa sempre confiante também sugere que você gosta de manter o controle das situações. O seu pragmatismo e sua atenção às questões de ordem material, no entanto, podem ocasionalmente fazê-lo oscilar entre se comportar como um mercenário e ser capaz de compreender profundamente as coisas.

SOL: CAPRICÓRNIO
DECANATO: CAPRICÓRNIO/SATURNO
GRAU: 8°30'-9°30' CAPRICÓRNIO
MODO: CARDEAL
ELEMENTO: TERRA

Com desejo de ser independente, você considera a sua imagem importante e quer causar uma boa impressão. Como é trabalhador e organizado, depois que se compromete com um projeto ou causa, você é capaz de dar muito de si. Na maioria das vezes uma pessoa dramática, que transmite uma forte imagem e tem opiniões fortes, você precisa se expressar de alguma forma para obter o respeito que deseja. Muitas vezes, você é abençoado com uma grande habilidade para enfrentar situações difíceis e capacidade de se auto-renovar.

Até os 20 anos de idade, você tem necessidade de ter uma vida prática e estruturada. Depois dos 21 anos de idade, quando o seu Sol progredido entra no signo de Aquário, você torna-se menos influenciado pela tradição e fica mais independente. Novas oportunidades para apresentar a sua perspectiva singular o encorajam a se interessar por assuntos humanitários. A sua vida passa por uma outra transformação aos 51 anos de idade, quando o seu Sol progredido entra no signo de Peixes. A partir dessa época, há uma ênfase maior no desenvolvimento da sua sensibilidade, imaginação e vida interior, que pode se manifestar por meio de visões, de sonhos e de ideais emocionais.

O Seu Eu Secreto

Você terá a vida inteira uma jovialidade infantil, o que lhe permite ser uma pessoa criativa e imaginativa. Embora seja normalmente uma pessoa positiva e otimista, você pode, ocasionalmente, deixar-se levar por ansiedades ou medos imaginários.

Você pode ser uma pessoa surpreendentemente forte e possui uma humildade quase transcendental. Você está disposto a fazer sacrifícios e a compartilhar a sua profunda compaixão ajudando as outras pessoas. Os obstáculos que podem surgir no caminho da sua realização advêm da sua inclinação ao egoísmo e à dramaticidade ou da sua excessiva sensibilidade, que pode fazer com que encare cada falha como uma tragédia. Mesmo que tenha passado por momentos difíceis na sua juventude, à medida que envelhece e fica mais sábio, você se beneficia destas experiências. É necessário que você tenha mais autodisciplina para alcançar os seus objetivos e ser feliz.

Trabalho & Vocação

ESTRELA FIXA

Nome da estrela:
Facies

Posição:
7°12'-8°24' de Capricórnio, entre os anos de 1930 e 2000

Magnitude:
5

Força:
★★

Órb:
1°

Constelação:
M22 Sagitário

Dias:
29, 30 e 31 de dezembro

Qualidades da estrela:
Sol/Marte

Descrição:
agrupamento aberto e nebulosa de estrelas brilhantes, localizado no arco do Arqueiro.

Na maioria das vezes uma pessoa empreendedora e multitalentosa, você tem uma ampla gama de opções profissionais. Ambicioso, voltado para os seus objetivos e dotado com excelente habilidade para os negócios, você tem disposição para o trabalho duro, especialmente quando se sente inspirado por um projeto ou tem interesse por um assunto específico. Como quer se destacar naquilo que faz, é seguindo uma vocação e não simplesmente uma carreira que você chegará ao topo da sua profissão. Independente, com uma abordagem pragmática e habilidades executivas, você gosta de organizar grandes eventos. Dramático, sensível e criativo, você pode se sair muito bem no mundo do teatro ou da ópera. O seu talento para usar as palavras pode inspirá-lo a escrever. Com uma voz encantadora e talento para se comunicar, você pode ser um excelente professor ou orador.

Numerologia

Muita força de vontade, determinação e ênfase na auto-expressão são indicadas pelo dia de aniversário número 31. Você, normalmente, é uma pessoa incansável e determinada, que deseja o progresso material. Contudo, precisa aprender a aceitar as limitações da vida e construir uma base sólida. Sorte e boas oportunidades são também sugeridas por este dia de aniversário, e você pode ter sucesso transformando as suas horas de lazer em empreendimentos lucrativos. É muito importante que você tenha tempo para se divertir, pois é uma pessoa que se dedica muito ao trabalho. Você deve evitar a tendência a ser egoísta ou excessivamente otimista. A subinfluência do mês número 12 indica que você é criativo e multitalentoso. Apesar de sociável e amigável, você tem independência de pensamento e por isto é a sua própria lei. Aventureiro e empreendedor, você quer se realizar por meio da sua expressão pessoal. O seu crescimento interior se dá por intermédio da superação de obstáculos e desafios. Se quer realmente ganhar sabedoria, deve deixar de lado o mundo material ou ocupações que só dêem benefício financeiro.

Positivo: sortudo, criativo, espírito construtivo, persistente, prático, bom de papo, responsável

Negativo: inseguro, impaciente, desconfiado, facilmente desencorajado, falta de ambição, egoísta, teimoso

Amor & Relacionamentos

Com o seu charme, carisma e senso dramático natural, você atrai com facilidade amigos e admiradores. Embora seja muito protetor com as pessoas que ama, você pode, às vezes, ser bastante exigente. Hospitaleiro e atencioso, você pode ser um excelente anfitrião e demonstrar um cuidado genuíno com as outras pessoas. Mesmo que possa ocasionalmente ter oscilações no seu estado de humor, você pode ser um companheiro amoroso, responsável, afetuoso e leal.

INFLUÊNCIA DA ESTRELA PRIMÁRIA

Facies confere assertividade, espírito lutador e natureza destemida. Você tem muita vitalidade e vigor e normalmente gosta de exercer o poder e tem as qualidades necessárias de liderança. Facies concede habilidade de tomar decisões com rapidez e, assim, você é um bom estrategista que gosta de atividades competitivas e de ganhar.

Ligada ao grau do seu Sol, esta estrela concede sucesso nos negócios e no trato com o público, além de muita força de vontade, vigor interior e espírito competitivo. Esta estrela também adverte que a necessidade constante de ser o número um pode trazer alguns riscos e sugere que você deve evitar transações escusas e situações perigosas.

- **Positivo**: vontade de viver, vida ativa, poder de realização, decisão
- **Negativo**: tensão, obstinação, inclinação a discussões

ALGUÉM ESPECIAL

Você pode se realizar emocionalmente e encontrar aquele alguém especial entre as pessoas nascidas nas seguintes datas:

Amor & amizade: jan: 2, 4, 5, 6, 10, 15, 18, 19; fev: 7, 25, 28, 29; mar: 1, 2, 4, 6, 11, 13; abr: 21, 24, 25; mai: 2, 7, 9, 19, 22; jun: 21, 27, 28, 29; jul: 3, 5, 18, 19; ago: 23, 24, 25; set: 1, 11, 14, 15, 21, 22, 23; out: 31; nov: 7, 10, 11, 17, 18, 19; dez: 8, 16, 17, 27, 28, 29

Relacionamentos benéficos: jan: 20, 31; fev: 6, 18, 29; mar: 4, 16, 27; abr: 2, 14, 25; mai: 12, 23, 29; jun: 10, 21, 27; jul: 8, 19, 25; ago: 6, 17, 23; set: 4, 15, 21; out: 2, 3, 13, 19, 30; nov: 11, 17, 28; dez: 9, 15, 26

Atrações fatais: jul: 1, 2, 3, 4

Relacionamentos desafiantes: jan: 12, 25, 27; fev: 9, 10, 23, 25; mar: 7, 8, 23; abr: 5, 6, 21; mai: 3, 4, 19, 30; jun: 1, 2, 17, 28; jul: 15, 26; ago: 13, 24; set: 11, 22; out: 9, 20, 29; nov: 7, 18, 27; dez: 5, 16, 25

Alma gêmea: jan: 25, 26; fev: 23, 24; mar: 22; abr: 20; mai: 18; jun: 16; jul: 14; ago: 12; set: 10; out: 8; nov: 5, 6, 30; dez: 4, 28, 30

1º de Janeiro

A influência do dia do seu aniversário sugere que você é um capricorniano ambicioso e realista, que prefere ocupar posições de poder. O autocontrole e um grande senso de propósito são vitais para o seu sucesso e felicidade; sem eles, você se sente propenso à inquietude e à insatisfação. Você tem um grande potencial para ser um líder inspirado se não se abstiver das suas responsabilidades.

Devido à influência do regente do seu decanato, Touro, depois que toma uma decisão você tem o poder de atingir os seus objetivos, mesmo que para isso tenha de esperar muito tempo. Prático e com capacidade de resistência, você pode ser muito trabalhador quando se interessa por um projeto ou atividade. Leal e dedicado, você é capaz de fazer sacrifícios para obter o que deseja. Você tem apreço ou talento para música ou teatro, que pode desenvolver como passatempo. Contudo, você deve evitar ser autoritário ou egoísta, pois isso pode arruinar a sua boa sorte.

♑

SOL: CAPRICÓRNIO
DECANATO: TOURO/VÊNUS
GRAU: 9°-11° CAPRICÓRNIO
MODO: CARDEAL
ELEMENTO: TERRA

♑

A sua versatilidade e o seu desejo de mudança podem fazer com que você se interesse por muitos assuntos. Como é inteligente e quer adquirir conhecimento, você se sente atraído por pessoas inteligentes, Na sua juventude, você desenvolve uma atitude independente que o acompanha por toda a vida. Conhecido por não aceitar conselhos de terceiros, você pode ser uma pessoa teimosa e obstinada. Um dos seus maiores desafios é se alçar acima de considerações emocionais mesquinhas e manifestar o seu ideal de amor ajudando as outras pessoas.

Até os 19 anos de idade, é provável que você encare a vida de uma maneira bastante séria. No entanto, depois dos 20 anos de idade, quando o seu Sol progredido entra no signo de Aquário, você torna-se menos influenciado pela opinião dos outros, mais independente e com vontade de expressar a sua individualidade. Os amigos, assuntos ligados ao grupo e questões de ordem humanitária passam a desempenhar um papel muito mais importante na sua vida. A sua vida passa por uma outra transformação aos 50 anos de idade, quando o seu Sol progredido entra no signo de Peixes. A partir dessa época, você passa a dar ênfase à sua sensibilidade e aos seus sentimentos. Você se torna mais receptivo e imaginativo e pode vir a desenvolver os seus talentos criativos. Quando aprende a confiar na sua intuição, você desenvolve a sua assertividade e tem uma visão mais clara das coisas.

O Seu Eu Secreto

Embora tenha uma sabedoria interior, nobreza e orgulho, você pode ainda assim sentir que não é suficientemente bom naquilo que faz e isso muitas vezes o leva a se esforçar para se realizar. Quando se sente inseguro, você quer controlar as pessoas e situações. Você precisa reconhecer que deseja ser popular e ser aceito pelas pessoas, mesmo que isso possa deixá-lo um tanto constrangido. Porém, você gradualmente, por meio das suas experiências, vai solidificando a sua autoconfiança. A sua força deriva de uma avaliação realista dos seus talentos e limitações e da compreensão do poder do seu potencial.

Todas as suas defesas têm sido bem fortificadas desde a sua juventude, mas à medida que envelhece você se torna menos sério e mais leve. Como aprende muitas coisas da maneira mais penosa, você se torna a própria figura de autoridade, muito autoconfiante e determinado.

Trabalho & Vocação

Autoritário e independente, dotado de habilidades administrativas e executivas, você gosta de assumir o controle das situações ou de ocupar uma posição de liderança. Intuitivo e sagaz, você é capaz de compreender as motivações das outras pessoas. Com a sua habilidade para os negócios e abordagem empreendedora, você, muitas vezes, trabalha por conta própria ou como político ou produtor. Se trabalhar para outras pessoas, você, normalmente, ocupa um cargo executivo ou gerencial. Com potencial para se destacar em todos os tipos de atividades criativas e empreendimentos você prefere trabalhar para grandes organizações e instituições governamentais, nas quais pode usar a sua capacidade de liderança. De um modo geral, você prefere se especializar em uma área específica e ter uma profissão formal em vez de se envolver apenas com negócios. Trabalhador e dedicado, você precisa aprender a levar as necessidades alheias em consideração.

ESTRELA FIXA

Nome da estrela:
Pelagus, também chamada de Nunki

Posição:
11°15'-12°21' de Capricórnio, entre os anos de 1930 e 2000

Magnitude:
2

Força:
★★★★★★★★

Órb:
2°10'

Constelação:
Sigma Sagitário

Dias:
1, 2, 3, 4 e 5 de janeiro

Qualidades da estrela:
Mercúrio/Júpiter

Descrição:
uma estrela localizada na palheta da flecha na mão do Arqueiro

Numerologia

O grande desejo de ser o primeiro e independente é sugerido pelo dia do seu aniversário. Como número 1, você tem inclinação a ser individualista, inovador e corajoso, além de ter muita energia. Muitas vezes, há a necessidade de estabelecer uma forte identidade e de desenvolver a assertividade. O espírito pioneiro aqui indicado o encoraja a agir por conta própria, podendo estimulá-lo a desenvolver a habilidade de executar e liderar. Cheio de entusiasmo e de idéias originais, você pode mostrar às pessoas o caminho adiante. Uma vez que nasceu no dia 1, você precisa também aprender que o mundo não gira ao seu redor; evite a inclinação a ser autocentrado ou ditatorial. A subinfluência do mês número 1 indica que você é criativo e altamente intuitivo, provido de uma natureza perceptiva e idealista. Inspirado e resoluto, você tem uma personalidade vigorosa. Normalmente, você prefere dar a receber ordens. Se tiver dificuldade para expressar os seus sentimentos, você pode aparentar ser uma pessoa fria ou sem consideração. Aprenda a confiar na sua poderosa intuição e a não nutrir pensamentos negativos. Você precisa aprender a arte de ceder, evitando a tendência a ser inflexível ou duro.

Positivo: liderança, criatividade, progressismo, vigor, otimismo, fortes convicções, competitividade, independência, espírito gregário

Negativo: ciúme, egotismo, antagonismo, falta de controle, impaciência

Amor & Relacionamentos

Inteligente e com compreensão rápida, você se entedia facilmente e precisa de uma vida social variada e cheia de aventuras. Atraído por pessoas habilidosas, você pode ser um amigo ou parceiro leal. Com uma personalidade forte, você não tem paciência com pessoas chatas, mas pode ser muito charmoso quando necessário. Você tem necessidade de adquirir conhecimento, ordem e segurança, pode ser um bom pai, mas precisa evitar ser arrogante com as pessoas que ama. Mesmo que precise de amor, você não deixa de lado o lado prático da vida, mas quanto mais se mostra afetuoso para com os outros, melhor.

INFLUÊNCIA DA ESTRELA PRIMÁRIA

A influência de Pelagus confere amor à verdade, personalidade forte e uma maneira direta e assertiva. Esta estrela concede determinação para alcançar o sucesso e muito bom senso. Pelagus leva a pessoa a querer se educar e a seguir estudos em nível superior, especialmente nas áreas de Ciência, Filosofia, História e Espiritualidade. Esta estrela indica também uma personalidade franca e fortes convicções. Ligada ao grau do seu Sol, Pelagus concede criatividade e muitas idéias, obtenção de posição pública influente e condições domésticas e familiares favoráveis. Você pode se tornar uma pessoa conhecida, e mesmo que às vezes se envolva em situações complexas sempre sai incólume.

- **Positivo**: educação superior, bom senso, amor à verdade
- **Negativo**: controvérsia, fracasso devido à desonestidade

ALGUÉM ESPECIAL

Você pode encontrar uma companhia estimulante e ser feliz entre as pessoas nascidas nas seguintes datas:

Amor & amizade: jan: 9, 30; fev: 7, 28; mar: 5, 26; abr: 3, 24; mai: 1, 22, 30, 31; jun: 20, 28, 29; jul: 18, 26, 27; ago: 16, 24, 25; set: 14, 22, 23; out: 12, 20, 21; nov: 10, 18, 19; dez: 8, 16, 17, 29

Relacionamentos benéficos: jan: 4, 6, 8, 21; fev: 2, 4, 19; mar: 2, 17; abr: 15; mai: 13; jun: 11; jul: 9; ago: 7; set: 5; out: 3; nov: 1

Atrações fatais: jul: 1, 2, 3, 4, 5

Relacionamentos desafiantes: jan: 25; fev: 23; mar: 21, 31; abr: 19, 29; mai: 17, 27; jun: 15, 25; jul: 13, 23; ago: 11, 21; set: 9, 19; out: 7, 17; nov: 5, 15; dez: 3, 13

Alma gêmea: jan: 2, 13; fev: 11; mar: 9; abr: 17; mai: 5; nov: 21

2 de Janeiro

A influência do dia do seu aniversário mostra que você é um capricorniano ambicioso e persistente, sério e trabalhador. Como uma pessoa prática e realista, dotada de habilidade mental aguçada, você tem uma grande capacidade para aprender. A educação é especialmente útil para que você possa aproveitar ao máximo o seu potencial. Contudo, um dos seus maiores desafios é aprender a ter uma atitude positiva em relação ao dinheiro e aos seus relacionamentos.

Devido à subinfluência do regente do seu decanato, Touro, você tem uma grande necessidade de amor, afeição e harmonia nos seus relacionamentos profissionais. Você aprecia a beleza e a arte e pode ser criativo, mas prefere usar os seus talentos com um propósito útil. Você tem uma compreensão inata do valor das coisas e é bastante prático para tirar o melhor das situações. Todavia, devido ao seu amor pelo luxo e coisas de boa qualidade, você corre o risco de gastar acima das suas possibilidades.

♑

SOL: CAPRICÓRNIO
DECANATO: TOURO/VÊNUS
GRAU: 10°-12° CAPRICÓRNIO
MODO: CARDEAL
ELEMENTO: TERRA

♑

As suas idéias originais e habilidade para julgar com sagacidade a natureza humana sugerem que você tem excelentes oportunidades de trabalho. O seu dia de nascimento, no entanto, indica que é necessário trabalho duro e disciplina para a realização dos seus objetivos. Felizmente, você nasceu com resistência para realizar as suas ambições, contanto que evite a tensão nos seus relacionamentos. Um dos seus maiores desafios é saber reconhecer e acreditar nas suas habilidades, pois, se não o fizer, pode ser que venha a ocupar posições abaixo da sua capacidade.

Até os 18 anos de idade, é provável que você tenha uma grande necessidade de ter uma vida prática, organizada e estruturada. Porém, depois dos 19 anos de idade, quando o seu Sol progredido entra no signo de Aquário, você passa a querer ter mais independência e liberdade e as amizades começam a ter um papel mais importante na sua vida. Pode ser que você passe a se interessar por assuntos pouco comuns ou queira expressar as suas idéias singulares. A sua vida passa por uma outra transformação aos 49 anos de idade, quando o seu Sol progredido entra no signo de Peixes. A partir dessa época, você passa a dar ênfase ao desenvolvimento da sua sensibilidade e ao fortalecimento da sua vida interior. Isso pode ser percebido por meio das suas visões, dos seus sonhos e dos seus ideais emocionais.

O Seu Eu Secreto

A sua habilidade inata para transformar qualquer coisa em um negócio não deve ser confundida com o sucesso que deriva de um trabalho que você acredita que tenha um valor genuíno. Ainda que tenha uma excelente capacidade para enriquecer, dedicar-se a uma carreira apenas pelo ganho financeiro que ela pode lhe dar pode fazer com que o seu sucesso seja apenas aparente e que interiormente você não se sinta realmente satisfeito. Por isso, é importante aprender usar a sua habilidade para ganhar dinheiro em projetos que realmente valham a pena e que o façam mais feliz.

Como é determinado, você sempre quer chegar no topo da sua profissão. Você gosta de poder e se fortalece quando se dedica a um objetivo ou propósito específico. Sem este tipo de controle, você pode sentir-se inseguro ou se comportar de maneira obstinada ou, ainda, pode ter oscilações no seu estado de humor, variando entre a paixão e a indiferença. Contudo, como é sensível, você tem a proteção da sua intuição que o pode ajudar a solucionar muitos dos dilemas que são colocados para você e para os outros.

Trabalho & Vocação

ESTRELA FIXA

Nome da estrela:
Pelagus, também chamada de Nunki

Posição:
11°15'-12°21' de Capricórnio, entre os anos de 1930 e 2000

Magnitude:
2

Força:
★★★★★★★

Órb:
2°10'

Constelação:
Sigma Sagitário

Dias:
1, 2, 3, 4 e 5 de janeiro

Qualidades da estrela:
Mercúrio/Júpiter

Descrição:
uma estrela localizada na palheta da flecha na mão do Arqueiro.

Ambicioso e criativo, sempre com o sucesso em mente, você muitas vezes trabalha em cooperação com outras pessoas. Em geral, você é altamente intuitivo e tem um grande potencial intelectual. Quando essas qualidades se combinam com a sua grande sensibilidade, você pode se sair bem em carreiras ligadas ao mundo da medicina, do magistério ou da pesquisa científica. Autoritário e trabalhador, você muitas vezes atua como relações-públicas, mediador ou gerente para outras pessoas. Um bom psicólogo, você tem uma disposição natural para escrever, que pode ser desenvolvida na segunda metade da sua vida. Mas pode ser que você prefira explorar a sua criatividade por meio da arte, da fotografia, da música ou do teatro. Como precisa se expressar e adquirir sabedoria de vida, uma carreira na área dos negócios não o satisfará. As melhores áreas podem ser educação ou o serviço comunitário, em trabalhos de assistente social e educador.

Numerologia

Sensibilidade e grande necessidade de fazer parte de um grupo são sugeridas pelo dia de aniversário número 2. Adaptável e compreensivo, você gosta de atividades cooperativas nas quais possa interagir com os outros. Quando procura agradar as pessoas de que gosta, você corre o risco de se tornar excessivamente dependente. Contudo, se desenvolver a autoconfiança, você pode superar a tendência a se magoar facilmente com as atitudes e críticas alheias. A subinfluência do mês número 1 indica que você é altamente intuitivo e imaginativo. O espírito pioneiro indicado por este dia o encoraja a tomar as próprias decisões e a se aventurar sozinho na vida. Você é uma pessoa independente, inovadora, corajosa e com muita energia. Normalmente, é liberal, embora às vezes possa alimentar idéias fixas. Você é humanitário e solidário e busca justiça e sabedoria. A necessidade que tem de explorar os mistérios da vida o inspiram a estudar e a ensinar Metafísica e Filosofia. Evite comportar-se de maneira precipitada ou excessivamente emotiva, reagindo com muita ênfase às situações que lhe acontecem. Pode ser que a sua felicidade advenha da ajuda a outras pessoas.

Positivo: consideração, bom parceiro, gentil, diplomático, receptivo, intuitivo, harmônico, agradável, embaixador da boa vontade

Negativo: desconfiança, timidez, excesso de sensibilidade, egoísmo, magoa-se facilmente, engano

Amor & Relacionamentos

Sensual e com fortes atrações, você deseja amor e afeição. Você tem necessidade de companhia e por isto é importante ter a amizade dos seus parceiros amorosos. Você deve evitar se preocupar com mesquinharias ou sentir-se frustrado no seu dia-a-dia, pois isso pode ser uma fonte de insatisfação nos seus relacionamentos. Normalmente, você é uma pessoa leal e que apóia os seus parceiros. Você pode ser generoso com as pessoas que ama, embora possa ter conflitos com os seus parceiros devido a questões de ordem financeira. Pode ser que, à medida que fica mais velho, as pessoas o procurem em busca de conselho e de orientação.

INFLUÊNCIA DA ESTRELA PRIMÁRIA

A influência de Pelagus confere amor à verdade, personalidade forte e uma maneira direta e assertiva. Esta estrela concede determinação para alcançar o sucesso e muito bom senso. Pelagus leva a pessoa a querer se educar e a seguir estudos em nível superior, especialmente nas áreas de Ciência, Filosofia, História e Espiritualidade. Esta estrela indica também uma personalidade franca e fortes convicções. Ligada ao grau do seu Sol, Pelagus concede criatividade e muitas idéias, obtenção de posição pública influente e condições domésticas e familiares favoráveis. Você pode se tornar uma pessoa conhecida, e mesmo que às vezes se envolva em situações complexas sempre sai incólume.

- **Positivo**: educação superior, bom senso, amor à verdade
- **Negativo**: controvérsia, fracasso devido à desonestidade

ALGUÉM ESPECIAL

Para encontrar aquele alguém especial, comece procurando entre as pessoas nascidas nas seguintes datas:

Amor & amizade: jan: 4, 18, 21, 31; fev: 2, 16, 19, 29; mar: 14, 17, 27; abr: 12, 15, 25, 27; mai: 10, 13, 23, 25; jun: 8, 11, 21; jul: 6, 9, 19, 31; ago: 4, 7, 17, 29; set: 2, 15, 17, 27, 30; out: 3, 13, 25, 28; nov: 1, 11, 13, 23; dez: 9, 21, 24, 30

Relacionamentos benéficos: jan: 6; fev: 4; mar: 2; mai: 30; jun: 28; jul: 26; ago: 24; set: 22, 30; out: 20, 28; nov: 18, 26; dez: 16, 24

Atrações fatais: jun: 30; jul: 3, 4, 5, 6, 28; ago: 26; set: 24; out: 22; nov: 20; dez: 18

Relacionamentos desafiantes: jan: 27; fev: 25; mar: 23; abr: 21; mai: 19; jun: 17; jul: 15; ago: 13; set: 11; out: 9; nov: 7; dez: 5

Alma gêmea: jan: 17, 19; fev: 15, 17; mar: 13, 15; abr: 11, 13; mai: 9, 11; jun: 7, 9; jul: 5, 7; ago: 3, 5; set: 1, 3; out: 1

3 de Janeiro

Você é um capricorniano dinâmico e criativo, com reações mentais rápidas e aguçadas. Quando está interessado por um projeto ou idéia, a influência do dia do seu aniversário o torna ambicioso e trabalhador. De um modo geral, você tem um pensamento independente e é especialmente inventivo quando se sente desafiado, mas deve evitar tomar o caminho mais fácil e não usar o seu verdadeiro potencial. Embora seja sempre uma pessoa jovial, é por meio do desenvolvimento da perseverança e de uma atitude responsável que você se torna capaz de realizar o que deseja.

Devido à subinfluência do regente do seu decanato, Touro, você pode ser extremamente charmoso, especialmente quando é do seu interesse. Você tem senso estético e dá importância à sua aparência. Esta data de aniversário muitas vezes concede um talento ou capacidade para apreciar a arte. Você sabe lidar com o dinheiro e tem um forte instinto de sobrevivência, podendo ficar rico se usar o seu ambiente a seu favor. A educação, o planejamento e uma abordagem dedicada e metódica são fatores essenciais para o seu sucesso e realização.

♑

SOL: CAPRICÓRNIO
DECANATO: TOURO/VÊNUS
GRAU: 11°-13° CAPRICÓRNIO
MODO: CARDEAL
ELEMENTO: TERRA

♑

Você pode escolher entre usar a disciplina concedida pelo seu dia de aniversário ou manipular as pessoas e situações para conseguir o que deseja. O melhor é evitar o pensamento negativo e uma atitude preocupada. Quando está com uma disposição positiva, você possui uma dignidade interior que advém da consciência de que tem um chamado superior e ainda assim se mantém modesto e dá de tudo no seu trabalho. Mesmo que tenha a tendência a ser cético, você pode desenvolver uma filosofia de vida independente e livre.

Até os 17 anos de idade, é provável que você tenha uma maneira cautelosa de abordar a vida. Porém, depois dos 18 anos de idade, quando o seu Sol progredido entra no signo de Aquário, você se torna mais independente e menos influenciado pela tradição e pela opinião alheia. Nessa fase, você tem uma grande necessidade de expressar a sua individualidade; os amigos, assuntos relacionados a grupos ou questões humanitárias passam também a desempenhar um importante papel na sua vida. A sua vida passa por uma outra transformação aos 48 anos de idade, quando o seu Sol progredido entra no signo de Peixes. A partir dessa época, você passa a dar ênfase à sua sensibilidade e sentimentos. Você se torna mais receptivo, imaginativo e compassivo ou desenvolve um interesse por assuntos de natureza espiritual.

O Seu Eu Secreto

O sucesso vem quando você realmente se sente entusiasmado. Quando está empolgado, você é capaz de dar tudo de si, o que lhe dá a convicção interior de que irá vencer e obter resultados extraordinários. Na sua busca por realização e controle, você precisa de desafios mentais constantes. Quando se sente em dúvida, você pode reagir com ceticismo ou cinismo. Mas quando tem fé, pode ser ousado e espontâneo e pode até trabalhar melhor quando participa de desafios competitivos amigáveis.

Como se interessa por assuntos novos e empolgantes, você gosta de dar início a novos empreendimentos e de fazer com que as outras pessoas o acompanhem nas suas aventuras. Você tem talento para lutar por causas humanitárias e sociais e pode inspirar os outros a agir. Você sabe que o conhecimento é poder e tem habilidade para estruturar mentalmente as suas realizações e por isto tem o potencial para alcançar um sucesso extraordinário. Na segunda metade da sua vida, você pode passar por experiências poderosas, pois passa a compreender o valor do amor.

Trabalho & Vocação

Empreendedor e idealista, dotado de habilidade executiva, você sabe dar início às coisas e solucionar problemas. A sua intuição e sua habilidade para pensar com rapidez indicam que você precisa se manter em atividade e que gosta das coisas bem definidas. A sua habilidade para combinar negócios com prazer indica que você é amigável e útil. Se estiver envolvido no mundo dos negócios, você precisa ter fé e poder de visão para ser bem-sucedido. Como uma pessoa independente, você é empreendedor e original, mas precisa usar métodos pouco ortodoxos. A sua coragem e seu idealismo podem inspirá-lo a lutar contra as injustiças sociais. Com a sua capacidade de liderança e de organização, você, normalmente, assume o controle das situações. A sua abordagem diplomática também pode ser usada no mundo das vendas e de promoções. Você é uma pessoa humanitária e pode ser um excelente professor, e o seu talento para escrever sugere que você pode se dedicar à literatura.

ESTRELA FIXA

Nome da estrela:
Pelagus, também chamada de Nunki

Posição:
11°15'-12°21' de Capricórnio, entre os anos de 1930 e 2000

Magnitude:
2

Força:
★★★★★★★★

Órb:
2°10'

Constelação:
Sigma Sagitário

Dias:
1, 2, 3, 4 e 5 de janeiro

Qualidades da estrela:
Mercúrio/Júpiter

Descrição:
uma estrela localizada na palheta da flecha na mão do Arqueiro.

Numerologia

Com o dia de aniversário número 3, você é uma pessoa que tem necessidade de se expressar criativamente. Amante das diversões e uma boa companhia, você gosta de atividades sociais com os amigos e tem muitos interesses. Você possui uma grande necessidade de se expressar e, quando está com uma disposição positiva, pode irradiar alegria de viver. Contudo, a inclinação para se entediar com facilidade pode provocar indecisão ou vontade de abarcar o mundo com as pernas. Mas, como número 3, você é artístico, charmoso e tem um bom senso de humor. Você pode usar o seu talento com palavras escrevendo, falando ou cantando. A subinfluência do mês número 1 indica que você é autônomo e independente. Cheio de entusiasmo e novas idéias, você muitas vezes mostra às pessoas o caminho adiante. Você é uma pessoa séria e trabalhadora, que gosta de usar a sua imaginação de forma prática. Inovador e corajoso, você não se preocupa em falar o que pensa, mas geralmente o faz de maneira charmosa. O espírito aventureiro aqui indicado o encoraja a experimentar coisas diferentes na vida e a tomar as próprias decisões.

Positivo: bem-humorado, feliz, amigável, produtivo, criativo, temperamento artístico, bom de papo, poder de desejar, amante da liberdade

Negativo: entedia-se com facilidade, vaidoso, convencido, extravagante, auto-indulgente, preguiçoso, ambíguo

Amor & Relacionamentos

Mesmo com inclinação para ser uma pessoa independente, você precisa ter um ambiente doméstico bem-estruturado e estável. As mulheres nascidas neste dia muitas vezes se sentem atraídas por homens audaciosos e pioneiros. Você é jovial e brincalhão, mas depois que se estabelece se torna uma pessoa responsável e um parceiro leal e confiável. Entretanto, ocasionalmente, você pode sentir uma certa distância emocional nos seus relacionamentos. Não obstante, como é bastante sociável e charmoso, você atrai as pessoas e pode ser muito divertido.

INFLUÊNCIA DA ESTRELA PRIMÁRIA

A influência de Pelagus confere amor à verdade, personalidade forte e uma maneira direta e assertiva. Esta estrela concede determinação para alcançar o sucesso e muito bom senso. Pelagus leva a pessoa a querer se educar e a seguir estudos em nível superior, especialmente nas áreas de Ciência, Filosofia, História e Espiritualidade. Esta estrela indica também uma personalidade franca e fortes convicções. Ligada ao grau do seu Sol, Pelagus concede criatividade e muitas idéias, obtenção de posição pública influente e condições domésticas e familiares favoráveis. Você pode se tornar uma pessoa conhecida, e mesmo que às vezes se envolva em situações complexas sempre sai incólume.

Positivo: educação superior, bom senso, amor à verdade

Negativo: controvérsia, fracasso devido à desonestidade

ALGUÉM ESPECIAL

Você pode se sentir incentivado para ter um relacionamento duradouro com as pessoas nascidas nas seguintes datas:

Amor & amizade: jan: 4, 5, 6, 11, 21, 24; fev: 2, 3, 4, 9, 19, 22; mar: 7, 17, 20; abr: 5, 15, 18, 30; mai: 1, 13, 16, 28; jun: 11, 14, 26; jul: 9, 12, 24; ago: 7, 10, 22; set: 5, 8, 20; out: 3, 6, 18; nov: 1, 4, 16; dez: 2, 14

Relacionamentos benéficos: jan: 23, 27; fev: 21, 25; mar: 19, 23; abr: 17, 21; mai: 15, 19; jun: 13, 17; jul: 11, 15, 31; ago: 9, 13, 29; set: 5, 7, 11, 27; out: 9, 25; nov: 3, 7, 23; dez: 1, 5, 21

Atrações fatais: jul: 3, 4, 5, 6

Relacionamentos desafiantes: jan: 17; fev: 15; mar: 13; abr: 11; mai: 9; jun: 7; jul: 5; ago: 3; set: 1

Alma gêmea: jan: 30; fev: 28; mar: 26, 29; abr: 24, 27; mai: 22, 25; jun: 20, 23; jul: 18, 21; ago: 16, 19; set: 14, 17; out: 12, 15; nov: 10, 13; dez: 8, 11

4 de Janeiro

Voltado para o sucesso, você é um capricorniano franco e honesto que se dispõe a trabalhar duro para alcançar os seus objetivos. Ambicioso e competitivo, você tem um intelecto agudo e rápido, boa capacidade de julgamento e habilidade para superar todos os obstáculos se tiver autodisciplina. No entanto, se evitar a responsabilidade necessária para cumprir o seu destino, pode ser que você não seja capaz de satisfazer a sua grande necessidade de construir algo sólido e duradouro.

Com a influência adicional do regente do seu decanato, Touro, você pode expressar as suas habilidades artísticas e criativas profissionalmente ou como passatempo. A influência de Vênus pode lhe dar charme e talento para ser espirituoso, divertido e sociável. Você tem uma perspectiva expansiva e gosta de variedade, e por isso pode sentir-se atraído por viagens ou pelo estudo de assuntos filosóficos ou espirituais. Isso não o desvia da sua praticidade sagaz, que permite que você valorize o seu dinheiro e aproveite ao máximo cada situação.

♑

SOL: CAPRICÓRNIO
DECANATO: TOURO/VÊNUS
GRAU: 12°-14° CAPRICÓRNIO
MODO: CARDEAL
ELEMENTO: TERRA

♑

Embora tenha confiança nas suas opiniões e tenha reações rápidas, há o perigo de você se tornar arrogante ou impaciente com as outras pessoas. Você tem uma maneira muito pragmática de encarar a vida e um grande poder para enriquecer, mas pode ter uma satisfação maior quando se dedica a questões mais profundas.

A partir dos 17 anos de idade, quando o seu Sol progredido entra no signo de Aquário, você se torna mais voltado para o seu grupo, menos conservador e mais livre. Se trabalhar e se dedicar, na meia idade, você irá colher os frutos do seu trabalho. Se tomar uma nova direção, deve fazê-lo com cautela para evitar mudanças bruscas e especulações derivadas do tédio. A sua vida passa por uma outra transformação aos 47 anos de idade, quando o seu Sol progredido entra no signo de Peixes. A partir dessa época, você passa a dar ênfase à sua sensibilidade emocional e a desenvolver uma vida interior mais forte. Isso pode ser percebido por meio das suas visões, sonhos e ideais. Você será um idoso com aparência jovial.

O Seu Eu Secreto

A sua aparência forte e assertiva muitas vezes esconde emoções poderosas e muita sensibilidade. Com a sua grande imaginação e sua natureza receptiva, você pode ser um visionário prático que tem a capacidade de se conectar com o coletivo. Por meio da compaixão, você percebe que tem talento para oferecer aos outros. Você pode ser uma pessoa dramática e orgulhosa, e o uso destas qualidades no seu trabalho ou em uma expressão criativa pode ser a chave para o seu sucesso. Mas, se não canalizar a sua sensibilidade por meios positivos ou reconhecer a importância do trabalho na sua vida, você pode ter tendência ao escapismo, à falta de clareza ou a oscilações de humor.

De um modo geral, você costuma ter uma abordagem genial e tem interesse por um amplo espectro de assuntos, especialmente por educação, filosofia, advocacia, religião, viagens ou política. Você pode ser um pensador inspirado e tem muito entusiasmo quando fala a respeito do seu assunto preferido.

Trabalho & Vocação

Sociável e amigável, você tem uma boa capacidade de comunicação e talento para lidar com o público. Como este dia de aniversário indica a necessidade de transformações e variedade na sua vida profissional, você precisa de muitas atividades para evitar a procrastinação. O sucesso freqüentemente está ligado ao mundo comercial e você pode ser um bom gerente ou planejador. Você pode também trabalhar para instituições governamentais, como funcionário público ou policial. O amor que tem ao conhecimento implica que você pode ser um excelente professor. Com a sua imaginação, sua inteligência e seu talento natural para o entretenimento, você sabe combinar atividades sociais com a sua vida profissional ou entrar para o mundo do *show business.*

ESTRELA FIXA

Nome da estrela:
Wega, também chamada de Vulture

Posição:
14°20'-15°19' de Capricórnio, entre os anos de 1930 e 2000

Magnitude:
1

Força:
★★★★★★★★★★

Órb:
2° 30'

Constelação:
Alpha Lyra

Dias:
4, 5, 6, 7 e 8 de janeiro

Qualidades da estrela:
várias interpretações: Vênus/ Mercúrio e Júpiter/Saturno

Descrição:
uma estrela brilhante, azul safira e branca, localizada na parte inferior da constelação de Lyra.

Numerologia

A sólida estrutura e o poder de organização sugeridos pelo dia de aniversário número 4 indicam que você precisa de estabilidade e de ordem. Dotado de energia, habilidades práticas e muita determinação, você pode ser bem-sucedido se estiver disposto a trabalhar duro. Preocupado com a sua segurança, você quer ter uma sólida base para si mesmo e para a sua família. A maneira pragmática com que encara a vida lhe confere um bom senso para os negócios e habilidade de alcançar o sucesso material. Como um indivíduo número 4, você é uma pessoa honesta, franca e justa. Porém, você precisa aprender a expressar os seus sentimentos. Entre os desafios colocados ao indivíduo número 4 destacam-se períodos de instabilidade e preocupação financeira. A subinfluência do mês número 1 indica que você é ambicioso, empreendedor e dotado de uma perspectiva independente. Inovador e curioso, com muita energia, você, em geral, é uma pessoa trabalhadora e séria, com desejo de se realizar. Mentalmente penetrante e intuitivo, você tende a tomar as próprias decisões. Como é autoritário, você prefere dar ordens em vez de ocupar uma posição subordinada. Quando se inspira com idéias originais, você muitas vezes mostra aos outros o caminho adiante.

⬆ **Positivo:** bem organizado, disciplinado, estável, trabalhador, habilidade com as mãos, pragmático, confiável, preciso

⬇ **Negativo:** pouco comunicativo, reprimido, preguiçoso, procrastinador, muito econômico, autoritário, ressentido

Amor & Relacionamentos

Dinâmico e espirituoso, você pode ser uma pessoa muito charmosa. Você é gregário e amável e tem muitos amigos e uma vida social agitada. Você pode ser mais feliz quando pode ter um relacionamento leve e criativo com seus parceiros e amigos. Contudo, você pode ficar indeciso quando se trata de se comprometer e deve tomar cuidado para que as questões de ordem financeira não afetem os seus relacionamentos. No tocante à sua vida romântica, ainda que ocasionalmente aparente ser indiferente, você guarda dentro de si uma natureza sensível e compassiva.

INFLUÊNCIA DA ESTRELA PRIMÁRIA

Wega confere capacidade de liderança e uma personalidade sociável e expansiva. Normalmente, você possui uma perspectiva idealista e otimista e tem habilidades criativas e talento para escrever. Contudo, esta estrela também indica que circunstâncias instáveis podem provocar fases oscilantes de sucesso e sugere que somente com determinação você pode ter estabilidade.

Ligada ao grau do seu Sol, Wega confere sucesso e oportunidades para alcançar posições elevadas. Esta estrela pode levá-lo a ter contato com pessoas influentes, o que pode trazer honras e popularidade. A influência de Wega também sugere que a instabilidade pode fazer com que o sucesso seja de pouca duração. É provável que você goste de trabalhos em instituições governamentais ou que envolvam o trato com o público. Esta estrela também adverte contra o excesso de crítica ou rispidez.

- **Positivo**: refinamento, esperança, seriedade, responsabilidade
- **Negativo**: mau uso do poder, excessivamente reservado, crítico, ríspido, inimigos ocultos

ALGUÉM ESPECIAL

É mais provável que você revele a sua natureza amorosa com as pessoas nascidas nas seguintes datas:

Amor & amizade: jan: 3, 14, 24, 28; fev: 1, 12, 22, 26; mar: 10, 20; abr: 8, 18; mai: 6, 16, 20, 31; jun: 4, 14, 29; jul: 2, 12, 27; ago: 10, 25, 31; set: 8, 12, 23, 29; out: 6, 21, 27; nov: 4, 19, 25; dez: 2, 17, 23

Relacionamentos benéficos: jan: 1, 11; fev: 9; mar: 7, 28; abr: 5, 26, 30; mai: 3, 24, 28; jun: 1, 22, 26; jul: 20, 24; ago: 18, 22; set: 16, 20, 30; out: 14, 18, 28; nov: 12, 16, 26; dez: 10, 14, 24

Atrações fatais: jul: 4, 5, 6, 7

Relacionamentos desafiantes: jan: 17, 20; fev: 15, 18; mar: 13, 16; abr: 11, 14; mai: 9, 12; jun: 7, 10; jul: 5, 8; ago: 3, 6; set: 1, 4; out: 2

Alma gêmea: jul: 29; ago: 27; set: 25; out: 23, 31; nov: 21, 29; dez: 19, 27

5 de Janeiro

O seu dia de aniversário em Capricórnio mostra que você é uma pessoa carismática, leal e trabalhadora, que tem um digno senso de propósito ou objetivo e que pode ser extremamente dedicado. Prático e realista quando confrontado com obstáculos, você desenvolve uma tremenda resistência para seguir adiante e é capaz de grandes sacrifícios. Este dia de aniversário confere um potencial extraordinário mas também sugere a influência de extremos: muito universal e desapegado ou deprimido e excessivamente sério.

A influência adicional do regente do seu decanato, Touro, dá-lhe charme e habilidade criativa. A sua grande habilidade social garante a facilidade de interação com as pessoas ao seu redor. Como gosta das coisas boas que a vida tem a oferecer, você prefere cercar-se de uma atmosfera harmônica e até mesmo luxuosa. Pouco convencional e preocupado com a sua imagem, você tem uma boa aparência e, muitas vezes, tem uma maneira original de se vestir.

♑

SOL: CAPRICÓRNIO
DECANATO: TOURO/VÊNUS
GRAU: 13°-15° CAPRICÓRNIO
MODO: CARDEAL
ELEMENTO: TERRA

♑

Como possui uma boa capacidade de organização, você trabalha melhor quando pensa de forma positiva e tem um plano de ação. Você se beneficia quando investe em projetos de longo prazo e deve evitar esquemas duvidosos de enriquecimento rápido. Você tem uma grande inclinação para aventuras e viagens e pode vir a morar longe da sua cidade natal.

A partir dos 16 anos de idade, quando o seu Sol progredido entra no signo de Aquário, você se torna menos tradicional e mais independente, e tem um desejo crescente de expressar a sua individualidade. As amizades, os assuntos ligados ao grupo ou questões humanitárias passam a desempenhar um papel mais importante na sua vida. A sua vida passa por uma outra transformação aos 47 anos de idade, quando o seu Sol progredido entra no signo de Peixes. A partir dessa época, você passa a dar ênfase à sua sensibilidade e aos seus sentimentos. Em um nível mais elevado, você pode buscar uma conexão espiritual ou mística mas, em um nível mais mundano, isso poderá resultar em confusão ou dispersão. Você se torna mais receptivo e imaginativo e pode sentir vontade de desenvolver os seus talentos criativos.

O Seu Eu Secreto

Se você aproveitar o seu enorme potencial de poder emocional e combiná-lo com um forte senso de direção, pode ser um líder nas áreas de artes, entretenimento, política ou questões espirituais. Quando a sua força de vontade é positivamente canalizada, você pode fazer milagres e ser extremamente compassivo. Todavia, se se deixar levar pelo pensamento negativo, você pode se tornar autoritário e impiedoso ou ter propensão à frustração ou ao desapontamento. Quando aprende a realmente se desapegar sem ficar frio, o que pode vir a acontecer somente na segunda metade da sua vida, você conquista uma enorme liberdade e passa a querer conhecer as coisas de maneira mais profunda.

O amor à harmonia pode inspirá-lo a buscar a paz. Com a sua sensibilidade sutil e seu desejo de transcender a realidade mundana, você possui percepções de luz, cor, forma e som elevadas, e pode canalizá-las para atividades artísticas, musicais ou espirituais. Com muito senso de responsabilidade para com os outros, você, muitas vezes, busca a verdadeira sabedoria ou um mundo ideal.

Trabalho & Vocação

Amigável e generoso, ainda que ambicioso e trabalhador, você precisa de relações profissionais harmônicas e de um ambiente agradável. A sua habilidade para fazer contatos e lidar com pessoas sugere que você pode se destacar como mediador, gerente ou agente. Na maior parte das vezes, você intui o que o público quer, pois pode apreender os sonhos coletivos. Embora muitas vezes você busque o sucesso no mundo dos negócios, o seu verdadeiro talento está em uma vocação que envolva a ajuda aos outros, por meio da educação ou da espiritualidade. O seu talento para escrever, para o teatro e para amúsica sugere que você tem sentimentos poderosos que precisam ser manifestos.

ESTRELA FIXA

Nome da estrela:
Wega, também chamada de Vulture

Posição:
14°20'-15°19' de Capricórnio, entre os anos de 1930 e 2000

Magnitude:
1

Força:
★★★★★★★★★★

Órb:
2° 30'

Constelação:
Alpha Lyra

Dias:
4, 5, 6, 7 e 8 de janeiro

Qualidades da estrela:
várias interpretações: Vênus/Mercúrio e Júpiter/Saturno

Descrição:
uma estrela brilhante, azul safira e branca, localizada na parte inferior da constelação de Lyra.

Numerologia

Muita intuição, natureza aventureira e desejo de liberdade são indicados pelo dia de aniversário número 5. Viagens e diversas oportunidades de mudança, algumas inesperadas, podem levá-lo a uma verdadeira transformação dos seus pontos de vista e crenças. Muitas vezes as pessoas nascidas no dia 5 têm uma vida social ativa e precisam aprender a ser pacientes e a prestar atenção aos detalhes. Você pode ser bem-sucedido se evitar agir de forma prematura e procurar ser paciente. O talento natural do indivíduo número 5 é saber acompanhar o fluxo e manter-se neutro e distante. A subinfluência do mês número 1 indica que você é orgulhoso, ambicioso e independente. Como é uma pessoa sensível e intuitiva, você é compassivo e tem uma natureza solidária e generosa. O seu espírito determinado indica que você precisa tomar as suas decisões. Embora ocasionalmente se sinta cheio de entusiasmo, a necessidade de aprender a manter a perseverança pode fazer com que se sinta frustrado. Isso sugere que, às vezes, você pode agir precipitadamente e ter tendência à impaciência.

- **Positivo**: versátil, adaptável, progressista, magnético, ousado, amante da liberdade, rápido e curioso, místico, sociável
- **Negativo**: pouco confiável, procrastinador, inconsistente, excessivamente confiante, resistente a mudanças

Amor & Relacionamentos

As pessoas se sentem atraídas pelo seu magnetismo pessoal e, por isso, você tem facilidade para fazer amigos. Quando manifesta o seu amor, fá-lo de modo intenso e poderoso. Como deseja liberdade e às vezes se envolve em relacionamentos pouco convencionais, você valoriza a amizade e quer se relacionar de uma maneira mais ampla e humanitária. Os homens nascidos neste dia podem ser atraídos por mulheres fortes e vigorosas. O companheirismo é importante para você, mas deve evitar ficar muito dependente. Além de ter muita necessidade de ter um relacionamento amoroso, você também se sente atraído por pessoas inteligentes. Quando encontra o seu parceiro ideal, você pode ser leal e confiável.

INFLUÊNCIA DA ESTRELA PRIMÁRIA

Wega confere capacidade de liderança e uma personalidade sociável e expansiva. Normalmente, você possui uma perspectiva idealista e otimista e tem habilidades criativas e talento para escrever. Contudo, esta estrela também indica que circunstâncias instáveis podem provocar fases oscilantes de sucesso e sugere que somente com determinação você pode ter estabilidade.

Ligada ao grau do seu Sol, Wega confere sucesso e oportunidades para alcançar posições elevadas. Esta estrela pode levá-lo a ter contato com pessoas influentes, o que pode trazer honras e popularidade. A influência de Wega também sugere que a instabilidade pode fazer com que o sucesso seja de pouca duração. É provável que você goste de trabalhos em instituições governamentais ou que envolvam o trato com o público. Esta estrela também adverte contra o excesso de crítica ou rispidez.

- **Positivo**: refinamento, esperança, seriedade, responsabilidade
- **Negativo**: mau uso do poder, excessivamente reservado, crítico, ríspido, inimigos ocultos

ALGUÉM ESPECIAL

Para ter relacionamentos calorosos e suaves, você pode começar procurando entre as pessoas nascidas nas seguintes datas:

Amor & amizade: jan: 5, 17, 19; fev: 3, 15, 17; mar: 13, 15; abr: 11, 13; mai: 9, 11; jun: 7, 9, 30; jul: 5, 7, 28, 30; ago: 3, 5, 26, 28; set: 1, 3, 24, 26; out: 1, 22, 24; nov: 20, 22; dez: 18, 20, 30

Relacionamentos benéficos: jan: 20, 29; fev: 18, 27; mar: 16, 25; abr: 14, 23; mai: 12, 21; jun: 10, 19; jul: 8, 17; ago: 6, 15; set: 4, 13; out: 2, 11, 29; nov: 9, 27; dez: 7, 25

Atrações fatais: mar: 29; abr: 27; mai: 25; jun: 23; jul: 5, 6, 7, 8, 21; ago: 19; set: 17; out: 15; nov: 13; dez: 11

Relacionamentos desafiantes: jan: 14, 27; fev: 12, 25; mar: 10, 23; abr: 8, 21; mai: 6, 19; jun: 4, 17; jul: 2, 15; ago: 13; set: 11; out: 9; nov: 7; dez: 5

Alma gêmea: jun: 30; jul: 28; ago: 26; set: 24; out: 22, 29; nov: 20, 27; dez: 18, 25

6 de Janeiro

Duro e determinado, ainda que magnético e charmoso, você é uma interessante combinação de opostos. O seu dia de aniversário sugere que você é um visionário prático que está disposto a trabalhar duro para alcançar os seus ideais; você tem a vantagem de possuir uma tremenda energia que permite a sua realização na vida. O seu desejo de ter poder, dinheiro e prestígio pode motivá-lo a buscar o sucesso. Além da sua espirituosidade penetrante e inteligência, você também tem uma inclinação humanitária que permite que você apreenda rapidamente as motivações das outras pessoas e que o inspira a buscar ideais elevados.

Devido à subinfluência do regente do seu decanato, Touro, você aprecia a arte e a beleza, além de ter talento para acumular riqueza. Altamente criativo, você prefere usar os seus talentos de maneira prática e, freqüentemente, está disposto a se sacrificar para atingir os seus objetivos. No entanto, seria bom evitar levar a vida a sério demais, pois isso pode deixá-lo emocionalmente frustrado ou desapontado. Todavia, ocasionalmente, você pode ser extremamente compassivo, desapegado e cheio de amor universal.

SOL: CAPRICÓRNIO
DECANATO: TOURO/VÊNUS
GRAU: 14°-16° CAPRICÓRNIO
MODO: CARDEAL
ELEMENTO: TERRA

Como uma pessoa forte, você é ambicioso e tenaz, além de ter um grande senso de dever. Com uma maneira filosófica de pensar, você aceita positivamente a experiência acumulada por meio das dificuldades colocadas pela vida.

Depois dos 15 anos de idade, quando o seu Sol progredido entra no signo de Aquário, você se torna menos influenciado pela tradição, mais independente e passa a confiar na sua própria perspectiva. Você pode também desenvolver um interesse por assuntos relacionados a grupos ou questões humanitárias. A sua vida passa por uma outra transformação aos 45 anos de idade, quando o seu Sol progredido entra no signo de Peixes. A partir dessa época, você passa a dar ênfase ao desenvolvimento da sua sensibilidade e à sua vida interior. Isso pode ser percebido por meio das suas visões, sonhos e ideais emocionais. Na segunda metade da sua vida, a sua realização emocional passa a depender da sua capacidade de expressar o seu amor pelas pessoas e da percepção de que o dinheiro ou o poder não são a resposta para tudo.

O Seu Eu Secreto

A busca pelo conhecimento é a chave para o seu sucesso e sua realização e, portanto, é por intermédio da educação que você pode desenvolver o seu enorme potencial. O seu orgulho interior impede que você demonstre as suas dúvidas ou indecisões e muitas vezes o leva a ocupar posições de liderança, em vez de se subordinar aos outros. Como deseja ter uma vida original, você tem algo de diferente a dizer e a mostrar. Você tem um temperamento caprichoso e pode, ocasionalmente, sentir-se inquieto, mas é por meio da sua perseverança e capacidade estratégica que você pode alcançar resultados duradouros. Tome cuidado para não se envolver em jogos de poder, pois eles podem drenar a sua energia positiva.

Com grande necessidade de reconhecimento, você considera difícil passar desapercebido. Você tem muito senso de responsabilidade e deve manter o equilíbrio entre os seus deveres e os seus ideais. Altamente intuitivo, você normalmente se sente melhor quando tem oportunidade de "sentir" uma situação antes de se comprometer.

Trabalho & Vocação

> **ESTRELA FIXA**
>
> *Nome da estrela:*
> Wega, também chamada de Vulture
>
> *Posição:*
> 14°20'-15°19' de Capricórnio, entre os anos de 1930 e 2000
>
> *Magnitude:*
> 1
>
> *Força:*
> ★★★★★★★★★★
>
> *Órb:*
> 2° 30'
>
> *Constelação:*
> Alpha Lyra
>
> *Dias:*
> 4, 5, 6, 7 e 8 de janeiro
>
> *Qualidades da estrela:*
> várias interpretações: Vênus/Mercúrio e Júpiter/Saturno
>
> *Descrição:*
> uma estrela brilhante, azul safira e branca, localizada na parte inferior da constelação de Lyra.

Enérgico e determinado, você tem uma aparência ousada que esconde as dúvidas e inseguranças presentes em todas as situações que envolvem o trato com o público. O ideal é que você se dedique a atividades ligadas à medicina, pois você pode ser um excelente médico ou terapeuta alternativo. Com sua aptidão natural para os negócios e seu talento natural para ajudar as pessoas, você pode também se realizar como psicólogo, consultor, negociador ou vendedor. Inspirado e inteligente, você pode sentir-se atraído pela religião ou pela espiritualidade. Como é um visionário, você pode entrar para a indústria do cinema ou trabalhar para companhias que envolvam a venda de imagens. Embora a sua realização pessoal esteja ligada ao trabalho e a atividades produtivas, você precisa evitar o perigo de se tornar um *workaholic.*

Numerologia

Compaixão, idealismo e natureza cuidadosa são alguns dos atributos sugeridos pelo dia de aniversário número 6. Este é o número do perfeccionista ou do amigo universal e que indica que você é, muitas vezes, um humanitarista que pode ser responsável e amoroso. Com o dia de aniversário número 6, você costuma ser um pai dedicado. Os que são mais sensíveis precisam encontrar uma forma de expressão artística e são atraídos pelo mundo do entretenimento ou da arte e do *design.* Os desafios a serem enfrentados por algumas pessoas nascidas no dia 6 podem incluir o desenvolvimento de uma maior humildade e compaixão pelos amigos e vizinhos, bem como aprender a ser mais responsável. A subinfluência do mês número 1 indica que você é orgulhoso e ambicioso e que tem uma personalidade forte. Mesmo que tenha um excelente senso para os negócios e habilidades executivas, evite tornar-se materialista. Na maioria das vezes, você é uma pessoa autônoma, orgulhosa e prática, além de ser altamente intuitivo e ter fortes princípios e instintos aguçados. Se mantiver uma perspectiva liberal, você pode superar a tendência a ser crítico ou autoritário.

🅞 **Positivo**: mundano, fraternidade universal, amigável, compassivo, confiável, compreensivo, idealista, estável, temperamento artístico, equilibrado

🅞 **Negativo**: tímido, pouco racional, teimoso, franco, dominador, falta de responsabilidade, egoísmo, cinismo, auto-centramento

Amor & Relacionamentos

Dinâmico, prático e protetor, você tende a se esforçar para ajudar as pessoas que ama mas, às vezes, deve tomar cuidado para não interferir na vida delas ou tornar-se autoritário. Os seus relacionamentos amorosos e de amizade podem estar ligados à sua carreira e ambições, e pode ser que você se sinta atraído por pessoas poderosas que tenham posições ou conexões sociais importantes. Leal e responsável, tome cuidado, porém, para que uma possível indecisão ou instabilidade não interfira na sua felicidade.

INFLUÊNCIA DA ESTRELA PRIMÁRIA

Wega confere capacidade de liderança e uma personalidade sociável e expansiva. Normalmente, você possui uma perspectiva idealista e otimista e tem habilidades criativas e talento para escrever. Contudo, esta estrela também indica que circunstâncias instáveis podem provocar fases oscilantes de sucesso e sugere que somente com determinação você pode ter estabilidade.
Ligada ao grau do seu Sol, Wega confere sucesso e oportunidades para alcançar posições elevadas. Esta estrela pode levá-lo a ter contato com pessoas influentes, o que pode trazer honras e popularidade. A influência de Wega também sugere que a instabilidade pode fazer com que o sucesso seja de pouca duração. É provável que você goste de trabalhos em instituições governamentais ou que envolvam o trato com o público. Esta estrela também adverte contra o excesso de crítica ou rispidez.

- **Positivo**: refinamento, esperança, seriedade, responsabilidade
- **Negativo**: mau uso do poder, excessivamente reservado, crítico, ríspido, inimigos ocultos

ALGUÉM ESPECIAL

A sua chance de ter relacionamentos bem-sucedidos é maior com as pessoas nascidas nas seguintes datas:

- **Amor & amizade**: jan: 9, 16, 18, 26, 31; fev: 7, 14, 16, 24, 29; mar: 5, 12, 14, 22, 27; abr: 3, 10, 12, 20, 25; mai: 1, 8, 10, 18, 23; jun: 6, 8, 16, 21; jul: 4, 6, 14, 19, 31; ago: 2, 4, 12, 17, 29; set: 2, 10, 15, 27; out: 8, 13, 25; nov: 6, 11, 23; dez: 4, 9, 21, 30

- **Relacionamentos benéficos**: jan: 1, 21; fev: 19; mar: 17; abr: 15; mai: 13; jun: 11; jul: 9; ago: 7; set: 5; out: 3, 30; nov: 1, 28; dez: 26

- **Atrações fatais**: jul: 6, 7, 8, 9, 10

- **Relacionamentos desafiantes**: mar: 29; abr: 27; mai: 25; jun: 23; jul: 21; ago: 19; set: 17; out: 15; nov: 13; dez: 11

- **Alma gêmea**: jan: 27; fev: 25; mar: 23, 30; abr: 21, 28; mai: 19, 26; jun: 17, 24; jul: 15, 22; ago: 13, 20; set: 11, 18; out: 9, 16; nov: 7, 14; dez: 5, 12

7 de Janeiro

Você é uma pessoa inteligente, intuitiva e trabalhadora, e a influência do dia do seu aniversário indica que o seu intelecto sensível pode ser um elemento vital para o seu sucesso. Embora seja prático e realista, você também tem a habilidade de inspirar outras pessoas com os seus ideais e espontaneidade. Mentalmente sagaz para compreender as outras pessoas, a sua natureza tem um lado altruísta e humanitário e você pode se destacar em atividades que exijam habilidade para lidar com as pessoas.

Com a influência adicional do regente do seu decanato, Touro, e o seu forte senso de dedicação, o sucesso nas áreas artísticas, de música e literatura e outras atividades criativas são especialmente enfatizados. Entretanto, você precisa evitar a inclinação à teimosia ou a ser do contra.

♑

SOL: CAPRICÓRNIO
DECANATO: TOURO/VÊNUS
GRAU: 15°-17° CAPRICÓRNIO
MODO: CARDEAL
ELEMENTO: TERRA

♑

Apesar de sociável, a tendência a períodos de isolamento indica que, ocasionalmente, você pode se sentir sozinho. Você precisa manter o equilíbrio entre os lados dissonantes da sua natureza, especialmente os ligados à ambição material, a ideais ou à conscientização espiritual. Todavia, pode ser que você tenha realizações súbitas ou mudanças inesperadas de sorte, especialmente por meio de atividades cooperativas ou de viagens.

Dos 14 aos 43 anos de idade, quando o seu Sol transita pelo signo de Aquário, você se volta para questões ligadas a atividades em grupo, torna-se menos tradicional ou sério e passa a querer ter mais liberdade. Nessa época, você sente interesse por assuntos pouco convencionais ou tem um forte desejo de expressar a sua individualidade. Depois dos 44 anos de idade, quando o seu Sol progredido entra no signo de Peixes, a sua sensibilidade emocional se expande e você desenvolve uma vida interior mais significativa. Isso pode se manifestar por meio de visões, de sonhos e de ideais. Aos 74 anos de idade, a sua vida passa por uma outra mudança quando o seu Sol progredido entra no signo de Áries, dando ênfase à necessidade de tomar iniciativas, ser corajoso e direto nos seus relacionamentos com as outras pessoas.

O Seu Eu Secreto

Um dos seus maiores desafios é reconhecer o seu poder interior e aprender a recusar ofertas profissionais abaixo da sua capacidade. Ocasionalmente, você pode vir a trabalhar para pessoas que não têm o seu nível de conscientização e, assim, é importante ter fé no seu extraordinário potencial e talento. Receptivo a novas idéias e com interesse pela questão da liberdade social, você pode ser uma pessoa inventiva e progressista que nutre uma necessidade de expressar as suas opiniões originais. A sua maneira independente de pensar pode também fazer com que você seja demasiadamente assertivo, mas, se direcionar a sua propensão à briga para o desenvolvimento da habilidade de debater e comunicar as suas idéias, você pode realmente ser bem-sucedido. Mesmo que não esteja na linha de frente, você tem, naturalmente, algum tipo de liderança.

Sensível, você tem tendência ao mau humor, o que o leva a se isolar ou a aparentar frieza. Contudo, esta conscientização pode também aumentar a sua intuição e lhe dar um sexto sentido quanto às pessoas e situações. Quando confia totalmente nos seus pensamentos inspirados e em sua compreensão perceptiva, você se conecta com a sua fonte de espontaneidade e sabedoria. Isso o ajuda a irradiar calor humano e um poderoso amor que pode magnetizar ou encantar as outras pessoas.

Trabalho & Vocação

Ainda que tenha um senso aguçado para os negócios, você pode ter um interesse maior por algo que combine a sua habilidade executiva e de liderança com a sua excepcional imaginação e seu talento criativo. Isso pode se manifestar por meio da literatura, do teatro ou das artes em geral. A sua habilidade organizacional, idealismo e inclinação humanitária podem levá-lo a trabalhar em organizações públicas. Voltado para a sua carreira, você enfatiza as suas habilidades mentais e criativas. Você pode seguir a carreira de professor, consultor ou assistente social. Se estiver envolvido no mundo dos negócios, você pode ser vendedor ou negociador ou lidar com as finanças de outras pessoas. Na maioria das vezes disposto a trabalhar nos bastidores, você pode ser produtor ou *promoter*. É aconselhável que você não se contente com nada que esteja aquém do seu potencial. Humanitário, você pode dedicar a sua vida a atividades voltadas para a melhoria do bem-estar social.

ESTRELA FIXA

Nome da estrela:
Wega, também chamada de Vulture

Posição:
14°20'-15°19' de Capricórnio, entre os anos de 1930 e 2000

Magnitude:
1

Força:
★★★★★★★★★★

Órb:
2° 30'

Constelação:
Alpha Lyra

Dias:
4, 5, 6, 7 e 8 de janeiro

Qualidades da estrela:
várias interpretações: Vênus/Mercúrio e Júpiter/Saturno

Descrição:
uma estrela brilhante, azul safira e branca, localizada na parte inferior da constelação de Lyra.

Numerologia

Analítico e ponderado, o indivíduo número 7 é muitas vezes perfeccionista, crítico e voltado para os próprios interesses. Como prefere tomar as suas decisões, você, muitas vezes, aprende melhor por meio das próprias experiências. O desejo de aprender e saber mais pode levá-lo ao mundo acadêmico ou a aperfeiçoar as suas habilidades. Ocasionalmente, você pode se tornar excessivamente sensível à crítica alheia e sentir-se mal-entendido. A tendência a ser curioso e enigmático o leva a desenvolver a arte de fazer perguntas sutis sem permitir que os outros saibam o que realmente se passa na sua cabeça. A subinfluência do mês número 1 indica que você é perceptivo e astuto, dotado da capacidade de discernimento. O grande desejo de ser o número 1 e autônomo também é sugerido pelo dia do seu aniversário. A tendência ao ceticismo sugere que, embora seja intuitivo, você pode vir a duvidar das próprias decisões. Prático, você deseja comercializar as suas idéias e muitas vezes se torna um especialista em uma área específica. Meticuloso e trabalhador, você normalmente opta por uma carreira acadêmica e pode se destacar na área de Pesquisa, de Literatura ou de Administração.

Positivo: educado, confiável, meticuloso, idealista, honesto, poderes psíquicos, habilidade científica, racional, reflexivo

Negativo: dissimulado, cético, confuso, ranzinza, malicioso, desapegado

Amor & Relacionamentos

Em termos românticos, o seu charme faz com que você tenha muitos amigos e admiradores. Com atração por pessoas inteligentes, você pode ter um relacionamento melhor com um parceiro que seja tão liberal quanto você. Contudo, o melhor é evitar ser muito autoritário com as pessoas mais próximas. Com capacidade de resistência, você pode também ser muito leal depois que assume um compromisso. A sua mentalidade aguçada e os interesses fora do comum sugerem que as suas amizades e seus parceiros podem estar ligados ao seu trabalho ou a atividades sociais mentalmente estimulantes.

INFLUÊNCIA DA ESTRELA PRIMÁRIA

Wega confere capacidade de liderança e uma personalidade sociável e expansiva. Normalmente, você possui uma perspectiva idealista e otimista e tem habilidades criativas e talento para escrever. Contudo, esta estrela também indica que circunstâncias instáveis podem provocar fases oscilantes de sucesso e sugere que somente com determinação você pode ter estabilidade.

Ligada ao grau do seu Sol, Wega confere sucesso e oportunidades para alcançar posições elevadas. Esta estrela pode levá-lo a ter contato com pessoas influentes, o que pode trazer honras e popularidade. A influência de Wega também sugere que a instabilidade pode fazer com que o sucesso seja de pouca duração. É provável que você goste de trabalhos em instituições governamentais ou que envolvam o trato com o público. Esta estrela também adverte contra o excesso de crítica ou rispidez.

Positivo: refinamento, esperança, seriedade, responsabilidade

Negativo: mau uso do poder, excessivamente reservado, crítico, ríspido, inimigos ocultos

ALGUÉM ESPECIAL

Você pode ter um relacionamento gratificante com pessoas nascidas nas seguintes datas:

Amor & amizade: jan: 21, 28, 31; fev: 19, 26, 29; mar: 17, 24, 27; abr: 15, 22, 25; mai: 13, 20, 23; jun: 11, 18, 21; jul: 9, 16, 19; ago: 7, 14, 17, 31; set: 5, 12, 15, 29; out: 3, 10, 13, 27, 29; nov: 1, 8, 11, 25, 27, 29; dez: 6, 9, 23, 25, 27

Relacionamentos benéficos: jan: 9, 12, 18, 24, 29; fev: 7, 10, 16, 22, 27; mar: 5, 8, 14, 20, 25; abr: 3, 6, 12, 18, 23; mai: 1, 4, 10, 16, 21, 31; jun: 2, 8, 14, 19, 29; jul: 6, 12, 17, 27; ago: 4, 10, 15, 25; set: 2, 8, 13, 23; out: 6, 11, 21; nov: 4, 9, 19; dez: 2, 7, 17

Atrações fatais: jan: 3; fev: 1; jul: 7, 8, 9, 10, 11

Relacionamentos desafiantes: jan: 7, 8, 19, 28; fev: 5, 6, 17, 26; mar: 3, 4, 15, 24; abr: 1, 2, 13, 22; mai: 11, 20; jun: 9, 18; jul: 7, 16; ago: 5, 14; set: 3, 12; out: 1, 10; nov: 8; dez: 6

Alma gêmea: jan: 3, 19; fev: 1, 17; mar: 15; abr: 13; mai: 11; jun: 9; jul: 7; ago: 5; set: 3; out: 1

8 de Janeiro

O seu dia de aniversário em Capricórnio indica uma personalidade forte, dedicada e ambiciosa, ainda que sutil, despretenciosa e refinada. Apesar de determinado, competitivo e trabalhador, você também possui imaginação, sensibilidade e um charme carismático. Com toda a sua praticidade e seu senso mundano, é importante que você não perca de vista a intuição e a visão indicadas pelo dia que você nasceu.

Devido à subinfluência do regente do seu decanato, Touro, o seu talento para música, arte e capacidade para lidar com dinheiro pode, muitas vezes, trazer-lhe sucesso e realização. Quando interage com outras pessoas, você pode usar a sua excelente habilidade e seu talento social. Você aprecia a beleza, o *glamour* e a boa vida, e prefere cercar-se de um ambiente harmônico e até mesmo luxuoso. Apesar de sua habilidade para encantar as outras pessoas, elas podem não ver que atrás da sua aparência ousada você, ocasionalmente, sente-se interiormente confuso ou em dúvida.

SOL: CAPRICÓRNIO
DECANATO: TOURO/VÊNUS
GRAU: 16°-18° CAPRICÓRNIO
MODO: CARDEAL
ELEMENTO: TERRA

Mesmo que tenha uma certa inércia no que diz respeito aos seus grandes sonhos e ideais, a idéia do sucesso material sempre o leva a agir. Com força de vontade e inteligência, você tem capacidade de assimilar as informações rapidamente, quando isto o interessa. O seu entusiasmo por projetos que acalenta pode ser impressionante. Isso pode ajudá-lo a superar o nervosismo sensível ou a insatisfação que o podem induzir a fazer uso de drogas ou bebida. No entanto, o seu estilo, combinado com o seu senso dramático, garante que você pode vir a ter um papel de destaque.

Na sua juventude, uma poderosa mulher teve um grande impacto na sua vida. Dos 13 aos 42 anos de idade, quando o seu Sol transita pelo signo de Aquário, você tende a ser uma pessoa menos tradicional ou cautelosa, com uma maior necessidade de liberdade e atividades em grupo. Você pode desenvolver interesses pouco convencionais ou um forte desejo de expressar a sua individualidade. Depois dos 43 anos de idade, quando o seu Sol progredido entra no signo de Peixes, a sua sensibilidade emocional e sua intuição se expandem. Você pode dar mais importância aos seus sonhos, ideais ou à conscientização espiritual e psíquica. Aos 73 anos de idade, a sua vida passa por uma outra mudança quando o seu Sol progredido entra no signo de Áries, dando ênfase à necessidade de agir de forma direta no que diz respeito a questões que o afetam, em vez de se manter passivo.

O Seu Eu Secreto

Por meio da sua inspirada conscientização e do desenvolvimento da autodisciplina, você se torna capaz de desenvolver o seu enorme potencial. Muito do que precisa aprender na vida tem a ver com o seu trabalho. Felizmente, você é capaz de ver as vantagens de trabalhar em cooperação com outras pessoas. Porém, é importante que você não se torne dependente de algo ou alguém, pois pode ser tomado pelo medo ou pela seriedade.

É necessário aprender a se desapegar em um nível profundo e pode ser que você só compreenda isso em uma idade avançada. Quando reconhece essa necessidade, você adquire liberdade interior e passa a ter ideais mais profundos e humanitários. Altamente intuitivo, você tem necessidade de transcender o lado mundano da vida que pode estimulá-lo a produzir um trabalho original ou fazê-lo entrar em contato com outros países.

Trabalho & Vocação

ESTRELA FIXA

Nome da estrela:
Wega, também chamada de Vulture

Posição:
14°20'-15°19' de Capricórnio, entre os anos de 1930 e 2000

Magnitude:
1

Força:
★★★★★★★★★★

Órb:
2° 30'

Constelação:
Alpha Lyra

Dias:
4, 5, 6, 7 e 8 de janeiro

Qualidades da estrela:
várias interpretações: Vênus/Mercúrio e Júpiter/Saturno

Descrição:
uma estrela brilhante, azul safira e branca, localizada na parte inferior da constelação de Lyra.

Ambicioso, prático e com habilidades sociais, você precisa se manter em contato ou trabalhar com outras pessoas. A sua capacidade para trabalhar duro e prestar atenção aos detalhes indica que você pode se destacar como cientista, religioso ou educador. Se estiver envolvido na área dos negócios, você pode ser bem-sucedido no serviço público. Carismático e individualista, com uma voz charmosa e necessidade de se expressar, você pode sentir-se atraído pelo mundo dos negócios e do entretenimento. Você pode também ensinar e inspirar as pessoas em áreas como política, espiritualidade e filosofia. Mas a sua sensibilidade e seu senso de harmonia podem fazer com que se sinta atraído pelo mundo das artes e da música.

Numerologia

O poder sugerido pelo dia de aniversário número 8 mostra um caráter com fortes valores e julgamento sólido. O número 8 muitas vezes indica que você aspira a grandes realizações e possui uma natureza ambiciosa. O desejo de dominação, segurança e sucesso material também é indicado por este dia de aniversário. Como uma pessoa número 8, você possui um senso natural para os negócios e se beneficiará muito se desenvolver as suas habilidades executivas e de organização. Pode ser que você precise aprender a administrar ou a delegar a sua autoridade de modo justo e imparcial. A grande necessidade de se sentir seguro ou de se estabilizar o impele a fazer investimentos e planos de longo prazo. A subinfluência do mês número 1 indica que você é empreendedor, eficiente e que tem poder de discernimento. A vitalidade criativa aqui indicada o encoraja a se expressar e a fazer os próprios julgamentos. Imaginativo, original, você tem idéias práticas e gosta de ser metódico e usar o seu conhecimento de modo produtivo. Embora seja determinado e tenha muito ímpeto, pode ser que você precise desenvolver a tolerância e ser menos dominador.

Positivo: liderança, meticulosidade, trabalhador, autoritário, poder de cura, bons princípios

Negativo: impaciente, desperdiçador, intolerante, dominador, facilmente desencorajado, falta de planejamento

Amor & Relacionamentos

O seu carisma pessoal garante que você pode brilhar socialmente, ainda que muitas das coisas que tenha que aprender na vida digam respeito aos seus relacionamentos pessoais. Você se sente atraído por pessoas bem-sucedidas e mentalmente estimulantes e quando se entusiasma com um relacionamento dá tudo de si. A sua casa tem um lugar especialmente importante na sua vida, pois ela é como um refúgio do mundo.

INFLUÊNCIA DA ESTRELA PRIMÁRIA

Wega confere capacidade de liderança e uma personalidade sociável e expansiva. Normalmente, você possui uma perspectiva idealista e otimista e tem habilidades criativas e talento para escrever. Contudo, esta estrela também indica que circunstâncias instáveis podem provocar fases oscilantes de sucesso e sugere que somente com determinação você pode ter estabilidade.

Ligada ao grau do seu Sol, Wega confere sucesso e oportunidades para alcançar posições elevadas. Esta estrela pode levá-lo a ter contato com pessoas influentes, o que pode trazer honras e popularidade. A influência de Wega também sugere que a instabilidade pode fazer com que o sucesso seja de pouca duração. É provável que você goste de trabalhos em instituições governamentais ou que envolvam o trato com o público. Esta estrela também adverte contra o excesso de crítica ou rispidez.

- **Positivo**: refinamento, esperança, seriedade, responsabilidade
- **Negativo**: mau uso do poder, excessivamente reservado, crítico, ríspido, inimigos ocultos

ALGUÉM ESPECIAL

Você pode encontrar um parceiro leal e confiável entre as pessoas nascidas nas seguintes datas:

Amor & amizade: jan: 6, 20, 22, 24, 30; fev: 4, 18, 20, 22, 28; mar: 2, 16, 18, 20, 26, 29; abr: 14, 16, 18, 20, 26, 29; mai: 12, 14, 16, 22, 25; jun: 10, 12, 14, 20, 23; jul: 8, 10, 12, 18, 21; ago: 6, 8, 10, 16, 19; set: 4, 6, 8, 14, 17; out: 2, 4, 6, 12, 15; nov: 2, 4, 10, 13; dez: 2, 8, 11

Relacionamentos benéficos: jan: 1, 3, 4, 14; fev: 1, 2, 12; mar: 10, 28; abr: 8, 26, 30; mai: 6, 24, 28; jun: 4, 22, 26; jul: 2, 20, 24; ago: 18, 22; set: 16, 20; out: 14, 18; nov: 12, 16; dez: 10, 14

Atrações fatais: jan: 11; fev: 9; mar: 7; abr: 5; mai: 3; jun: 1; jul: 8, 9, 10, 11, 12

Relacionamentos desafiantes: jan: 3, 5; fev: 1, 3; mar: 1; jul: 31; ago: 29; set: 27, 30; out: 25, 28; nov: 23, 26, 30; dez: 21, 24, 28

Alma gêmea: jan: 5, 12; fev: 3, 10; mar: 1, 8; abr: 6; mai: 4; jun: 2

9 de Janeiro

A influência do dia do seu aniversário sugere que você é um capricorniano prático e trabalhador, com capacidade de resistência. Preocupado com a sua segurança, você quer alcançar resultados duradouros e, depois que se compromete com uma pessoa ou um projeto, você é leal, cumpridor dos seus deveres e responsável. O seu pensamento tem um aspecto universal, que pode se manifestar como um interesse humanitário pelas outras pessoas. Contudo, é melhor evitar a tendência ao negativismo que pode provocar sentimentos de frustração e impaciência e dificultar a realização dos seus ideais e desejos.

Devido à influência adicional do regente do seu decanato, Touro, você possui talentos criativos naturais, que podem ser desenvolvidos por meio de atividades artísticas que expressem a sua imaginação e emoções sensíveis. Você pode também usar os seus talentos e charme na sua relação com as pessoas. O seu anseio por amor e afeição pode fazer com que tenha necessidade de ser aceito e enfatiza a importância dos relacionamentos na sua vida.

♑

SOL: CAPRICÓRNIO
DECANATO: TOURO/VÊNUS
GRAU: 17°-19° CAPRICÓRNIO
MODO: CARDEAL
ELEMENTO: TERRA

♑

O amor pela beleza e pela boa vida sugere que você prefere se cercar de harmonia e luxo, mas a aversão que tem à discórdia pode fazer com que se omita de algumas situações e evite o necessário confronto. Embora ocasionalmente você precise enfrentar obstáculos e desapontamentos, evite ser levado pelo pessimismo ou pelo materialismo. O desapego, e não a inflexibilidade, é a chave para a resolução de muitos dos seus problemas. Felizmente, você tem a perseverança e a inteligência necessárias para ser bem-sucedido por meio da determinação.

Dos 12 aos 41 anos de idade, quando o seu Sol transita pelo signo de Aquário, você passa, gradualmente, a ser mais independente, embora valorize a amizade. Você pode ter um interesse por assuntos um tanto fora do comum ou por questões de natureza humanitária, ou pode, ainda, sentir um grande desejo de expressar a sua individualidade. Depois dos 42 anos de idade, quando o seu Sol progredido entra no signo de Peixes, a sua sensibilidade emocional se amplia e você desenvolve uma vida interior mais significativa. Na meia-idade, depois de numerosas mudanças, você pode vir a ter ganhos financeiros por meio de parcerias e de associações. Aos 72 anos de idade, a sua vida passa por uma outra mudança, quando o seu Sol progredido entra no signo de Áries, dando ênfase à necessidade de tomar iniciativas e a ser direto nos seus relacionamentos com as outras pessoas. Essa progressão também indica novos começos.

O Seu Eu Secreto

As suas poderosas emoções dinâmicas precisam de canais positivos de expressão, pois há o risco de você se envolver nos dramas pessoais de terceiros. A sua habilidade natural para ajudar os outros permite que você se sinta mais realizado e angarie mais amigos. Quando se sente assertivo, você é capaz de projetar o poder do amor e magnetizar as outras pessoas com o seu carisma.

Prático embora imaginativo, você gosta de ordem e tem um bom senso de visão. Você precisa de planos e de um forte senso de propósito, senão a sua inquietude pode levá-lo à autoindulgência como forma de escapismo. Com desejo de se aperfeiçoar e muita ênfase na sua vida profissional, você deve ser diligente e fazer um esforço concentrado para desenvolver ao máximo o seu verdadeiro potencial. No entanto, se trabalhar com empenho, você terá proteção financeira sempre que precisar.

Trabalho & Vocação

Empreendedor e imaginativo, você quer ter liberdade para fazer as coisas do seu jeito e ser independente. A necessidade de coisas variadas e mudanças sugere que você, provavelmente, sabe combinar oportunidades de viagem com a sua vida profissional. O seu desejo de se movimentar e progredir pode levá-lo a ter muitas atividades. Em qualquer carreira que siga, evite a rotina e as ocupações mundanas que não têm futuro ou empolgação. Idealista e criativo, dotado de um coração poético, você pode ser atraído pelo mundo da arte e da música. Se tiver interesse pela área dos negócios e reformas sociais, *marketing*, economia, promoções e política são algumas das profissões que o podem interessar. A capacidade para pensar com rapidez e a sua personalidade charmosa sugerem que você pode combinar viagens e negócios e trabalhar como agente de viagens ou vendedor.

ESTRELA FIXA

Nome da estrela:
Deneb, também chamada Al Danab

Posição:
18°49'-19°55' de Capricórnio, entre os anos de 1930 e 2000

Magnitude:
3

Força:
★★★★★★

Órb:
1°40'

Constelação:
Zeta Aquila

Dias:
9, 10, 11 e 12 de janeiro

Qualidades da estrela:
Marte/Júpiter

Descrição:
uma estrela verde localizada no olho da Águia.

Numerologia

Benevolência, ponderação e sensibilidade emocional estão associadas ao dia de aniversário número 9. Muitas vezes considerado inteligente e intuitivo, você tem poderes psíquicos que indicam uma receptividade universal. Devido ao dia de aniversário número 9, você normalmente sente que a sua vida já foi traçada e que não tem muito espaço para se movimentar. Além de aprender a ser impessoal, você precisa desenvolver a compreensão, a tolerância e a paciência. Você se beneficia muito de viagens internacionais e da interação com pessoas de diferentes círculos sociais, mas deve evitar se deixar levar por sonhos irreais ou pela inclinação ao escapismo. A subinfluência do mês número 1 aumenta a sua intuição e sua receptividade. Ambicioso e determinado, você pode ser resoluto e autoritário. Com o seu *insight* e seu sexto sentido, você, muitas vezes, é um visionário. Imaginativo e idealista, você precisa aprender a confiar nos próprios instintos. O grande desejo de ser o primeiro e autônomo implica que você precisa aceitar as limitações da vida e compreender que nem sempre é justo e perfeito. Ocasionalmente, pode ser que seja obrigado a abandonar os seus projetos pessoais e a aprender que o mundo não gira ao seu redor.

- **Positivo**: idealismo, humanitarismo, criatividade, sensibilidade, generosidade, magnetismo, poesia, caridade, desapego, sorte, popularidade
- **Negativo**: frustração, nervosismo, fragmentação, egoísmo, falta de praticidade, facilmente levado, preocupação

Amor & Relacionamentos

Você idealiza um parceiro perfeito e pode até optar por relacionamentos platônicos se não encontrar alguém que corresponda aos seus ideais. Para evitar desapontamentos e frustração, você pode ter mais sorte com um parceiro que tenha uma natureza humanitária. Algumas pessoas nascidas neste dia escolhem parceiros que possam ser colocados em um pedestal ou que possam ser salvos, por isto é importante saber escolher as pessoas com quem se relaciona. Porém, depois que se compromete, você é um parceiro leal e confiável.

INFLUÊNCIA DA ESTRELA PRIMÁRIA

Deneb confere capacidade de liderança e uma natureza e atitude liberais. Otimista, empreendedor e ousado, você é uma pessoa entusiástica e ambiciosa, dotada de bom senso e habilidade para agir de maneira assertiva. Ligada ao grau do seu Sol, esta estrela concede sucesso no trato com o público e inclinação para os negócios e para ocupações na área de advocacia. É provável que você tenha habilidades executivas e de liderança, muita força de vontade e habilidade para ensinar. Esta estrela confere uma personalidade independente e dinâmica ou uma verdadeira individualidade que lhe dá oportunidade para progredir por meio da coragem e do entusiasmo.

Positivo: espírito empreendedor, competitividade, ambição

Negativo: impulsividade, impaciência, desonestidade, negligência

ALGUÉM ESPECIAL

Você pode ter sorte no amor com pessoas nascidas nas seguintes datas:

Amor & amizade: jan: 1, 7, 21, 23, 31; fev: 5, 19, 21, 29; mar: 3, 17, 19, 27; abr: 1, 15, 17, 25; mai: 13, 15, 23; jun: 11, 13, 21; jul: 9, 11, 19; ago: 7, 9, 17; set: 5, 7, 15; out: 3, 5, 13; nov: 1, 3, 11; dez: 1, 9

Relacionamentos benéficos: jan: 5, 16, 18; fev: 3, 14, 16; mar: 1, 12, 14, 29; abr: 10, 12, 27; mai: 8, 10, 25, 29; jun: 6, 8, 23, 27; jul: 4, 6, 21, 25; ago: 2, 4, 19, 23; set: 2, 17, 21; out: 15, 19; nov: 13, 17; dez: 11, 15, 29

Atrações fatais: jan: 6, 30; fev: 4, 28; mar: 2, 26; abr: 24; mai: 22; jun: 20; jul: 9, 10, 11, 12, 13, 18; ago: 16; set: 14; out: 12; nov: 10; dez: 8

Relacionamentos desafiantes: jan: 4; fev: 2; mai: 29, 31; jun: 27, 29, 30; jul: 25, 27, 28; ago: 23, 25, 26, 30; set: 21, 23, 24, 28; out: 19, 21, 22, 26; nov: 17, 19, 20, 24; dez: 15, 17, 28, 22

Alma gêmea: jan: 23; fev: 21; mar: 19; abr: 17; mai: 15; jun: 13, jul: 11, 31; ago: 9, 29; set: 7, 27; out: 5, 25; nov: 3, 23; dez: 1, 21

10 de Janeiro

O seu dia de aniversário em Capricórnio indica que você é uma pessoa prática, amigável e determinada, com muita força de vontade e uma abordagem direta. Um sexto sentido, especialmente no tocante a questões de ordem material, dá-lhe um senso de valores sagaz e uma rápida compreensão das pessoas. Quando os seus instintos se combinam com a sua dedicação a um objetivo ou propósito, você pode ser resoluto no que diz respeito à conquista das suas metas. Ambicioso, com necessidade de liderar, você precisa apenas usar a autodisciplina necessária para alcançar um sucesso extraordinário.

Com a influência adicional do regente do seu decanato, Touro, você tem a habilidade de usar o seu charme para aumentar a sua sociabilidade e seu sucesso. Você quer se cercar de beleza, estilo e luxo. Embora a segurança material, o *status* e o prestígio sejam fatores importantes, você se esforça quando tem algum interesse. Contudo, como gosta de levar uma vida boa e sabe como se divertir, você deve tomar cuidado com a auto-indulgência ou o materialismo excessivo.

SOL: CAPRICÓRNIO
DECANATO: TOURO/VÊNUS
GRAU: 18°-20° CAPRICÓRNIO
MODO: CARDEAL
ELEMENTO: TERRA

O seu calor humano e seu charme magnético lhe garantem o sucesso em atividades que envolvam o trato com outras pessoas. Como quer ter relacionamentos harmônicos, você é uma pessoa sensível ao ambiente que o cerca. De um modo geral, você deseja ter segurança e quer ter uma base sólida para qualquer coisa que faça na vida. Com trabalho duro e uma atitude positiva, você tem energia para mover montanhas e pode impressionar as outras pessoas com o seu conhecimento e suas conquistas.

Dos 11 aos 40 anos de idade, quando o seu Sol transita pelo signo de Aquário, você passa a ter uma necessidade crescente de ser independente e a ter um grande interesse pela amizade ou consciência de grupo. Você tem necessidade de expressar as suas idéias únicas ou de ter experiências diferentes. Depois dos 41 anos de idade, quando o seu Sol progredido entra no signo de Peixes, a sua sensibilidade emocional fica mais refinada e você desenvolve o seu senso de visão. Isso pode encorajá-lo a buscar objetivos idealistas ou espirituais. Aos 71 anos de idade, a sua vida passa por uma outra mudança, quando o seu Sol progredido entra no signo de Áries, enfatizando o desejo de orientar a sua vida de maneira mais ativa.

O Seu Eu Secreto

Voltado para o sucesso e independente, você reconhece o poder do conhecimento e da especialização. Como tem uma mente aguçada e é uma pessoa prática, você tem uma excelente habilidade para solucionar problemas. O seu intelecto sensível e intuitivo é capaz de lhe dar um pensamento inspirado que pode levá-lo a escrever e a se dedicar à Arte, à Filosofia, à Religião ou à Metafísica. Outro aspecto da sua personalidade é a sua habilidade para influenciar as outras pessoas com o seu entusiasmo. Isso pode levá-lo a posições de liderança, embora você precise evitar ser muito teimoso ou caprichoso.

Generoso e amável, você pode ser uma pessoa muito atenciosa. Os seus problemas, raramente de origem financeira, devem-se a questões emocionais, especialmente o desapontamento com outras pessoas. Felizmente, a sua habilidade para perceber as oportunidades pode lhe proporcionar golpes de sorte e ajudá-lo a mudar a situação para melhor.

Trabalho & Vocação

Trabalhador, ambicioso e com uma abordagem pragmática, você tem um pensamento independente e, muitas vezes, atua como empresário, produtor ou *promoter*. Você tem habilidade manual e quer construir algo que seja sólido, o que o pode levar ao mundo dos negócios. Você pode seguir carreiras nas áreas da construção civil ou engenharia, além de ter capacidade para solucionar problemas. Se tiver interesse pela área artística, você quer ter retorno financeiro e pode ser bem-sucedido nas áreas de publicidade e promoção ou da indústria ou gerenciamento. Apesar de ter uma excelente habilidade para os negócios, você pode ter interesse por Filosofia, Religião ou Metafísica. Como uma pessoa curiosa e inventiva, você quer explorar o desconhecido e pode ser uma pessoa bastante independente.

ESTRELA FIXA

Nome da estrela:
Deneb, também chamada Al Danab
Posição:
18°49'-19°55' de Capricórnio, entre os anos de 1930 e 2000
Magnitude:
3
Força:
★★★★★★
Órb:
1°40'
Constelação:
Zeta Aquila
Dias:
9, 10, 11 e 12 de janeiro
Qualidades da estrela:
Marte/Júpiter
Descrição:
uma estrela verde localizada no olho da Águia.

Numerologia

Como as pessoas que têm o dia de aniversário número 1, você é empreendedor e independente. Ainda que precise superar alguns obstáculos antes de conquistar a sua realização, com determinação você sempre é bem-sucedido. O seu espírito pioneiro muitas vezes o encoraja a agir por conta própria. Como uma pessoa número 10, você talvez precise aprender que, embora com perseverança, você pode conquistar muito na vida e é importante evitar ser muito autocentrado ou dominador. A subinfluência do mês número 1 indica que você tem muita energia e aspirações elevadas. Na maioria das vezes, criativo e inovador, você tem uma presença dominadora e habilidades executivas. Inteligente, você prefere dar a receber ordens de outras pessoas. A sua necessidade de enfrentar desafios sugere que você gosta de testar a sua inteligência. Para adquirir autoconfiança, você precisa aprender a defender as suas posições. Quando é assertivo, você é trabalhador e ambicioso. Mesmo que busque ter uma perspectiva equilibrada e estabilidade, você pode, ocasionalmente, ficar emocionalmente frustrado e não ser capaz de expressar os seus sentimentos. Como uma pessoa que quer ser bem-sucedida, você precisa desenvolver a sua habilidade diplomática ou aprender a ceder.

⬆ **Positivo**: liderança, criatividade, progressismo, vigor, otimismo, fortes convicções, competitividade, independência, espírito gregário

⬇ **Negativo**: arrogância, ciúme, egotismo, antagonismo, egoísmo, hesitação, impaciência

Amor & Relacionamentos

Com a sua elegância e seu estilo, é provável que você tenha uma casa atraente onde pode receber amigos e conhecidos. Ambicioso e atraído por pessoas inteligentes ou bem-sucedidas, você não perde o seu tempo com pessoas pouco ambiciosas. Mesmo que seja uma pessoa passional, você não perde a sua perspectiva prática. Na maioria das vezes magnânimo e generoso com as pessoas que ama, você pode, às vezes, ser surpreendentemente pão-duro. Orgulhoso e provido de um charme magnético, você não tem dificuldade para atrair parceiros, mas deve tomar cuidado para que as considerações de ordem material não se tornem um fator muito importante nos seus relacionamentos.

INFLUÊNCIA DA ESTRELA PRIMÁRIA

Deneb confere capacidade de liderança e uma natureza e atitude liberais. Otimista, empreendedor e ousado, você é uma pessoa entusiástica e ambiciosa, dotada de bom senso e habilidade para agir de maneira assertiva. Ligada ao grau do seu Sol, esta estrela concede sucesso no trato com o público e inclinação para os negócios e para ocupações na área de advocacia. É provável que você tenha habilidades executivas e de liderança, muita força de vontade e habilidade para ensinar. Esta estrela confere uma personalidade independente e dinâmica ou uma verdadeira individualidade que lhe dá oportunidade para progredir por meio da coragem e do entusiasmo.

Positivo: espírito empreendedor, competitividade, ambição

Negativo: impulsividade, impaciência, desonestidade, negligência

ALGUÉM ESPECIAL

Para encontrar aquele alguém especial, você pode começar procurando entre as pessoas nascidas nas seguintes datas:

Amor & amizade: jan: 8, 12, 17, 20, 22, 24; fev: 6, 15, 18, 20, 22; mar: 4, 13, 16, 18, 20, 28; abr: 2, 11, 14, 16, 18, 26; mai: 9, 12, 14, 16; jun: 7, 10, 12, 14; jul: 5, 8, 10, 12, 30; ago: 3, 6, 8, 10, 28; set: 1, 4, 6, 8, 16, 26; out: 2, 4, 6, 24; nov: 2, 4, 22; dez: 2, 20

Relacionamentos benéficos: jan: 6, 23; fev: 4, 21; mar: 2, 19, 30; abr: 17, 28; mai: 15, 26, 30; jun: 13, 24, 28; jul: 11, 22, 26; ago: 9, 20, 24; set: 7, 18, 22; out: 5, 16, 20; nov: 3, 14, 18; dez: 1, 12, 16, 30

Atrações fatais: jan: 7; fev: 5; mar: 3, abr: 1; jul: 10, 11, 12, 13, 14

Relacionamentos desafiantes: jan: 5, 26, 29; fev: 3, 24, 27; mar: 1, 22, 25; abr: 20, 23; mai: 18, 21; jun: 16, 19, 30; jul: 14, 17, 28; ago: 12, 15, 26, 31; set: 10, 13, 24, 29; out: 8, 11, 22, 27; nov: 6, 9, 20, 25; dez: 4, 7, 18, 23

Alma gêmea: jan: 30; fev: 28; mar: 26; abr: 24; mai: 22; jun: 20, jul: 18; ago: 16; set: 14; out: 12, 31; nov: 10, 29; dez: 8, 27

11 de Janeiro

O seu dia de aniversário indica que você é uma pessoa trabalhadora, que tem um grande espírito idealista e criativo. Embora seja um capricorniano sério e ambicioso, você também pode ser extremamente charmoso e caloroso, além de ter um talento natural para lidar com as pessoas. Individualista e preocupado com a sua imagem, você gosta de se arrumar e muitas vezes tem uma maneira original de se vestir. Apesar de sua força de vontade e determinação, você pode oscilar entre a fé e a dúvida e isso pode deixá-lo preocupado e indeciso.

A subinfluência do regente do seu decanato, Virgem, faz com que você seja mentalmente astuto e alerta e tenha boa capacidade de concentração. Você é uma pessoa sagaz, que tem uma excelente habilidade para solucionar problemas e gosta de levar as coisas até o final. Como é pragmático e bom estrategista, você prefere usar os seus diversos talentos de forma prática; depois que se decide por um curso de ação, você tem o poder de atingir o seu objetivo se fizer o esforço necessário. Contudo, é melhor evitar levar a vida a sério demais, pois isso pode deixá-lo emocionalmente frustrado ou desapontado. Essas mesmas emoções poderosas podem ser usadas de maneira construtiva, por meio da compaixão e de uma atitude universal.

♑

SOL: CAPRICÓRNIO
DECANATO: VIRGEM/MERCÚRIO
GRAU: 19°-21° CAPRICÓRNIO
MODO: CARDEAL
ELEMENTO: TERRA

♑

Como tem muitos interesses e tem necessidade de se manter em ação, você gosta de viagens e de aventuras. Você aprecia a beleza, o *glamour* e a boa vida e, felizmente, possui potencial financeiro para acumular riqueza. As mulheres podem exercer um influência especialmente benéfica na sua vida.

Dos 10 aos 39 de idade, quando o seu Sol transita pelo signo de Aquário, você passa a ter uma necessidade crescente de liberdade e de independência. Você pode desenvolver um interesse elevado pela amizade e pelo grupo e ter necessidade de expressar a sua individualidade. Depois dos 40 anos de idade, quando o seu Sol progredido entra no signo de Peixes, a sua sensibilidade emocional fica mais refinada e você desenvolve o seu senso de visão. Isso pode encorajá-lo a buscar objetivos idealistas ou espirituais. Na meia-idade, é provável que o seu trabalho envolva viagens e mudanças, o que terá um efeito positivo na sua vida. Aos 70 anos de idade, a sua vida passa por uma outra mudança quando o seu Sol progredido entra no signo de Áries, acentuando a necessidade de abordar a sua vida e se relacionar com as pessoas de forma direta e ativa.

O Seu Eu Secreto

Com a atitude certa, você tem o potencial para inspirar as outras pessoas com os seus ideais e imaginação; assim evite investir as suas energias mentais em coisas de pouca importância para não se desviar das suas metas positivas. Quando se concentra nas suas energias positivas, você é capaz de obter resultados produtivos. Cuide da sua dieta e da sua saúde e aprenda a relaxar de vez em quando.

Você tem habilidade para encantar as pessoas, mas elas talvez não vejam que atrás da sua aparência ousada você sofre de confusão interior. Quando ficar mais velho, você terá uma sabedoria acumulada por intermédio do desenvolvimento espiritual, da compreensão universal e do potencial místico. Evite ser impulsivo, agir de forma extravagante ou se deixar levar por esquemas de enriquecimento rápido, investindo em planos de longo prazo.

Trabalho & Vocação

Auto-expressão, liberdade e estímulo mental são a base da sua vida profissional. Como não gosta de obedecer aos outros, é provável que você trabalhe por conta própria. Uma pessoa dinâmica e empreendedora, você é na maior parte das vezes a própria lei. Com a sua compaixão universal e seu pensamento independente, você pode seguir uma carreira nas áreas de Magistério ou de Psicologia. O seu talento por Religião, Filosofia e Metafísica indica um talento para a Astrologia. Em geral, as mulheres desempenham um papel importante na sua vida profissional. Você tem talento com as palavras, imaginação e capacidade de comunicação, o que sugere um dom para a literatura, a música ou a arte em geral. Idealista, você pode se envolver em movimentos sociais e lutar contra a injustiça por intermédio de carreiras ligadas à área religiosa, à política ou à assistência social.

ESTRELA FIXA

Nome da estrela:
Deneb, também chamada Al Danab

Posição:
18°49'-19°55' de Capricórnio, entre os anos de 1930 e 2000

Magnitude:
3

Força:
★★★★★

Órb:
1°40'

Constelação:
Zeta Aquila

Dias:
9, 10, 11 e 12 de janeiro

Qualidades da estrela:
Marte/Júpiter

Descrição:
uma estrela verde localizada no olho da Águia.

Numerologia

A vibração especial do número-mestre 11 sugere que o idealismo, a inspiração e a inovação são muito importantes para você. Uma combinação de humildade e confiança o desafia a trabalhar para ter autodomínio material e espiritual. Você em geral tem muitas energia e vitalidade, mas deve evitar o excesso de ansiedade e a falta de praticidade. A subinfluência do mês número 1 indica que você tem muita energia e aspirações elevadas. Na maioria das vezes, criativo e inovador, você tem uma presença dominadora e habilidades executivas. Inteligente, você prefere dar a receber ordens de outras pessoas. A sua necessidade de enfrentar desafios sugere que você gosta de testar a sua inteligência. Para adquirir autoconfiança, você precisa aprender a defender as próprias posições. Quando é assertivo, você é trabalhador e ambicioso. Ainda que busque ter uma perspectiva equilibrada e estabilidade, você pode, ocasionalmente, ficar emocionalmente frustrado e não ser capaz de expressar os seus sentimentos. Como uma pessoa que quer ser bem-sucedida, você precisa desenvolver a sua habilidade diplomática ou aprender a ceder.

Positivo: equilibrado, concentrado, objetivo, entusiástico, espiritualizado, idealista, intuitivo, habilidade para cura, humanitário, capacidade psíquica

Negativo: complexo de superioridade, falta de objetivo, excessivamente emotivo, magoa-se facilmente, egoísta, falta de clareza, dominador

Amor & Relacionamentos

Como é charmoso e magnético, você atrai as pessoas. De um modo geral, você tem mais interesse por pessoas que estimulem a sua mente ou o inspirem criativamente. Isso pode ser vantajoso se você também compartilhar interesses ou propósitos. Como é sensível e tem emoções fortes, talvez seja útil recolher-se periodicamente e dedicar-se aos seus pensamentos e sentimentos. Isso permite que você intuitivamente sinta o que é melhor para você nos seus relacionamentos e o ajuda a manter-se equilibrado entre ser independente e precisar dos outros. Você, em geral, trabalha melhor quando tem fé em si mesmo e mantém uma rivalidade amigável com os seus parceiros.

INFLUÊNCIA DA ESTRELA PRIMÁRIA

Deneb confere capacidade de liderança e uma natureza e atitude liberais. Otimista, empreendedor e ousado, você é uma pessoa entusiástica e ambiciosa, dotada de bom senso e habilidade para agir de maneira assertiva. Ligada ao grau do seu Sol, esta estrela concede sucesso no trato com o público e inclinação para os negócios e para ocupações na área de advocacia. É provável que você tenha habilidades executivas e de liderança, muita força de vontade e habilidade para ensinar. Esta estrela confere uma personalidade independente e dinâmica ou uma verdadeira individualidade que lhe dá oportunidade para progredir por meio da coragem e do entusiasmo.

- **Positivo**: espírito empreendedor, competitividade, ambição
- **Negativo**: impulsividade, impaciência, desonestidade, negligência

ALGUÉM ESPECIAL

É provável que você tenha sorte com alguém que tenha nascido em uma das seguintes datas:

Amor & amizade: jan: 9, 13, 23, 25, 27; fev: 7, 21, 23, 25; mar: 5, 19, 21, 23, 29; abr: 3, 17, 19, 21, 27; mai: 1, 5, 15, 17, 19, 25, 28; jun: 13, 15, 17, 23, 26; jul: 11, 13, 15, 21, 24; ago: 9, 11, 13, 19, 22; set: 7, 9, 11, 17, 20; out: 5, 7, 9, 15, 18; nov: 3, 5, 7, 13, 16; dez: 1, 3, 5, 11, 14

Relacionamentos benéficos: jan: 2, 4, 7; fev: 2, 5; mar: 3; abr: 1; mai: 31; jun: 29; jul: 27, 31; ago: 25, 29; set: 23, 27; out: 21, 25; nov: 19, 23; dez: 17, 21

Atrações fatais: jan: 8, 14; fev: 6, 12; mar: 4, 10; abr: 2, 8; mai: 6; jun: 4; jul: 2, 11, 12, 13, 14, 15

Relacionamentos desafiantes: jan: 6, 19, 29; fev: 4, 17, 27; mar: 2, 15, 25; abr: 13, 23; mai: 11, 21; jun: 9, 19; jul: 7, 17; ago: 5, 15; set: 3, 13, 30; out: 1, 11, 28; nov: 9, 26; dez: 7, 24, 29

Alma gêmea: jan: 16, 21; fev: 14, 19; mar: 12, 17; abr: 10, 15; mai: 8, 13; jun: 6, 11, jul: 4, 9; ago: 2, 7; set: 5; out: 3; nov: 1

12 de Janeiro

O seu dia de aniversário mostra que você é um capricorniano amigável, trabalhador, prático e dotado de um charme pessoal irresistível. Independente, a sua habilidade diplomática natural, entretanto, sugere que você sabe trabalhar em equipe. Com uma abordagem realista, você também pode ser altamente imaginativo, além de ter um grande senso de visão.

A subinfluência do regente do seu decanato, Virgem, indica que você é responsável e que tem objetivos claros e percepções aguçadas. Como é metódico, você se orgulha do seu trabalho; depois que se decide por um curso de ação, você tem o poder de atingir o seu objetivo, independentemente do tempo que isto requeira. Este dia de aniversário sugere que a sua vida profissional é especialmente importante para você. Contudo, você deve evitar a tendência a se absorver muito pelos seus interesses e negligenciar o ambiente que o cerca.

♑

SOL: CAPRICÓRNIO
DECANATO: VIRGEM/MERCÚRIO
GRAU: 20°-22° CAPRICÓRNIO
MODO: CARDEAL
ELEMENTO: TERRA

♑

Dotado de senso prático para os negócios e emoções sensíveis, é essencial que você desenvolva um senso de equilíbrio na sua vida. Isso o ajuda a evitar medos desconhecidos ou tensões ocultas que podem levá-lo ao escapismo ou à instabilidade. Embora tenha uma grande compreensão do mundo material, a sua inclinação por assuntos de natureza humanitária ou mística pode levá-lo a estudos espirituais ou metafísicos. A combinação da sua sensibilidade, mente inventiva e *insight* rápido pode também dar-lhe uma compreensão sagaz da natureza humana. Como prefere manter-se em atividade, você pode ajudar a sua comunidade atuando como conselheiro ou especialista.

Dos 9 aos 38 anos de idade, quando o seu Sol transita pelo signo de Aquário, você se torna menos influenciado por visões tradicionais e mais independente. Você aprende a confiar na sua perspectiva individual. Você pode desenvolver um interesse ligado a grupos ou questões humanitárias e uma grande necessidade de amizade. Depois dos 39 anos de idade, quando o seu Sol progredido entra no signo de Peixes, você passa a dar mais importância à sua vida emocional interior, o que se manifesta por meio das suas visões, sonhos e ideais emocionais. Isso pode encorajá-lo a ter objetivos idealistas ou espirituais. Aos 69 anos de idade, a sua vida passa por uma outra mudança quando o seu Sol progredido entra no signo de Áries, acentuando o desejo de ter uma abordagem ativa e em direta e relação às pessoas e situações da sua vida.

O Seu Eu Secreto

Um de seus maiores desafios é colocar em ação as suas idéias inspiradas e seus sonhos grandiosos. Assistido pela sua inteligência rápida e nobreza interior, você pode também ocupar posições de liderança. Inteligente e talentoso, você pode, porém, passar por períodos em que duvida de si mesmo e se sente inferior. Quando reconhece o poder do seu conhecimento e desenvolve a sua intuição natural, você pode tomar iniciativas com segurança e converter os seus ideais em realidade.

Parte da sua natureza permite que você se sinta feliz em casa, relaxado em uma rotina confortável, mas o seu senso natural de responsabilidade o impele a agir. O seu desejo interior de harmonia pode se manifestar no amor pela música, arte e ambiente tranqüilo. Mesmo que às vezes possa ser tomado pela ansiedade, você tem a capacidade de encantar as outras pessoas com a sua compaixão e sua força interior.

Trabalho & Vocação

ESTRELA FIXA

Nome da estrela:
Deneb, também chamada Al Danab

Posição:
18°49'-19°55' de Capricórnio, entre os anos de 1930 e 2000

Magnitude:
3

Força:
★★★★★★

Órb:
1°40'

Constelação:
Zeta Aquila

Dias:
9, 10, 11 e 12 de janeiro

Qualidades da estrela:
Marte/Júpiter

Descrição:
uma estrela verde localizada no olho da Águia.

Amigável e diplomático, você gosta de todos os tipos de atividades que envolvam parcerias e colaboração com outras pessoas. O seu talento com as palavras indica que você tem uma excelente habilidade para escrever e, se tiver ouvido musical, você pode compor e tocar; você pode também se dedicar à pintura e ao desenho. Competitivo e ambicioso, você pode se dedicar ao teatro e a atividades esportivas. Se trabalhar por conta própria, você pode se destacar nas áreas do comércio ou naquelas que envolvem negociação. Você pode também escolher uma carreira na área de relações-públicas ou de aconselhamento. Se trabalhar na área do serviço público, você pode ser diplomata ou adido comercial. O seu interesse pelas artes visuais, como fotografia e *design*, pode inspirar o seu temperamento inventivo. Sem temer novas invenções, você pode ser atraído pela área de tecnologia da informação e indústrias afins.

Numerologia

Você em geral é uma pessoa intuitiva e amigável, com uma boa capacidade de raciocínio. O dia de aniversário número 12 sugere que você deseja estabelecer a sua verdadeira individualidade. Inovador e sensível, você sabe como usar a diplomacia e métodos cooperativos para atingir os seus objetivos. As outras pessoas o vêem como um alguém confiante, embora a desconfiança e a dúvida quanto a si mesmo possam abalar a sua personalidade despreocupada e perspectiva positiva. Quando consegue equilibrar a necessidade de se expressar com a sua inclinação natural para apoiar as pessoas, você pode vir a ter satisfação emocional e realização pessoal. Contudo, você precisa ter coragem para andar com as próprias pernas e desenvolver a autoconfiança ou aprender a não ser facilmente desencorajado pelas outras pessoas. A subinfluência do mês número 1 indica que você é ambicioso e trabalhador e que tem habilidades práticas. Inteligente e corajoso, você é uma pessoa autônoma, que tem inclinação para ser inovador e é dotada de habilidade executiva. Embora queira ser o primeiro e agir por conta própria, você se beneficia muito de parcerias e atividades cooperativas. Todavia, como é uma pessoa entusiástica e original, você prefere liderar em vez de seguir.

⬆ **Positivo**: criatividade, iniciativa, disciplinador, assertividade, confiança

⬇ **Negativo**: reclusão, excentricidade, falta de cooperação, excesso de sensibilidade, falta de auto-estima

Amor & Relacionamentos

Apesar de exteriormente sociável, você pode ser uma pessoa bastante reservada. O casamento ou um relacionamento estável pode ser especialmente importante para você, devido ao seu amor à vida doméstica. Você é em geral uma pessoa leal e disposta a fazer sacrifícios para manter a harmonia nos seus relacionamentos. Mas, deve tomar cuidado para não cair em uma vida rotineira ou, devido à falta de comunicação, tornar-se distante e aparentar frieza ou indiferença. Ainda que os relacionamentos sejam muito importantes para você, lembre-se de manter o equilíbrio entre manter a independência e envolver-se de modo ativo.

INFLUÊNCIA DA ESTRELA PRIMÁRIA

Deneb confere capacidade de liderança e uma natureza e atitude liberais. Otimista, empreendedor e ousado, você é uma pessoa entusiástica e ambiciosa, dotada de bom senso e habilidade para agir de maneira assertiva. Ligada ao grau do seu Sol, esta estrela concede sucesso no trato com o público e inclinação para os negócios e para ocupações na área de advocacia. É provável que você tenha habilidades executivas e de liderança, muita força de vontade e habilidade para ensinar. Esta estrela confere uma personalidade independente e dinâmica ou uma verdadeira individualidade que lhe dá oportunidade para progredir por meio da coragem e do entusiasmo.

- **Positivo**: espírito empreendedor, competitividade, ambição
- **Negativo**: impulsividade, impaciência, desonestidade, negligência

ALGUÉM ESPECIAL

Você pode encontrar o amor e um parceiro leal entre as pessoas nascidas nas seguintes datas:

Amor & amizade: jan: 10, 14, 26, 27, 28; fev: 8, 12, 24, 26; mar: 6, 22, 24, 30; abr: 4, 10, 22, 28; mai: 2, 6, 18, 19, 20, 26, 29; jun: 16, 18, 24, 27; jul: 14, 16, 22, 25; ago: 12, 14, 20, 23; set: 10, 11, 12, 18, 21, 28; out: 8, 10, 16, 19, 26; nov: 6, 8, 14, 17, 24; dez: 4, 6, 12, 15, 22

Relacionamentos benéficos: jan: 8; fev: 6; mar: 4, 28; abr: 2, 26; mai: 24; jun: 22, 30; jul: 20, 28, 29; ago: 18, 26, 27, 30; set: 16, 24, 25, 28; out: 14, 22, 23, 26, 29; nov: 12, 20, 21, 24, 27; dez: 10, 18, 19, 22, 25

Atrações fatais: jan: 15; fev: 13; mar: 11; abr: 9; mai: 7; jun: 5; jul: 3, 12, 13, 14, 15, 16; ago: 1

Relacionamentos desafiantes: jan: 7, 9, 30; fev: 5, 7, 28; mar: 3, 5, 26; abr: 1, 3, 24; mai: 1, 22; jun: 20; jul: 18; ago: 16; set: 14; out: 12, 29; nov: 10, 27; dez: 8, 25, 30

Alma gêmea: jan: 8, 27; fev: 6, 25; mar: 4, 23; abr: 2, 21; mai: 19; jun: 17, jul: 15; ago: 13; set: 11; out: 9; nov: 7; dez: 5

13 de Janeiro

Muita força de vontade e uma mente aguçada são algumas das qualidades indicadas pelo dia do seu aniversário. Você é um capricorniano determinado, que deve manter-se ocupado, criativa ou profissionalmente, para aproveitar aos máximo os seus diversos talentos. Quando desenvolve a sua elevada sensibilidade intuitiva, você pode entender a si mesmo e a vida em um nível mais profundo e, desta forma, evitar períodos de possível frustração. O seu charme irresistível e sua capacidade de liderança podem ajudá-lo a ser bem-sucedido.

A subinfluência do regente do seu decanato, Virgem, faz com que você seja mentalmente astuto e alerta e com que tenha uma boa capacidade de concentração. Com habilidade para ir direto ao cerne das coisas, você pensa de forma prática e direta e tem muito bom senso. É provável que você tenha um gosto especial para dar início a novos projetos ou para solucionar problemas. Como prefere a precisão e a acuidade, você trabalha diligentemente e com disciplina quando se decide por algum objetivo. Você precisa de períodos de relaxamento para avaliar se anda exagerando ou se está levando a vida muito a sério.

♑

SOL: CAPRICÓRNIO
DECANATO: VIRGEM/MERCÚRIO
GRAU: 21°-23° CAPRICÓRNIO
MODO: CARDEAL
ELEMENTO: TERRA

♑

Apesar de ser uma pessoa pragmática, a sua sensibilidade, sua imaginação fértil e seu pensamento inspirado indicam que você também pode ser uma pessoa idealista. Isso pode levá-lo a se sentir mais feliz quando trabalha duro em um projeto ou causa nos quais acredita profundamente. A teimosia, a inflexibilidade e a obstinação podem ser os maiores obstáculos para o tremendo poder conferido por este dia de aniversário.

Dos 8 aos 37 anos de idade, quando o seu Sol transita pelo signo de Aquário, você passa a ter uma necessidade crescente de liberdade e independência. Você pode desenvolver um interesse maior pela amizade ou atividades em grupo e talvez queira expressar a sua individualidade. Depois dos 38 anos de idade, quando o seu Sol progredido entra no signo de Peixes, a sua sensibilidade emocional se acentua e você desenvolve o seu senso de visão. Aos 68 anos de idade, a sua vida passa por uma outra mudança, quando o seu Sol progredido entra no signo de Áries, acentuando a necessidade de abordar a sua vida de maneira mais franca e ativa. Você pode também liderar e inspirar outras pessoas.

O Seu Eu Secreto

Com uma sensibilidade intensa, você possui uma forte intuição e potencial para a sabedoria. Quando confia nas suas reações instintivas com relação às pessoas e situações, você se dá conta da sua força interior e conscientização espontânea que o podem ajudar a perceber que os seus ideais elevados não estão nas outras pessoas. O preço a pagar pelos seus elevados ideais pode ser a solidão. Artístico e refinado, você tem uma habilidade para o pensamento visionário e criativo que pode levá-lo a escrever ou a se dedicar a atividades místicas. Como é uma pessoa perfeccionista, dotada de talentos críticos e analíticos, você pode demonstrar humildade e dedicação ao seu trabalho.

O seu intelecto aguçado e sua habilidade psicológica fazem com que tenha interesse pelas motivações das pessoas e lhe dá capacidade para a auto-análise. Você normalmente prefere dar um toque pessoal às coisas que faz e tem talento para fazer com que as pessoas se sintam especiais. Com o seu humor fora do comum, você também gosta de desafios mentais por meio dos quais possa testar a sua inteligência.

Trabalho & Vocação

Trabalhador e dedicado, você é uma pessoa criativa dotada de capacidade de liderança. Se trabalhar para outros, os seus superiores irão apreciar a sua atitude responsável e abordagem liberal de novas idéias. Disciplinado, você é uma pessoa que se mantém calma em momentos de crise. Intuitivo, você também tem a habilidade de solucionar problemas e atuar como conselheiro ou especialista na sua área profissional. O seu interesse por História, Filosofia e Espiritualidade muitas vezes o leva a explorar a área da metafísica. O seu interesse por educação sugere que você pode ser professor ou escritor. Mas há também a probabilidade de você trabalhar como consultor ou administrador.

ESTRELAS FIXAS

Embora o grau do seu Sol não esteja associado a nenhuma estrela fixa, alguns de seus outros planetas certamente estão. Por meio do seu mapa astrológico, você pode encontrar a posição exata dos planetas na sua data de nascimento e poderá saber quais das estrelas fixas listadas neste livro são relevantes para você.

Numerologia

Sensibilidade emocional, entusiasmo e inspiração são muitas vezes identificados com o dia de aniversário número 13. Numericamente, você está associado à ambição e ao trabalho duro e pode realizar muito expressando-se criativamente. Você precisa desenvolver ou cultivar uma perspectiva pragmática se deseja transformar os seus talentos criativos em resultados concretos. Com dedicação, você pode prosperar e alcançar o reconhecimento. Com o dia de aniversário número 13, você é uma pessoa charmosa que gosta de se divertir e que tem uma personalidade sociável. Como muitas pessoas que fazem aniversário neste dia, você aprecia as viagens e pode até vir a se estabelecer em um novo ambiente em busca de uma vida melhor. A subinfluência do mês número 1 indica que você é inteligente, tem fortes instintos, espontaneidade e pensamentos inspirados. Você aprecia a sabedoria e o conhecimento e pode dar as costas ao mundo material para buscar iluminação no mundo espiritual. Na maior parte das vezes, uma pessoa autônoma e inovadora, você tem coragem e muita energia. O espírito pioneiro aqui indicado o encoraja a explorar novos objetivos, territórios ou filosofia de vida. Em geral, você toma as próprias decisões e faz as coisas por si só. Cheio de entusiasmo e de idéias originais, você muitas vezes mostra aos outros o caminho adiante.

Positivo: ambicioso, original, criativo, amante da liberdade, auto-expressivo, iniciativa

Negativo: impulsivo, indeciso, autoritário, pouco emotivo, rebelde

Amor & Relacionamentos

Nos seus melhores momentos, você transmite charme e sinceridade e não tem problemas para atrair amigos e admiradores. Você precisa de amor, mas, às vezes, a inibição ou a timidez podem bloquear a sua comunicação com as outras pessoas. Isso pode se agravar devido a um conflito entre o amor e as obrigações ou o trabalho. Contudo, você pode ser extremamente leal depois que se compromete com um parceiro e ter uma grande necessidade de segurança. Quanto mais universal se torna, menos seriamente você leva a sua vida pessoal e, assim, consegue evitar os desapontamentos. O ideal é que você encontre um parceiro que compartilhe os seus interesses, esperanças e aspirações.

ALGUÉM ESPECIAL

Você pode ter sorte com um parceiro nascido em uma das seguintes datas:

Amor & amizade: jan: 11, 20, 24, 25, 27, 29; fev: 9, 18, 23, 25, 27; mar: 7, 16, 21, 23, 25; abr: 5, 14, 19, 21, 23; mai: 3, 12, 16, 17, 19, 21; jun: 1, 10, 15, 17, 19; jul: 8, 13, 15, 17; ago: 6, 11, 13, 15; set: 4, 8, 9, 11, 13; out: 2, 7, 9, 11; nov: 5, 7, 9; dez: 3, 5, 7

Relacionamentos benéficos: jan: 9, 26; fev: 7, 24; mar: 5, 22; abr: 3, 20; mai: 1, 18, 29; jun: 16, 27; jul: 14, 25, 29, 30; ago: 12, 23, 27, 28, 31; set: 10, 21, 25, 26, 29; out: 8, 19, 23, 24, 27; nov: 6, 17, 21, 22, 25; dez: 4, 15, 19, 20, 23

Atrações fatais: jan: 16; fev: 14; mar: 12; abr: 10; mai: 8; jun: 6; jul: 4, 13, 14, 15, 16, 17; ago: 2

Relacionamentos desafiantes: jan: 8, 29, 31; fev: 6, 27, 29; mar: 4, 15, 27, 28; abr: 2, 23, 25, 26; mai: 21, 23, 24; jun: 19, 21, 22; jul: 17, 19, 20; ago: 15, 17, 18; set: 13, 15, 16; out: 11, 13, 14, 30; nov: 9, 11, 12, 28; dez: 7, 9, 10, 26

Alma gêmea: mai: 30; jun: 28, jul: 26; ago: 24; set: 22, 30; out: 20, 28; nov: 18, 26; dez: 16, 24

14 de Janeiro

Amigável, prático e trabalhador, você é uma pessoa intuitiva e imaginativa, dotada de bom senso. O seu dia de aniversário mostra que o seu charme magnético pode ajudá-lo na sua relação com as outras pessoas e se combina bem com o seu senso natural de liderança. Você tem o pensamento lógico e criatividade, respeita as pessoas cultas e quer ser bem-informado. Inteligente, ambicioso e independente, você tem talentos que podem lhe trazer muito sucesso na vida, especialmente quando evita ter pensamentos negativos.

Com a influência do regente do seu decanato, Virgem, você é um trabalhador metódico e cuidadoso, que presta atenção aos detalhes. Apesar de uma certa timidez ou reserva, você tem capacidade de comunicação e pode ir direto ao cerne das coisas. Você tem um toque de perfeccionismo, por isso pode fazer observações precisas mesmo devendo evitar ser excessivamente cauteloso ou sério.

♑

SOL: CAPRICÓRNIO
DECANATO: VIRGEM/MERCÚRIO
GRAU: 22°-24° CAPRICÓRNIO
MODO: CARDEAL
ELEMENTO: TERRA

♑

Receptivo a novas idéias, você é inventivo e progressista e tem necessidade de manifestar a sua originalidade. Ainda que tenha interesse por questões ligadas a reformas sociais e liberdade, a sua aversão a ser reprimido pode se transformar em teimosia e rebeldia. Como prefere se manter em atividade, você tem uma inteligência rápida que sugere a sua necessidade de variedade e novas experiências que o impeçam de se entediar, mas o melhor é não deixar que a sua inquietude interior o leve a agir de maneira impulsiva.

Dos 7 aos 36 anos de idade, quando o seu Sol transita pelo signo de Aquário, você passa a ter uma necessidade crescente de ser independente e a ter um maior interesse pela amizade e por atividades em grupo. Pode ser que você precise expressar a sua individualidade ou experimentar muitas coisas diferentes. Depois dos 37 anos de idade, quando o seu Sol progredido entra no signo de Peixes, a sua sensibilidade se acentua e você desenvolve uma maior consciência das suas necessidades emocionais. O seu senso de visão pode encorajá-lo a buscar metas idealistas ou espirituais. Aos 67 anos de idade, a sua vida passa por uma outra mudança, quando o seu Sol progredido entra no signo de Áries, enfatizando o desejo de autopromoção ativa e de tomar iniciativas.

O Seu Eu Secreto

Embora pareça ser uma pessoa confiante, você pode ter propensão à preocupação ou à indecisão e ter uma vida interior mais complexa do que aparenta. A necessidade de se expressar pode se manifestar por meio de talentos criativos como música, arte ou teatro e, se você conseguir se disciplinar para desenvolver as suas idéias, pode ser muito bem-sucedido. A sua necessidade de ser popular sugere também que você precisa da aprovação das outras pessoas e pode ser que você disfarce a sua impaciência se isso for do seu interesse. Mas, se for inspirado por algum exemplo, você pode ser um verdadeiro visionário e humanitário, uma pessoa que luta pelas causas e ideais nos quais acredita.

Interessado em tudo e todos, você muitas vezes tenta fazer coisas demais. Períodos de solidão para reflexão, contemplação ou meditação são especialmente benéficos para o desenvolvimento da sua calma interior. Você pode ser mais bem-sucedido em atividades de que gosta, pois é por meio delas que se sente mais poderoso. Você pode fazer milagres, construindo um forte senso de propósito e tendo fé em si mesmo e no que a vida lhe dá.

Trabalho & Vocação

ESTRELAS FIXAS

Embora o grau do seu Sol não esteja associado a nenhuma estrela fixa, alguns de seus outros planetas certamente estão. Por meio do seu mapa astrológico, você pode encontrar a posição exata dos planetas na sua data de nascimento e poderá saber quais das estrelas fixas listadas neste livro são relevantes para você.

Criativo e pragmático, você tem sagacidade para julgar as pessoas e os valores. Versátil e multitalentoso, você pode ser muito realizado quando investe seu tempo e esforço. Normalmente ambicioso e competitivo, você pode ser um mestre na sua especialização, seja ela o desenho ou a culinária. A sua boa habilidade administrativa sugere que você deseja ocupar posições de liderança ou gerenciais. Amigável e com uma excelente capacidade de comunicação, você pode ter interesse pelo magistério ou pelo trabalho nos meios de comunicação, relações-públicas, publicidade ou promoções. Caso se decida por uma carreira no mundo dos negócios, você pode sentir-se atraído pela área financeira e pela Bolsa de Valores. Persuasivo e exigente, você pode ser bem-sucedido em qualquer carreira que envolva o trato com as pessoas usando o seu bom senso e a sua compaixão.

Numerologia

Potencial intelectual, pragmatismo e determinação são algumas das qualidades associadas ao dia de aniversário número 14. Você, muitas vezes, possui um grande desejo de estabelecer uma base sólida e ser bem-sucedido por meio do trabalho duro. Como muitas pessoas associadas a este dia de aniversário, você pode alcançar o topo da sua profissão. Com a sua mente perceptiva, você reage rapidamente aos problemas que surgem e gosta de resolvê-los. Com o dia de aniversário número 14, você gosta de correr riscos e pode ter golpes de sorte. A subinfluência do mês número 1 indica que você é original e idealista, mas muitas vezes inquisitivo, teimoso ou inflexível. O grande desejo de ser autônomo normalmente sugere que, desenvolvendo os seus talentos criativos, você pode alcançar uma posição influente na sua profissão. A essência experimental aqui indicada o encoraja a fazer os próprios julgamentos ou a fazer as coisas por conta própria. Quando se sente inovador e cheio de idéias, você freqüentemente mostra às outras pessoas o caminho adiante, introduzindo reformas e idéias originais.

Positivo: ações decisivas, trabalhador, sortudo, criativo, pragmático, imaginativo, engenhoso

Negativo: excessivamente cauteloso, impulsivo, instável, sem consideração, teimoso

Amor & Relacionamentos

Generoso e amigável quando interage socialmente, você gosta da companhia de outras pessoas. Você quer se auto-aperfeiçoar e se sente atraído por pessoas inteligentes que querem progredir na vida. O seu amor pelo conhecimento sugere também que você gosta de atividades em grupo, por meio das quais pode aprender novas coisas e habilidades. Embora seja uma pessoa honesta e direta com os seus pensamentos, nos seus relacionamentos você pode às vezes ter dificuldade para expressar o que sente ou tornar-se muito controlador. Você sabe trabalhar em parcerias nas quais tenha interessess similares ou possa atuar ativamente em projetos conjuntos.

ALGUÉM ESPECIAL

Você pode ter muitas experiências na sua busca pelo amor, mas para encontrar aquele alguém especial comece procurando pelas pessoas nascidas nas seguintes datas:

Amor & amizade: jan: 4, 10, 11, 12, 26, 28, 30, 31; fev: 2, 9, 10, 24, 26, 28; mar: 7, 8, 22, 24, 26; abr: 5, 6, 20, 22, 24, 30; mai: 3, 4, 18, 20, 22, 28, 31; jun: 1, 2, 16, 18, 20, 26, 29; jul: 14, 16, 18, 24, 27; ago: 12, 14, 16, 22, 25; set: 10, 12, 14, 20, 23; out: 8, 10, 12, 18, 21; nov: 6, 8, 10, 16, 19; dez: 4, 6, 8, 14, 17

Relacionamentos benéficos: jan: 3, 10, 29; fev: 1, 8, 27; mar: 6, 25; abr: 4, 23, 25; mai: 2, 21, 23; jun: 19; jul: 17, 30; ago: 15, 28; set: 13, 15, 26; out: 11, 24; nov: 9, 22; dez: 7, 20

Atrações fatais: jan: 11; fev: 9; mar: 7; abr: 5; mai: 3; jun: 1; jul: 14, 15, 16, 17, 18

Relacionamentos desafiantes: jan: 9; fev: 7; mar: 5, 28; abr: 3, 26; mai: 1, 24; jun: 27; jul: 25; ago: 23; set: 21; out: 19; nov: 17; dez: 15

Alma gêmea: jan: 7; fev: 5; mar: 3; abr: 1; mai: 29; jun: 27, jul: 25; ago: 23; set: 21; out: 19; nov: 17; dez: 15

15 de Janeiro

O seu dia de aniversário mostra que você é um capricorniano ambicioso e determinado. Com um senso dramático sereno e habilidade de liderança natural, você tem persistência e dedicação para conquistar os seus objetivos, o que o pode ajudar a alcançar posições elevadas. Realista e pragmático, você é uma pessoa franca, embora a sua sociabilidade lhe garanta o sucesso social. A tendência a se preocupar excessivamente com questões de ordem material pode ser um dos obstáculos para o desenvolvimento do seu extraordinário potencial.

Com a subinfluência do regente do seu decanato, Virgem, você tem uma excelente capacidade de comunicação e habilidade para prestar atenção a detalhes. Lógico e mentalmente meticuloso, você tem grande capacidade de concentração e um pensamento profundo. Porém, você deve tomar cuidado para que o seu criticismo natural não o leve a fazer observações muito cortantes. Você prefere que as coisas sejam claramente definidas, o que o ajuda a resolver rapidamente os problemas com os quais se defronta ou a ter um maior senso para os negócios.

♑

SOL: CAPRICÓRNIO
DECANATO: VIRGEM/MERCÚRIO
GRAU: 23°-25° CAPRICÓRNIO
MODO: CARDEAL
ELEMENTO: TERRA

♑

Com a sua personalidade forte, você é capaz de combinar a sua criatividade com o seu espírito empreendedor. Como possui capacidade de julgamento e habilidade para avaliar as pessoas e situações, você pode ser levado a falar em nome de outras pessoas ou a lutar pelos direitos humanos. Independente, com força de vontade e dinamismo, você tem uma boa capacidade de organização e habilidade para inspirar outras pessoas.

Dos 6 aos 35 anos de idade, quando o seu Sol transita pelo signo de Aquário, você se volta para assuntos ligados a grupos, torna-se uma pessoa menos séria e com mais desejo de ter liberdade. Você pode sentir-se atraído por interesses fora do comum e ter um grande desejo de expressar a sua individualidade. Depois dos 36 anos de idade, quando o seu Sol progredido entra no signo de Peixes, a sua sensibilidade emocional se acentua e você passa a desenvolver uma vida interior mais significativa. Isso pode se manifestar por meio dos seus sonhos, visões e ideais. Aos 66 anos de idade, a sua vida passa por uma outra mudança, quando o seu Sol progredido entra no signo de Áries, enfatizando a necessidade de ser corajoso e direto nos seus relacionamentos com outras pessoas.

O Seu Eu Secreto

O lado humanitário e desapegado da sua natureza pode encorajá-lo a ser generoso com o seu tempo e o seu dinheiro. Com habilidade para injetar energia em uma causa ou projeto no qual acredite, você pode estimular e inspirar outras pessoas a partirem para a ação. Quando se permite se apegar ao passado, você se deixa dominar pela frustração e pelo desapontamento, e a tendência a oscilar entre ser muito preocupado com a sua segurança e a ser muito extravagante sugere a necessidade de desenvolver o senso de economia.

A sua criatividade interior pode inspirá-lo a subir a grandes alturas ou encorajar algum tipo de auto-expressão. Nesses momentos, você pode ser uma pessoa leve, sociável e capaz de manifestar as alegrias da vida. No entanto, no caso de se dedicar a muitos interesses, pode ficar preocupado ou indeciso quanto a suas escolhas. Muitas vezes à frente do seu tempo, você tem idéias fora do comum e inventivas, uma inteligência rápida e pode ser muito divertido.

Trabalho & Vocação

Idealista e resoluto, você tem um toque de Midas e pode ser bem-sucedido nas áreas de educação, pesquisa e ciência. O seu bom senso de estrutura pode inspirá-lo a seguir a área de construção civil ou a trabalhar em grandes projetos. Seja na área da arquitetura, ocupando posições gerenciais ou no serviço público, você gosta de ser uma pessoa magnânima e dramática. Quando é bem-sucedido, você pode se dedicar a atividades filantrópicas. Criativo e técnico, sintonizado com a vanguarda, você pode ter atividades como *marchand*, curador ou ligadas à administração artística. Eloqüente e divertido, você pode sentir-se atraído por teatro, ópera ou música. Mas, pode ser que queira participar de grupos e organizações como líder sindical ou de movimentos ligados à questão da cidadania, lutando por causas humanitárias.

ESTRELA FIXA

Nome da estrela:
Terebellum

Posição:
24°52'-25°55' de Capricórnio, entre os anos de 1930 e 2000

Magnitude:
5

Força:
★★

Órb:
1°

Constelação:
Omega Sagitário

Dias:
15, 16 e 17 de janeiro

Qualidades da estrela:
Vênus/Saturno

Descrição:
uma estrela laranja avermelhada, localizada na figura de quatro lados na cauda do Arqueiro.

Numerologia

Você em geral é uma pessoa rápida, entusiástica e dotada de uma personalidade carismática. Os seus grandes trunfos são os seus fortes instintos e a capacidade para aprender rapidamente, combinando teoria e prática. Você muitas vezes é capaz de ganhar dinheiro ao mesmo tempo em que aprende novas habilidades, sabe usar o seu poder de intuição e é rápido para perceber as oportunidades que surgem. Como todas as pessoas nascidas no dia 15, você tem talento para atrair dinheiro ou receber ajuda e apoio dos outros. O sucesso das suas empreitadas será mais freqüente se aplicar as suas habilidades práticas nas suas idéias originais e superar a tendência à inquietude e à insatisfação. A subinfluência do mês número 1 indica que você é uma pessoa inovadora e individualista, com capacidade de resistência e muita energia. A iniciativa e a vitalidade aqui indicadas o encorajam a se arriscar, especialmente se você estiver inspirado por alguma idéia ou oportunidade profissional. Astuto e autônomo, você gosta de tomar a iniciativa e mostrar às outras pessoas o caminho adiante.

Positivo: disposição, generosidade, responsabilidade, amabilidade, cooperação, apreço, idéias criativas

Negativo: destrutivo, inquieto, irresponsável, autocentrado, sem fé, preocupado

Amor & Relacionamentos

Como é uma pessoa amigável e com um grande desejo de se expressar, você com certeza tem uma vida social agitada. Muitas mulheres nascidas neste dia se sentem atraídas por homens que levam uma vida empolgante, ousada e cheia de acontecimentos. Como uma pessoa inventiva e original, você também pode sentir atração por indivíduos inteligentes e que o estimulem mentalmente. Todavia, a incerteza ou a indecisão quanto aos seus relacionamentos próximos pode ser uma fonte de preocupações ou desapontamentos, a menos que você aprenda a manter uma atitude leve mas responsável.

INFLUÊNCIA DA ESTRELA PRIMÁRIA

Terebellum confere uma perspectiva clara e pragmática, e uma personalidade ambiciosa e determinada. Muitas vezes, o sucesso vem da superação de dificuldades. Esta estrela indica que você é responsável e consciente dos seus deveres e que tem resistência para enfrentar lutas e obstáculos. Esta estrela pode também sugerir que você pode ter dúvidas e conflitos interiores entre os seus desejos pessoais e os deveres para com as outras pessoas.
Ligada ao grau do seu Sol, esta estrela concede inteligência e ambição para alcançar posições de proeminência. Contudo, Terebellum adverte que você pode ser ardiloso e que deve tomar cuidado contra más ações e maldade. Esta estrela indica que a boa fortuna e o sucesso podem ser conquistados, mas depois de consideráveis sacrifícios e esforços.

- **Positivo**: ambição, devoção, sentimentalismo, inteligência
- **Negativo**: mercenarismo, impiedade, ardil

ALGUÉM ESPECIAL

Para ter relacionamentos duradouros, segurança e amor, comece procurando por alguém que tenha nascido em uma das seguintes datas:

Amor & amizade: jan: 13, 26, 29; fev: 11, 27, 29; mar: 9, 25, 27; abr: 7, 23, 25; mai: 5, 18, 21, 23, 29; jun: 3, 19, 21, 27, 30; jul: 1, 17, 19, 25, 28; ago: 15, 17, 23, 26; set: 10, 13, 15, 21, 24; out: 11, 13, 19, 22, 29; nov: 9, 11, 17, 20, 27; dez: 4, 7, 9, 15, 18, 25

Relacionamentos benéficos: jan: 11; fev: 9; mar: 7, 31; abr: 5, 29; mai: 3, 27, 31; jun: 1, 25, 29; jul: 23, 27, 31; ago: 21, 25, 29, 30; set: 19, 23, 27, 28; out: 17, 21, 25, 26; nov: 15, 19, 23, 24, 30; dez: 22, 28

Atrações fatais: jan: 12; fev: 10; mar: 8; abr: 6; mai: 4; jun: 2; jul: 15, 16, 17, 18, 19

Relacionamentos desafiantes: jan: 10; fev: 8; mar: 6, 29; abr: 4, 27; mai: 2, 25; jun: 23; jul: 21; ago: 19; set: 17; out: 15, 31; nov: 13, 29, 30; dez: 11, 27, 28

Alma gêmea: jan: 18, 24; fev: 16, 22; mar: 14, 20; abr: 12, 18; mai: 10, 16; jun: 8, 14, jul: 6, 12; ago: 4, 10; set: 2, 8; out: 6; nov: 4; dez: 2

16 de Janeiro

O seu dia de aniversário sugere que você é um capricorniano sociável, charmoso e prático, dotado de um grande senso de valores. O seu magnetismo pessoal e sua habilidade para avaliar rapidamente as pessoas e situações pode ajudá-lo a progredir na vida. Com um forte senso da própria individualidade, você se preocupa com a sua imagem e gosta de se manter bem apresentável. Preocupado com a sua segurança, você prefere planejar com antecedência e é persistente para alcançar os seus objetivos.

Com a subinfluência do regente do seu decanato, Virgem, você gosta de aderir aos sistemas já estruturados, trabalhar de acordo com o calendário ou fazer listas com as suas tarefas e compromissos. Mentalmente aguçado e verbalmente preciso, você é um bom crítico e prefere ser honesto e direto. Apesar de uma certa timidez ou reserva, você é sociável e tem boa capacidade de comunicação. Como precisa de reconhecimento, você normalmente é ambicioso e determinado, mas ocasionalmente pode ter dúvidas e ter relutância quanto ao futuro. Entretanto, você tem um bom senso para os negócios e é leal e responsável depois que se compromete com um projeto.

♑

SOL: CAPRICÓRNIO
DECANATO: VIRGEM/MERCÚRIO
GRAU: 24°-26° CAPRICÓRNIO
MODO: CARDEAL
ELEMENTO: TERRA

♑

A habilidade para se dar com pessoas de diferentes círculos sociais pode se manifestar como um interesse humanitário pelos outros. Embora seja duro e prático, o seu idealismo indica que você é uma interessante combinação de materialismo e entusiasmo. O apreço pela beleza e pela boa vida sugere que você prefere se cercar de harmonia e luxo e que gosta de um toque de *glamour*.

Dos 5 aos 34 anos de idade, quando o seu Sol transita pelo signo de Aquário, você dá mais importância à sua individualidade, desejo de liberdade e consciência de grupo. Depois dos 35 anos de idade, quando o seu Sol progredido entra no signo de Peixes, você passa a dar mais ênfase à importância de se sentir mais conectado com as suas emoções e o seu senso de visão fica mais elevado. Aos 65 anos de idade a sua vida passa por uma outra mudança, quando o seu Sol progredido entra no signo de Áries, acentuando o desejo de auto-assertividade, mais ação e novos inícios.

O Seu Eu Secreto

Respeitável e criativo, você tem qualidades expressivas que lhe garantem muitos interesses e oportunidades. O seu magnetismo pessoal e a necessidade de coisas novas e variadas sempre lhe trarão novas experiências, inclusive a possibilidade de contatos no exterior. Isso pode criar dificuldades em tomadas de decisão. Assim, o melhor é evitar pensamentos negativos que podem dificultar a realização dos seus ideais. Quando desenvolver a fé, você verá que é mais fácil atingir o seu extraordinário potencial.

Com um intelecto aguçado e habilidade para aprender com rapidez, você valoriza o conhecimento. Você é uma pessoa original, sabe avaliar as tendências públicas e sempre está muito à frente do seu tempo. Ainda que possa ser uma pessoa séria, você tem uma jovialidade interior que pode ser encantadora. Porém, tome cuidado para que a tendência ao autocentramento não arruíne os seus relacionamentos. Não obstante, a sua capacidade de transmitir as suas idéias de maneira informativa e divertida pode cativar e inspirar as outras pessoas.

Trabalho & Vocação

A sua personalidade e sua capacidade de comunicação sugerem que você pode ser excelente para o trabalho nas áreas de vendas, magistério, entretenimento ou política. Você é uma pessoa prática, ambiciosa e trabalhadora e, na área dos negócios, o seu charme pode ser um trunfo valioso quando se trata de promover a si mesmo, a um produto ou a uma causa. O seu toque pessoal pode ajudá-lo a ser bem-sucedido nas áreas editorial ou de publicidade. Como possui fortes valores e tem habilidade organizacional, isso pode ser vantajoso em ocupações como administração de empresas ou advocacia. Mas, como tem uma maneira naturalmente criativa de encarar a vida, você pode canalizar as suas emoções por meio da música, da literatura ou da arte. Em qualquer carreira que escolha, você pode ser bem-sucedido no trato com o público.

ESTRELA FIXA

Nome da estrela:
Terebellum

Posição:
24°52'-25°55' de Capricórnio, entre os anos de 1930 e 2000

Magnitude:
5

Força:
★★

Órb:
1°

Constelação:
Omega Sagitário

Dias:
15, 16 e 17 de janeiro

Qualidades da estrela:
Vênus/Saturno

Descrição:
uma estrela laranja avermelhada, localizada na figura de quatro lados na cauda do Arqueiro.

Numerologia

O dia de aniversário número 16 sugere que você é uma pessoa ambiciosa mas sensível. Expansivo e sociável, você é amigável e ponderado. Mesmo que tenha espírito analítico, você muitas vezes avalia a vida e as pessoas de acordo com o que sente. Intuitivo, você tem capacidade de compreensão e uma natureza atenciosa. Como uma personalidade número 16, você pode se interessar por assuntos mundanos e pode se juntar a organizações internacionais. Os que são criativos têm talento para escrever e podem ter *flashes* súbitos de inspiração. Com o dia de aniversário número 16, você precisa aprender a equilibrar momentos de autoconfiança excessiva com momentos em que se sente inseguro. A subinfluência do mês número 1 indica que você é autoconfiante e habilidoso. Empreendedor, você gosta de liderar e dar início a novos projetos. Como uma pessoa perceptiva e criativa, você pode formular novos conceitos e dar uma perspectiva fora do comum e original. A sua necessidade de segurança indica que você é eficiente e confiável e na maior parte das vezes faz planos de longo prazo.

Positivo: educação superior, responsabilidade para com a família e a casa, integridade, intuição, sociabilidade, cooperação, compreensão profunda

Negativo: preocupação, insatisfação, irresponsabilidade, ceticismo, egoísmo, falta de solidariedade

Amor & Relacionamentos

Como é uma pessoa sociável, você tem habilidade para fazer amigos com facilidade. Você valoriza a amizade e é leal com as pessoas que ama. Como deseja segurança financeira, as considerações de natureza prática muitas vezes têm um papel importante nos seus relacionamentos, embora às vezes você aparente ser distante e passe uma impressão errônea. Talvez seja necessário equilibrar a sua necessidade de intimidade e de liberdade.

INFLUÊNCIA DA ESTRELA PRIMÁRIA

Terebellum confere uma perspectiva clara e pragmática, e uma personalidade ambiciosa e determinada. Muitas vezes, o sucesso vem da superação de dificuldades. Esta estrela indica que você é responsável e consciente dos seus deveres e que tem resistência para enfrentar lutas e obstáculos. Esta estrela pode também sugerir que você pode ter dúvidas e conflitos interiores entre os seus desejos pessoais e os deveres para com as outras pessoas.

Ligada ao grau do seu Sol, esta estrela concede inteligência e ambição para alcançar posições de proeminência. Contudo, Terebellum adverte que você pode ser ardiloso e que deve tomar cuidado contra más ações e maldade. Esta estrela indica que a boa fortuna e o sucesso podem ser conquistados, mas depois de consideráveis sacrifícios e esforços.

- **Positivo**: ambição, devoção, sentimentalismo, inteligência
- **Negativo**: mercenarismo, impiedade, ardil

ALGUÉM ESPECIAL

Você pode ter sorte com alguém que tenha nascido em uma das seguintes datas:

Amor & amizade: jan: 2, 6, 8, 14, 23, 26, 27, 28; fev: 4, 10, 12, 21, 24, 26; mar: 2, 10, 12, 19, 22, 24; abr: 8, 14, 17, 20, 22; mai: 6, 15, 16, 18, 19, 20, 30; jun: 4, 13, 16, 18; jul: 2, 11, 14, 16, 20; ago: 9, 12, 14, 22; set: 7, 10, 11, 12, 24; out: 5, 8, 10, 26; nov: 3, 6, 8, 28; dez: 1, 4, 6, 30

Relacionamentos benéficos: jan: 9, 12, 18; fev: 7, 10; mar: 5, 8; abr: 3, 6; mai: 1, 4, 10; jun: 2, 30; jul: 28; ago: 26, 30, 31; set: 24, 28, 29; out: 22, 26, 27; nov: 10, 24, 25; dez: 18, 22, 23, 29

Atrações fatais: jul: 16, 17, 18, 19

Relacionamentos desafiantes: jan: 11, 13, 29; fev: 9, 11; mar: 7, 9, 30; abr: 5, 7, 28; mai: 3, 5, 26, 31; jun: 1, 3, 24, 29; jul: 1, 22, 27; ago: 20, 25; set: 18, 23, 30; out: 16, 21, 28; nov: 14, 19, 26; dez: 12, 17, 24

Alma gêmea: jan: 12, 29; fev: 10, 27; mar: 8, 25; abr: 6, 23; mai: 4, 21; jun: 2, 19, jul: 17; ago: 15; set: 13; out: 11; nov: 9; dez: 7

17 de Janeiro

Determinado e pragmático, você é um capricorniano direto e dinâmico. Independente e voltado para o sucesso, você precisa de mudança e aventuras para manter-se interessado e impedir a inquietude e a impaciência. Você é uma pessoa confiante, que tem um melhor desempenho quando aborda de maneira otimista grandes projetos que o levam a agir e, quando se concentra em um objetivo, você trabalha duro para concretizar os seus grandes planos.

Com a subinfluência do regente do seu decanato, Virgem, você possui uma mente rápida, reações instantâneas e habilidade para avaliar as situações em pouco tempo. A sua boa capacidade de concentração e seu senso comum sugerem que você pode ser meticuloso e consegue pensar profundamente. Você tem padrões elevados e uma abordagem profissional competente, mas tome cuidado para não se tornar muito exigente consigo mesmo e com os outros.

♑

SOL: CAPRICÓRNIO
DECANATO: VIRGEM/MERCÚRIO
GRAU: 25°-27° CAPRICÓRNIO
MODO: CARDEAL
ELEMENTO: TERRA

♑

Naturalmente voltado para o trabalho, você sabe comercializar as suas habilidades e perceber as oportunidades que surgem. Ambicioso, você sonha alto e gosta de poder e influência. Com capacidade de transmitir um entusiasmo positivo e animar as outras pessoas, você é um bom organizador e um líder natural.

A sua generosidade e sua assertividade atraem as outras pessoas e aumentam a sua sorte. Ocasionalmente, a sua instabilidade emocional pode fazer com que sofra de tensão nervosa, por isso é necessário levar uma vida bem equilibrada e manter-se saudável.

Dos 4 aos 33 anos de idade, quando o seu Sol transita pelo signo de Aquário, você se torna consciente da sua liberdade e independência. Você pode dar muita importância ao grupo, sentir atração por interesses fora do comum e ter um forte desejo de expressar a sua individualidade. Depois dos 34 anos de idade, quando o seu Sol progredido entra no signo de Peixes, a sua sensibilidade emocional se amplia e você desenvolve uma vida interior mais significativa. Isso pode se manifestar por meio dos seus sonhos e ideais. Aos 64 anos de idade a sua vida passa por uma outra mudança, quando o seu Sol progredido entra no signo de Áries, enfatizando a necessidade de tomar a iniciativa e ser corajoso e direto nos seus relacionamentos com outras pessoas.

O Seu Eu Secreto

Orgulhoso e dramático, você tem inclinação social mas prefere tomar a liderança. Com a sua curiosidade natural e seu pensamento inventivo, você muitas vezes está à frente do seu tempo. Você pode até vir a se interessar por movimentos de cunho social. Se for disciplinado e trabalhador, você também tem a habilidade para ficar rico, mas se sente mais satisfeito quando se envolve com atividades altruístas. É muitas vezes por meio do desenvolvimento do seu sexto sentido natural que você pode obter muitas recompensas.

O desejo de autocontrole e sua natureza curiosa sempre o inspirarão a explorar novas áreas. Todavia, se não acreditar nos próprios talentos, você pode ficar preso em ocupações abaixo da sua capacidade. Felizmente, você nasceu com a resistência necessária para realizar as suas ambições. Contudo, o melhor é ouvir o que as pessoas têm a dizer e evitar a inclinação a ser teimoso. Com a sua intuição, sua capacidade de comunicação e sua necessidade de se expressar, você tem excelentes oportunidades de sucesso.

Trabalho & Vocação

Dinâmico e intuitivo, você é uma pessoa ambiciosa e determinada para alcançar o sucesso pelo seu mérito. Inteligente e prático, você gosta de fazer planos em grande escala. Como tem habilidade executiva, você pode ser bem-sucedido em ocupações que envolvam delegar tarefas e supervisionar outras pessoas. Muitas vezes você se sente atraído por carreiras na área de advocacia, de política ou de serviço público. Se tiver interesse pela área financeira, você pode trabalhar em bancos ou para grandes companhias de seguros. O seu interesse por assuntos culinários e indústrias de serviços sugere que você pode trabalhar em restaurantes ou hotéis. Bem educado e com talento para escrever, você pode ser professor, escritor ou conselheiro. Quando estiver rico você pode vir a ser patrono ou envolver-se em atividades filantrópicas, dando apoio a causas justas. Se quiser ter apenas dinheiro e poder material, você pode recorrer a esquemas de enriquecimento rápido.

ESTRELA FIXA

Nome da estrela:
Terebellum

Posição:
24°52'-25°55' de Capricórnio, entre os anos de 1930 e 2000

Magnitude:
5

Força:
★★

Órb:
1°

Constelação:
Omega Sagitário

Dias:
15, 16 e 17 de janeiro

Qualidades da estrela:
Vênus/Saturno

Descrição:
uma estrela laranja avermelhada, localizada na figura de quatro lados na cauda do Arqueiro.

Numerologia

Com o dia de aniversário número 17, você é uma pessoa astuta e com boa capacidade de raciocínio. Você em geral utiliza o seu conhecimento de forma específica, para desenvolver a sua especialização, e pode alcançar o sucesso material ou uma posição de influência como especialista ou pesquisador. Reservado, introspectivo e distante, dotado de um grande interesse por informações e números, você freqüentemente tem um comportamento ponderado e gosta de fazer as coisas no seu próprio ritmo. Com capacidade de se dedicar a longos períodos de concentração e resistência, você aprende mais por meio da experiência. No entanto, quanto menos cético for mais rápido pode aprender. A subinfluência do mês número 1 indica que você é altamente intuitivo e ambicioso. Com inclinação para ser individualista e inovador, você é uma pessoa analítica, um bom planejador e independente. Corajoso e com muita energia, o seu espírito aventureiro o encoraja a pensar em grandes termos e a fazer as coisas por conta própria. Com muito entusiasmo e idéias originais, você normalmente prefere liderar e mostrar às pessoas o caminho adiante.

Positivo: ponderado, especialista, bom planejador, senso para os negócios, atrai dinheiro, resistente, preciso, científico

Negativo: desapegado, teimoso, descuidado, mal-humorado, mentalmente estreito, crítico, preocupado, desconfiado

Amor & Relacionamentos

De um modo geral, você é uma pessoa leal e generosa com as pessoas que ama. Amigável e sociável, você considera importante ser respeitado pelas outras pessoas. Com os seus fortes sentimentos, você pode às vezes revelar uma natureza dramática e apaixonada, embora nunca perca de vista as questões de ordem prática. Mesmo que tenha necessidade de amor e afeição, o seu desejo de liberdade sugere que você prefere ter relacionamentos que lhe dêem bastante espaço para se sentir independente. Você tem atração por pessoas poderosas, otimistas ou influentes, que o inspirem com novas idéias e oportunidades.

INFLUÊNCIA DA ESTRELA PRIMÁRIA

Terebellum confere uma perspectiva clara e pragmática, e uma personalidade ambiciosa e determinada. Muitas vezes, o sucesso vem da superação de dificuldades. Esta estrela indica que você é responsável e consciente dos seus deveres e que tem resistência para enfrentar lutas e obstáculos. Esta estrela pode também sugerir que você pode ter dúvidas e conflitos interiores entre os seus desejos pessoais e os deveres para com as outras pessoas.

Ligada ao grau do seu Sol, esta estrela concede inteligência e ambição para alcançar posições de proeminência. Contudo, Terebellum adverte que você pode ser ardiloso e que deve tomar cuidado contra más ações e maldade. Esta estrela indica que a boa fortuna e o sucesso podem ser conquistados, mas depois de consideráveis sacrifícios e esforços.

- **Positivo**: ambição, devoção, sentimentalismo, inteligência
- **Negativo**: mercenarismo, impiedade, ardil

ALGUÉM ESPECIAL

Para o amor e a amizade, você pode encontrar a pessoa certa entre as nascidas em uma das seguintes datas:

Amor & amizade: jan: 5, 6, 10, 11, 15, 29, 31; fev: 4, 13, 27, 29; mar: 2, 6, 11, 25, 27; abr: 9, 23, 25; mai: 2, 3, 7, 21, 23; jun: 5, 19, 21; jul: 3, 17, 19, 30; ago: 1, 15, 17, 28; set: 13, 15, 26; out: 11, 13, 24; nov: 9, 11, 22; dez: 7, 9, 20

Relacionamentos benéficos: jan: 13, 15, 19; fev: 11, 13, 17; mar: 9, 11, 15; abr: 7, 9, 13, 24; mai: 5, 7, 11; jun: 3, 5, 9; jul: 1, 3, 7, 29; ago: 1, 5, 27, 31; set: 3, 16, 25, 29; out: 1, 23, 27; nov: 21, 25; dez: 19, 23

Atrações fatais: mai: 30; jun: 28; jul: 17, 18, 19, 20, 26; ago: 24; set: 22; out: 20; nov: 18; dez: 16

Relacionamentos desafiantes: jan: 12; fev: 10; mar: 8; abr: 6; mai: 4; jun: 2; ago: 31; set: 29; out: 27, 29, 30; nov: 25, 27, 28; dez: 23, 25, 26, 30

Alma gêmea: jan: 2, 28; fev: 26; mar: 24; abr: 22; mai: 20; jun: 18, jul: 16; ago: 14; set: 12; out: 10; nov: 8; dez: 6

18 de Janeiro

Com a inteligência e a astúcia com que encara a vida e a sua personalidade charmosa, você tem, naturalmente, vantagens sobre as outras pessoas quando se trata de ter sucesso na vida. Ambicioso e liberal, com um grande potencial de liderança, você prefere dar ordens, mas deve evitar os exageros e o autoritarismo. Felizmente, o lado humanitário da sua personalidade sugere que você sabe julgar o caráter das pessoas e gosta de ajudá-las.

Com a subinfluência do regente do seu decanato, Virgem, você tem um intelecto aguçado e boa capacidade de comunicação. O seu excelente senso de estrutura indica que você tem uma aptidão natural para os negócios e disposição para o trabalho árduo. Prático e perceptivo, você pode fazer observações sagazes, mas deve evitar a tendência a ser muito crítico. O seu bom senso e sua capacidade de concentração indicam que você é capaz de pensar com profundidade e alcançar resultados produtivos.

SOL: CAPRICÓRNIO
DECANATO: VIRGEM/MERCÚRIO
GRAU: 26°-28° CAPRICÓRNIO
MODO: CARDEAL
ELEMENTO: TERRA

Sociável e amigável, você pode ter um senso de humor ou sarcarsmo original quando está relaxado. Contudo, a sua tendência ao desapontamento ou à frustração pode às vezes minar a sua positividade. É importante que você mantenha uma perspectiva neutra para ver as coisas dentro de um ângulo mais abrangente. Quando assume uma atitude liberal, você pode ser generoso com as outras pessoas e mostrar a elas o lado amoroso e magnânimo da sua natureza. Inventivo e com idéias originais, você tem o potencial para inspirar as outras pessoas com o seu entusiasmo e seus grandes planos.

Entre os 3 e os 32 anos de idade, quando o seu Sol transita pelo signo de Aquário, valores como individualidade, amizade, liberdade e consciência de grupo assumem uma maior importância na sua vida. Depois dos 33 anos de idade, quando o seu Sol progredido entra no signo de Peixes, a sua vida passa por uma virada, colocando em primeiro plano a sua sensibilidade, sua imaginação e sua necessidade de se sentir mais conectado com as suas emoções. Aos 63 anos de idade a sua vida passa por uma outra mudança, quando o seu Sol progredido entra no signo de Áries, enfatizando o seu desejo de auto-assertividade, mais ação e novos inícios.

O Seu Eu Secreto

A sua aptidão para os negócios e seu instinto para assuntos financeiros o ajudam a ser um bom avaliador. Isso pode fazer com que tenha também capacidade para avaliar as pessoas e as situações que combinam com a sua perspectiva liberal. Como tem uma autoridade natural, você sente que é da sua responsabilidade transmitir aos outros este conhecimento e por isto sabe defender muito bem causas e ideais justos. Porém, tome cuidado para que a tendência ao materialismo não o desvie dos seus elevados ideais.

Você quer ter aventuras e mudanças e precisa de variedade para não se sentir entediado. No caso de se sentir muito reprimido pelas suas responsabilidades, você pode se tornar inquieto e impaciente. Quando alcança o equilíbrio, você evita cair nos extremos e não permite que a sua insatisfação emocional o leve a extravagâncias materiais. Quando encontra meios de expressar a sua sensibilidade dinâmica, você pode usar a sua habilidade sutil para seduzir as outras pessoas. Esta habilidade, combinada com as suas reações rápidas, permite que você seja uma pessoa divertida e animada.

Trabalho & Vocação

Capaz e criativo, você muitas vezes se interessa por combinar os seus talentos com as suas habilidades práticas. Você sabe como ninguém criar imagens e pode se envolver no mundo da publicidade, da moda ou nos meios de comunicação. Idealista e progressista, você pode se interessar pela área do magistério e da assistência social. Se estiver envolvido na área dos negócios, a sua intuição e seu sexto sentido podem ajudá-lo a ser bem-sucedido no mundo financeiro, de investimentos e da Bolsa de Valores. Mas você pode usar a sua natureza compassiva para atuar na área da cura ou da ciência ou tecnologia, como pesquisador. O lado dramático da sua personalidade pode inspirá-lo a escrever ou a ingressar no mundo do cinema e do teatro, como ator, promotor ou produtor.

ESTRELAS FIXAS

Embora o grau do seu Sol não esteja associado a nenhuma estrela fixa, alguns de seus outros planetas certamente estão. Por meio do seu mapa astrológico, você pode encontrar a posição exata dos planetas na sua data de nascimento e poderá saber quais das estrelas fixas listadas neste livro são relevantes para você.

Numerologia

Determinação, assertividade e ambição são algumas das qualidades associadas ao dia de aniversário número 18. Dinâmico e ativo, você quer ter poder e se impõe constantemente desafios. Você pode, às vezes, ser muito crítico ou difícil de ser agradado ou, ainda, ter tendência a se envolver em controvérsias. Como uma personalidade número 18, você pode usar o seu poder para curar as pessoas, dar bons conselhos ou resolver os problemas delas. Mas o seu forte senso para os negócios e sua habilidade de organização podem levá-lo ao mundo do comércio. A subinfluência do mês número 1 indica que você é original e multitalentoso. Imaginativo e cheio de idéias, você precisa encontrar meios de se expressar criativamente e autonomamente. Você é um bom estrategista e sabe transformar as suas idéias maravilhosas em resultados concretos. O grande desejo de ser o primeiro e inovador o encoraja a tomar as próprias decisões. Você é confiante e tem muita energia, e o seu charme e entusiasmo podem inspirar os outros a apoiar os seus planos. Ainda que tenha sorte, você precisa aprender que o mundo não gira ao seu redor.

Positivo: progressista, assertivo, intuitivo, corajoso, resoluto, eficiente, habilidade para aconselhar

Negativo: emoções descontroladas, preguiça, falta de ordem, egoísmo, incapacidade de concluir projetos ou trabalhos, mal-compreendido

Amor & Relacionamentos

É importante que os seus relacionamentos sejam equilibrados. Em algumas vezes, você pode aparentar frieza ou distância e em outras ser caloroso e atencioso. Um dos aspectos vitais da sua vida é ter amigos e parceiros que o desafiem mentalmente, pois você pode se tornar um tanto compulsivo ou dogmático. Você também tem a tendência a trabalhar demais e a não ter tempo para os seus parceiros, o que pode lhe criar problemas. Portanto, é melhor ter companheiros que também sejam independentes. Porém, você é leal, amoroso e apóia os seus parceiros e amigos.

ALGUÉM ESPECIAL

Você pode ter mais chance de encontrar aquele alguém especial entre as pessoas nascidas em uma das seguintes datas:

Amor & amizade: jan: 2, 6, 7, 11, 16; fev: 4, 14; mar: 2, 12, 28, 30; abr: 10, 26, 28; mai: 3, 8, 24, 26, 30; jun: 6, 22, 24, 28; jul: 4, 20, 22, 26, 31; ago: 2, 18, 20, 24, 29; set: 16, 18, 22, 27; out: 14, 16, 20, 25; nov: 12, 14, 18, 23; dez: 10, 12, 16, 21

Relacionamentos benéficos: jan: 9, 14, 16; fev: 7, 12, 14; mar: 5, 10, 12; abr: 3, 8, 10; mai: 1, 6, 8; jun: 4, 6; jul: 2, 4; ago: 2; set: 30; out: 28; nov: 26, 30; dez: 24, 28, 29

Atrações fatais: jan: 21; fev: 19; mar: 17; abr: 15; mai: 13; jun: 11; jul: 9, 18, 19, 20, 21, 22; ago: 7; set: 5; out: 3; nov: 1

Relacionamentos desafiantes: jan: 4, 13, 28; fev: 2, 11, 26; mar: 9, 24; abr: 7, 22; mai: 5, 20; jun: 3, 18; jul: 1, 16; ago: 14; set: 12; out: 10, 31; nov: 8, 29; dez: 6, 27

Alma gêmea: jan: 15, 22; fev: 13, 20; mar: 11, 18; abr: 9, 16; mai: 7, 14; jun: 5, 12, jul: 3, 10; ago: 1, 8; set: 6; out: 4; nov: 2

19 de Janeiro

Força de vontade e determinação são algumas das características associadas ao seu dia de aniversário em Capricórnio. Com a sua inteligência aguda, sua praticidade e seu desejo de ser reconhecido, você gosta de se fazer notar. Com o seu senso natural para os negócios e seu potencial de liderança, você é uma pessoa ativa e produtiva, e prefere controlar a própria vida. Se estiver disposto a trabalhar duro, o seu dia de aniversário indica que você tem grandes possibilidades de atingir um sucesso extraordinário.

Com a subinfluência do regente do seu decanato, Virgem, você pode ser uma pessoa bem estruturada, eficiente e com boa capacidade de comunicação. Pode ser que você tenha talento para escrever ou falar, e venha a usá-lo profissionalmente. Como normalmente você pensa em grandes termos e gosta do poder, a grande necessidade de segurança e sucesso material pode motivá-lo a se realizar. Contudo, a sua tendência a ser arrogante, autoritário e egoísta sugere que você nem sempre reage bem às críticas que recebe, o que pode afetar o seu relacionamento com as outras pessoas. Quando desenvolve a sua habilidade diplomática e aprende a colaborar, você aumenta o seu poder de influência.

SOL: CAPRICÓRNIO
DECANATO: VIRGEM/MERCÚRIO
GRAU: 27°-29° CAPRICÓRNIO
MODO: CARDEAL
ELEMENTO: TERRA

Com uma inteligência rápida e muitos talentos, você tem uma boa capacidade de orientação, mas deve evitar a tendência a ser muito impaciente ou cabeça dura. Felizmente, essa mesma determinação é o que o ajuda a superar as dificuldades, o que lhe dá forças para alcançar uma extraordinária realização.

Entre os 2 e os 31 anos de idade, quando o seu Sol transita pelo signo de Aquário, você passa a querer ser mais independente e a ter um maior interesse por amizades e a adquirir uma maior consciência de grupo. Você precisa expressar as suas idéias únicas ou ter várias experiências. Depois dos 32 anos de idade, quando o seu Sol progredido entra no signo de Peixes, a sua sensibilidade emocional fica mais refinada e você desenvolve o seu senso de visão. Isso pode encorajá-lo a ter metas idealistas ou espirituais. Aos 62 anos de idade a sua vida passa por uma outra mudança, quando o seu Sol progredido entra no signo de Áries, enfatizando o seu desejo de novos começos e de exercer a sua assertividade.

O Seu Eu Secreto

Orgulhoso e alerta, você valoriza a sabedoria apreendida por meio da experiência prática e do trabalho duro mais do que pela mera teoria. O segredo, neste caso, é o autocontrole, que pode lhe dar uma satisfação mais profunda do que o simples ganho material. Quando confia na sua intuição e desenvolve a sua força de vontade, você pode se tornar uma autoridade na sua área profissional.

Um dos possíveis obstáculos à sua realização é a sua tendência a ser muito cínico, frio e desconfiado. Portanto, a fé interior é uma parte importante da sua confiança, pois ela o encoraja a ser mais ousado e espontâneo. O seu espírito competitivo e entusiasmo, quando positivamente canalizados, pode inspirá-lo a ficar rico e a acumular conhecimento.

Trabalho & Vocação

Ambicioso e competitivo, você quer ocupar uma posição de poder na qual possa usar sua influência. Se estiver envolvido no mundo dos negócios, você normalmente assume responsabilidades e trabalha duro para alcançar o nível executivo e gerencial. Um excelente organizador ou supervisor, você é eficiente e capaz de prestar atenção aos detalhes. Como não gosta de obedecer ordens, você pode optar por trabalhar por conta própria ou ser consultor ou conselheiro. Você pode vir a se interessar pela advocacia, pelo serviço público ou por grandes organizações. Individual e original, você pode explorar o seu talento criativo por meio da literatura, da pintura, da música ou do teatro. A sua necessidade de se manter em atividade sugere que você gosta de esportes e pode ser um atleta bem-sucedido.

ESTRELAS FIXAS

Embora o grau do seu Sol não esteja associado a nenhuma estrela fixa, alguns de seus outros planetas certamente estão. Por meio do seu mapa astrológico, você pode encontrar a posição exata dos planetas na sua data de nascimento e poderá saber quais das estrelas fixas listadas neste livro são relevantes para você.

Numerologia

Com o dia de aniversário número 19, você é vivaz, ambicioso e dinâmico, apesar de idealista e sensível. Decidido e habilidoso, você tem uma visão profunda, mas o lado sonhador da sua natureza é compassivo e impressionável. A necessidade de ser alguém pode ser a coisa que o leva a ser dramático e a reivindicar o centro das atenções. Para os outros, você pode aparentar ser confiante e resistente, mas as tensões internas podem provocar uma instabilidade emocional. Embora orgulhoso, você precisa aprender que o mundo não gira ao seu redor. A subinfluência do mês número 1 indica que você é altamente perceptivo e que tem uma personalidade ambiciosa. Mesmo que comece os seus projetos com muito entusiasmo, você deve aprender a concluí-los. As questões relativas a equilíbrio e a imparcialidade indicam que você precisa ser sempre justo. Evite reagir exageradamente às situações, mantendo-se impessoal. Autônomo e idealista, você tem a tendência a ser individualista, inovador e corajoso e a ter muita energia. O poder de iniciativa aqui indicado o encoraja a fazer os próprios julgamentos e a agir por conta própria. Você é um líder e muitas vezes pode mostrar aos outros o caminho a seguir.

Positivo: dinâmico, centrado, criativo, liderança, progressista, otimista, fortes convicções, competitivo, independente, gregário

Negativo: autocentrado, preocupado, medo de ser rejeitado, materialista, egoísta, impaciente

Amor & Relacionamentos

Sociável e com grande necessidade de se expressar emocionalmente, você gosta da companhia de outras pessoas. Ainda que possa ser leal, você pode, ocasionalmente, sentir-se preocupado ou indeciso quanto à sua vida amorosa e pode ter muitas escolhas na sua busca pelo amor ideal. Você precisa equilibrar o lado mais profundo e mais sério da sua natureza com a sua leveza e seu romantismo. Contudo, o seu charme pode ser um trunfo na sua relação com as outras pessoas e ajudá-lo a ser um excelente anfitrião.

ALGUÉM ESPECIAL

Você pode encontrar um parceiro que compreenda a sua sensibilidade e sua necessidade de amor entre as pessoas nascidas nas seguintes datas:

Amor & amizade: jan: 1, 7, 12, 17, 20, 21; fev: 5, 15, 18; mar: 3, 13, 16, 29, 31; abr: 1, 11, 14, 27, 29; mai: 9, 12, 13, 25, 27; jun: 7, 10, 23, 25; jul: 5, 8, 21, 23; ago: 3, 6, 19, 21; set: 1, 4, 5, 17, 19; out: 2, 15, 17; nov: 13, 15, 30; dez: 11, 13, 28

Relacionamentos benéficos: jan: 15, 17, 28; fev: 13, 15, 26; mar: 11, 13, 24; abr: 9, 11, 22, 28; mai: 7, 9, 20; jun: 5, 7, 18; jul: 3, 5, 16; ago: 1, 3, 14; set: 1, 12, 18; out: 10, 29; nov: 8, 27; dez: 6, 25

Atrações fatais: jan: 5; fev: 3; mar: 1; jul: 19, 20, 21, 22, 23

Relacionamentos desafiantes: jan: 4, 5, 14; fev: 2, 3, 12; mar: 1, 10; abr: 8, 30; mai: 6, 28; jun: 4, 26; jul: 2, 24; ago: 22; set: 20; out: 18; nov: 16; dez: 14

Alma gêmea: jan: 2; mar: 29; abr: 27; mai: 25; jun: 23, jul: 21; ago: 19; set: 17; out: 15; nov: 13; dez: 11

20 de Janeiro

O seu dia de aniversário mostra que você é uma pessoa persuasiva e charmosa, prática e trabalhadora, ainda que sensível. Nascido na cúspide, você também possui um interesse aquariano pelas pessoas e tem uma compreensão aguçada dos relacionamentos. A sua habilidade para trabalhar com as outras pessoas pode ajudá-lo no seu sucesso. A maneira pragmática com que aborda a vida sugere que você possui um grande senso de lealdade e tem capacidade de resistência. Contudo, o seu desafio pode ser manter o equilíbrio entre o seu desejo de cumprir com as suas obrigações e a sua necessidade de liberdade, espontaneidade e prazer.

Com a subinfluência do regente do seu decanato, Virgem, você é um trabalhador metódico e cuidadoso, que presta atenção aos detalhes, apesar de um tanto reservado ou tímido, você tem uma boa capacidade de comunicação e vai direto ao cerne da questão. Com um toque perfeccionista e habilidade crítica, você quer fazer bem o seu trabalho e sabe fazer observações agudas e precisas. O seu senso de dever e controle pode fazer com que seja uma pessoa confiável e habilidosa, mas as suas emoções controladas podem levá-lo a se tornar muito sério, rígido ou teimoso.

SOL: CÚSPIDE DE CAPRICÓRNIO/AQUÁRIO
DECANATO: VIRGEM/MERCÚRIO
GRAU: 28° CAPRICÓRNIO -0° AQUÁRIO
MODO: CARDEAL
ELEMENTO: TERRA

Você aprecia a beleza e tem um bom senso de forma, e pode vir a desenvolver os seus dons criativos por meio da música, da arte ou da literatura. A sua casa é bonita e acolhedora, pois você tem bom gosto e gosta de luxo. Você considera o dinheiro importante e está disposto a trabalhar duro para tê-lo e precisa da segurança proporcionada por planos de longo prazo.

Até os 30 anos de idade, o seu Sol transita pelo signo de Aquário, acentuando a sua individualidade, seu desejo de liberdade e sua consciência de grupo. Pode ser que você considere necessário expressar a sua individualidade e os amigos podem ser especialmente importantes para você. Depois dos 31 anos de idade, quando o seu Sol progredido entra no signo de Peixes, a sua vida passa por uma mudança que acentua o seu senso de visão e enfatiza a importância de se sentir mais conectado com as suas emoções. Aos 61 anos de idade, a sua vida passa por uma outra mudança, quando o seu Sol progredido entra no signo de Áries, enfatizando o desejo de assertividade, mais ação e novos começos. Isso pode inspirá-lo a tomar papéis de liderança.

O Seu Eu Secreto

A sua fachada dura muitas vezes esconde a sua extrema sensibilidade interior. O amor e os relacionamentos são especialmente importantes, e você muitas vezes quer fazer as outras pessoas felizes. Isso pode se manifestar por meio de um cuidado humanitário ou da compaixão pelos sentimentos dos outros. Todavia, ocasionalmente, você pode sentir-se frustrado e desapontado porque não consegue relaxar e esquecer o passado. É provável que você tenha tido problemas na infância que o levaram a ter de corresponder às expectativas alheias antes de ter recebido o amor e a afeição de que precisava. Assim, é importante que o seu desejo de amar e de ser amado não o leve a passar por cima da sua verdadeira natureza e fazer com que você se retraia e, como mecanismo protetor, torne-se muito frio ou melancólico.

No seu desejo de paz e harmonia, você muitas vezes está disposto a trabalhar duro para lidar com os obstáculos que surgem no seu caminho. Por meio disso, você pode vir a perceber a importância de se valorizar e confiar nos próprios sentimentos.

Trabalho & Vocação

ESTRELA FIXA

Nome da estrela:
Altair, também chamada de Al Tair ou Águia

Posição:
0°47'-1°43' de Aquário, entre os anos de 1930 e 2000

Magnitude:
1

Força:
★★★★★★★★★★

Órb:
2°30'

Constelação:
Alpha Aquila

Dias:
20, 21, 22, 23 e 24 de janeiro

Qualidades da estrela:
Marte/Júpiter, Urano, Mercúrio

Descrição:
uma estrela branca e amarela, localizada no pescoço da Águia.

Sociável e com talento para combinar negócios e prazer, você pode sentir-se mais realizado por intermédio do trabalho em conjunto com outras pessoas. De um modo geral, você sabe usar a sua capacidade de comunicação e diplomacia para convencer as outras pessoas da sua maneira de pensar. Imaginativo, divertido e original, você gosta de usar o seu humor e charme na sua vida profissional. Muitas vezes astuto e atencioso, você pode se realizar em atividades ligadas à área da medicina e da terapia. A maneira com que aborda as questões relacionadas à saúde e o seu bom senso para os negócios indicam que você também pode trabalhar como professor, conselheiro e consultor. Mas como é uma pessoa multitalentosa com necessidade de se expressar criativamente, você pode se dedicar à literatura, à pintura, à música ou ao cinema.

Numerologia

Como uma pessoa número 20, você é intuitivo, sensível, adaptável e compreensivo. Você se beneficia por meio de atividades cooperativas, nas quais possa interagir, compartilhar experiências e aprender com as outras pessoas. Charmoso e encantador, você tem habilidades diplomáticas e se mistura facilmente em qualquer círculo social. Entretanto, talvez precise desenvolver a autoconfiança e superar a tendência a se magoar facilmente com as atitudes e críticas alheias. Evite se martirizar ou deixar-se levar pela desconfiança. A subinfluência do mês número 1 indica que você é ambicioso, determinado e tem uma personalidade enérgica. Individualista, inovador e criativo, você é uma pessoa corajosa e que tem muita energia quando se sente inspirado. Mesmo que seja charmoso e amigável, você também precisa aprender que o mundo não gira ao seu redor. Nos seus relacionamentos, você precisa equilibrar os próprios desejos com as necessidades e desejos alheios. Contudo, quando aprende a confiar nos seus sentimentos e tem fé nas suas habilidades, você pode ser bem-sucedido comercializando os seus talentos artísticos.

Positivo: boas parcerias, gentileza, tato, receptividade, intuição, consideração, harmonia, agradável, amabilidade, embaixador da boa vontade

Negativo: desconfiado, timidez, excesso de sensibilidade, egoísmo, ardiloso

Amor & Relacionamentos

O seu charme natural e sua sociabilidade indicam que você tem um grande círculo de amigos, é generoso e prestativo. Idealista e romântico, você tem muita necessidade de amor, o que sugere que a demonstração de afeto pode ser muito importante para você. Com a sua força estóica, você pode ser um amigo leal e confiável e que protege os seus familiares. Isso significa que você muitas vezes está disposto a fazer sacrifícios pelas pessoas que ama, mas que precisa tomar cuidado para não bancar o mártir. Algumas pessoas nascidas neste dia podem ter relacionamentos íntimos com pessoas de outras faixas etárias.

INFLUÊNCIA DA ESTRELA PRIMÁRIA

Altair confere fortes desejos, confiança, ambição, uma atitude liberal mas também uma natureza inflexível. Esta estrela indica que, embora você possa ser radical, a sua originalidade, sua excentricidade e suas idéias inventivas muitas vezes contrabalançam os seus deslizes. Altair também confere súbitos golpes de fortuna ou sucesso por meio de novas invenções e adverte que a instabilidade pode colocar em risco posições de autoridade.
Ligada ao grau do seu Sol, esta estrela concede originalidade, popularidade e tendências aventureiras. Altair também o leva a buscar o conhecimento e revela talento para escrever e para a educação. Muitas vezes ambicioso e ousado, você deseja mudar a sua sorte e pode ter ganhos e outros benefícios inesperados.
Interessado por atividades em grupo, você sabe fazer amigos e influenciar as pessoas.

- **Positivo**: original, inventivo, individualista, humanitário, criativo
- **Negativo**: rebelde, antagônico, imprevisível

ALGUÉM ESPECIAL

Você pode ter relacionamentos estáveis com as pessoas nascidas nas seguintes datas:

Amor & amizade: jan: 4, 8, 9, 13, 18, 19, 23; fev: 2, 6, 16, 17, 21; mar: 4, 14, 15, 19, 28, 30; abr: 2, 12, 13, 17, 26, 28, 30; mai: 1, 5, 10, 11, 15, 24, 26; jun: 8, 9, 13, 22, 24, 26; jul: 6, 7, 11, 20, 22, 28; ago: 4, 5, 9, 18, 20, 22, 28; set: 2, 3, 7, 16, 18, 20, 26; out: 1, 5, 14, 16, 18, 24; nov: 3, 12, 14, 16, 22; dez: 1, 10, 12, 14, 20

Relacionamentos benéficos: jan: 5, 16, 27; fev: 3, 14, 25; mar: 1, 12, 23; abr: 10, 21, 29; mai: 8, 19; jun: 6, 17; jul: 4, 15; ago: 2, 13; set: 11, 19; out: 9, 30; nov: 7, 28; dez: 5, 26, 30

Atrações fatais: jan: 17; fev: 15; mar: 13; abr: 11; mai: 9; jun: 7; jul: 5, 20, 21, 22, 23, 24; ago: 3; set: 1

Relacionamentos desafiantes: jan: 1, 10, 15; fev: 8, 13; mar: 6, 11; abr: 4, 9; mai: 2, 7; jun: 5; jul: 3, 29; ago: 1, 27; set: 25; out: 23; nov: 21; dez: 19, 29

Alma gêmea: ago: 30; set: 28; out: 26; nov: 24; dez: 22

Pessoas famosas de Capricórnio

22 de dezembro
Maurice e Robin Gibb, Steve Carlton, Claudia "Lady Bird" Johnson, Noel Edmonds, Puccini, Peggy Ashcroft, Lauralee Bell, Jan Stephenson, Diane Sawyer, Steve Carlton, Stave Garvey

23 de dezembro
O imperador do Japão Akihito, a rainha Silvia, da Suécia, Joseph Smith, Robert Bly, Chet Baker, John Jay, Corey Haim, Susan Lucci, Harry Shearer, Harry Guardino, Pedro Calmou

24 de dezembro
Tycho Brahe, Leadbelly, Robert Joffrey, Howard Hughes, Nostradamus, Ava Gardner, Bill Rogers, Mary Higgins Clark, RobertJoffrey

25 de dezembro
Sissy Spacek, Anwar Sadat, Noel Redding, Annie Lennox, Humphrey Bogart, Helena Rubinstein, Carlos Castaneda, Clara Barton, Jimmy Buffett, Afonso Pena Júnior, Simone

26 de dezembro
Mao Zedong, Mãe Meera, Phil Spector, Henry Miller, Richard Widmark, Steve Allen, Mao Tsé-Tung, Ozzie Smith, Glenn David, Carlton Fisk, Alan King

27 de dezembro
Marlene Dietrich, Johannes Kepler, Louis Pasteur, Gerard Depardieu, Tovah Feldshuh, Arma Russell, Isaac Karabtchevsky

28 de dezembro
Woodrow Wilson, Maggie Smith, Denzel Washington, Nigel Kennedy, Hubie Green, Edgar Winter, Earl "Fatha" Hines, Lew Ayres, Ray Knight

29 de dezembro
Jon Voight, Ted Danson, Pablo Casais, Mary Tyler Moore, Marianne Faithfull, Cândido Portinari, Gelsey Kirkland, Tom Jarriel, Andrew Johnson

30 de dezembro
Rudyard Kipling, Bo Diddley, Patti Smith, Tracey Ullman, Sandy Koufax, Jeff Lynne, Davy Jones, Paul Bowles, Câmara Cascudo

31 de dezembro
Henri Matisse, Elizabeth Ardeu, Noel Tyl, John Denver, Dorna Summer, Odetta, Ben Kingsley, Anthony Hopkins, Val Kilmer, Patti Smith, Diane Von Fustenberg, Rita Lee

01 de janeiro
J. Edgar Hoover, J. D. Salinger, Paul Revere, Barry Goldwater, Idi Amin Dada, Rocky Graziano, E. M. Forster, Paulo Setúbal, Eduardo Dusek

02 de janeiro
Isaac Asimov, Renata Tebaldi, Vera Zorina, Santa Thérèse de Lisieux, David Bailey, Nathaniel Bacon, Roger Miller, Ferdinando I

03 de janeiro
Mel Gibson, Stephen Stills, Victoria Principal, J. R. Tolkien, George Martin, Sergio Leone

04 de janeiro
Dyan Cannon, Sir Isaac Newton, Floyd Patterson, Jacob Grimm, Isaac Pitman, Louis Braille, Don Shula, Jane Wyman, George Washington Carver, Casimiro de Abreu

05 de janeiro
Paramahansa Yogananda, Diane Keaton, Konrad Adenauer, Jimmy Page, Robert Duvall, Alvin Ailey, Homero Homem, Raisa Gorbachev, Walter Mondale, Rei Juan Carlos, Chuck Null, Eusébio Ferreira da Silva

06 de janeiro
Kahlil Gibran, Carl Sandburg, Benjamin Franklin, Nancy Lopez, Alan Watts, E. L. Doctorow, Alexander Scriabin, Gustave Dore, Marques Rebelo, Earl Scruggs, Sun Myung Moon, John Singleton

07 de janeiro
Nicholas Cage, Kenny Loggins, Jean-Pierre Rampal, Santa Bernadette de Lourdes, Katie Couric, Jann Wenner, Vicent Gardenia, Zora Neale Hurston, Luiz Melodia

08 de janeiro
Elvis Presley, David Bowie, Shirley Bassey, Soupy Sales, Stephen Hawking, Charles Osgood, Nolan Miller, Yvette Mimieux, Alexandre Pires

09 de janeiro
Richard Nixon, Joan Baez, Crystal Galé, Simone de Beauvoir, Gypsy Rose Lee, João Cabral de Melo Neto, Judith Krantz, Jimmy Page, Papa Gregório XV

l0 de janeiro
Rod Stewart, James McNeill Whistler, Pat Benatar, Sal Mineo, John Calvino, Max Roach, Ray Bolger, George Foreman, Robinson Jeffers, Jesse James, Donald Fagen, Lamartine Babo

11 de janeiro
Alexander Hamilton, Clarence Clemons, Naomi Judd, William James, Daryl Dawkins, Eva Le Gallienne, Rod Taylor, Carlos Nery, Oswald de Andrade

12 de janeiro
John Singer Sargent, John Hancock, Swami Vivekananda, Jack London, Kirstie Alley, Howard Stern, Rubem Braga

13 de janeiro
Sophie Tucker, George Gurdjieff, Geoffrey Cornelius, Robert Stack, Pascoal Carlos Magno, Julia Louis-Dreyfus, Charles Nelson Reilly, Horatio Alger

14 de janeiro
Faye Dunaway, L. L. Cool J, Albert Schweitzer, Cecil Beaton, Yukio Mishima, John Dos Passos, Andy Rooney, Julian Bond, Jack Jones, Berthe Morisot

15 de janeiro
Martin Luther King Jr., Molière, Gene Krupa, Aristóteles Onassis, Edward Teller, Cardeal John O'Connor, Lloyd Brigdes, Lisa Lisa, João Figueiredo

16 de janeiro
Sade, Merce Cunningham, Ethel Merman, Dizzy Dean, Susan Sontag, Kate Moss, Dian Fossey, Marilyn Horne, Francesco Scavullo

17 de janeiro
Jim Carrey, David Lloyd George, Joe Frazier, Al Capone, Vidal Sassoon, Anton Checkov, Muhammad Ali, Shari Lewis, Benjamin Franklin, David Caruso, Paul Young, James Earl Jones, Moira Shearer

18 de janeiro
Kevin Costner, Cary Grant, Danny Kaye, David Bellamy, A. A. Milne, John Boorman, Bobby Goldsboro, Oliver Hardy, Autran Dourado, Evandro Lins e Silva

19 de janeiro
Edgar Allan Poe, Paul Cézanne, Janis Joplin, Dolly Parton, Phil Everly, Michael Crawford, Stefan Edbeg, Cindy Sherman, Augusto Comte, Desi Arnaz Jr, Robert Palmer, Nara Leão

20 de janeiro
David Lynch, Federico Fellini, Patricia Neal, George Burns, Lorenzo Lamas, Paul Stanley, Euclides da Cunha

Estrelas fixas de Capricórnio

Para as pessoas que nasceram em dias que recebem a influência de mais de uma estrela fixa, segue aqui uma lista completa das estrelas fixas e de seus atributos. Você também pode usar este apêndice juntamente com o seu mapa astrológico para aprender mais acerca do significado destes corpos celestiais.

Polis

Nome da estrela: Polis
Posição: 2°15'-3°14' de Capricórnio, entre os anos de 1930 e 2000
Magnitude: 4
Força: ★★★★
Órb: 1°30'
Constelação: Mu Sagitário
Dias: 23, 24, 25 e 26 de dezembro
Qualidades da estrela: Júpiter/Marte
Descrição: uma estrela tripla azul e branca, localizada na parte superior do arco do Arqueiro.

Polis confere uma percepção aguçada e poder de se concentrar em uma meta específica. Esta estrela o encoraja a buscar o sucesso e a dar a determinação necessária para você alcançar posições superiores. A habilidade para tomar decisões rápidas e felizes lhe dá capacidade de liderança. Esta estrela também adverte contra a tendência a ser rebelde e dominador.

Ligada ao grau do seu Sol, Polis confere uma natureza pioneira e corajosa, muitas oportunidades, resistência e aspirações elevadas. Você é orgulhoso e quer ter o seu nome conhecido independentemente se isso resulte em fama ou notoriedade. Esta estrela pode também conferir sucesso na educação superior e com especial interesse em assuntos espirituais. Polis também adverte contra a tendência a querer dominar as situações e a liderar, a menos que você tenha iniciado o empreendimento.

- **Positivo**: concentração, natureza competitiva
- **Negativo**: rebeldia, inquietude, falta de resistência, excesso de otimismo

Kaus Borealis

Nome da estrela: Kaus Borealis
Posição: 5°20'-6°19' de Capricórnio, entre os anos de 1930 e 2000
Magnitude: 3
Força: ★★★★★★
Órb: 1°40'
Constelação: Lambda Sagitário
Dias: 27, 28 e 29 de dezembro
Qualidades da estrela: Mercúrio/Marte
Descrição: uma estrela laranja gigante, localizada no norte do arco do Arqueiro.

Kaus Borealis confere inteligência, mente aguçada, oratória enérgica e impressionante e boa capacidade de comunicação. O amor aos debates e discussões também é indicado por esta estrela; contudo, ocasionalmente, você pode ter uma aparência agressiva ou brigona. Muitas vezes, esta estrela confere habilidade para ter respostas rápidas, tendências humanitárias e natureza idealista, com um senso aguçado de justiça. Esta estrela também pode obrigá-lo a passar por mudanças e desafia a sua obstinação.

Ligada ao grau do seu Sol, Kaus Borealis concede resolução e energia interior para atingir posições de influência. A sua capacidade de liderança e inventividade muitas vezes é reconhecida pelas outras pessoas e leva à realização ou promoção. No entanto, a sua inquietude interior e a necessidade constante de seguir adiante podem sugerir uma certa insatisfação.

Positivo: versatilidade, determinação, cultura, franqueza

Negativo: insatisfação, extremismo, dogmatismo

Facies

Nome da estrela: Facies
Posição: 7°12'-8°24' de Capricórnio, entre os anos de 1930 e 2000
Magnitude: 5
Força: ★★
Órb: 1°
Constelação: M22 Sagitário
Dias: 29, 30 e 31 de dezembro
Qualidades da estrela: Sol/Marte
Descrição: agrupamento aberto e nebulosa de estrelas brilhantes, localizado no arco do Arqueiro.

Facies confere assertividade, espírito lutador e natureza destemida. Você tem muita vitalidade e vigor e normalmente gosta de exercer o poder e tem as qualidades necessárias de liderança. Facies concede habilidade de tomar decisões com rapidez e, assim, você é um bom estrategista que gosta de atividades competitivas e de ganhar.
Ligada ao grau do seu Sol, esta estrela concede sucesso nos negócios e no trato com o público, além de muita força de vontade, vigor interior e espírito competitivo. Esta estrela também adverte que a necessidade constante de ser o número um pode trazer alguns riscos e sugere que você deve evitar transações escusas e situações perigosas.

Positivo: vontade de viver, vida ativa, poder de realização, decisão

Negativo: tensão, obstinação, inclinação a discussões

Pegalus

Nome da estrela: Pelagus, também chamada de Nunki
Posição: 11°15'-12°21' de Capricórnio, entre os anos de 1930 e 2000
Magnitude: 2
Força: ★★★★★★★★
Órb: 2°10'
Constelação: Sigma Sagitário
Dias: 1, 2, 3, 4 e 5 de janeiro
Qualidades da estrela: Mercúrio/Júpiter
Descrição: uma estrela localizada na palheta da flecha na mão do Arqueiro.

A influência de Pelagus confere amor à verdade, personalidade forte e uma maneira de ser direta e assertiva. Esta estrela concede determinação para alcançar o sucesso e muito bom senso. Pelagus leva a pessoa a querer se educar e a seguir estudos em nível superior, especialmente nas áreas de Ciência, Filosofia, História e Espiritualidade. Esta estrela indica também uma personalidade franca e fortes convicções.
Ligada ao grau do seu Sol, Pelagus concede criatividade e muitas idéias, obtenção de posição pública influente e condições domésticas e familiares favoráveis. Você pode se tornar uma pessoa conhecida e sempre sai incólume mesmo que às vezes se envolva em situações complexas.

Positivo: educação superior, bom senso, amor à verdade

Negativo: controvérsia, fracasso devido à desonestidade

Ascella

Nome da estrela: Ascella
Posição: 12°39'-13°37' de Aquário, entre os anos de 1930 e 2000
Magnitude: 3
Força: ★★★★★★
Órb: 1°40'
Constelação: Zeta Sagitário
Dias: 3, 4, 5 e 6 de janeiro
Qualidades da estrela: Júpiter/Mercúrio
Descrição: uma estrela binária localizada na axila do Arqueiro.

Ascella confere uma riqueza de idéias, capacidade de julgamento e inclinação para espiritualidade e filosofia. Esta estrela indica que a riqueza e a fortuna podem ser alcançadas por meio do empreendimento e da combinação da sua habilidade para pensar em grandes termos com a sua natureza pragmática.
Ligada ao grau do seu Sol, Ascella confere ambição, coragem moral e capacidade de julgamento. Você, provavelmente, tem fortes crenças e convicções. Esta estrela sugere que amigos influentes e superiores o ajudam quando mais necessita. A influência de Ascella também indica que as suas habilidades executivas, combinadas com a sua natureza social, dar-lhe-ão muitas oportunidades, sorte e felicidade.

- **Positivo**: espírito gregário, sociável e amigável, fortes convicções
- **Negativo**: pouco agradável, propensão a brigas

Manubrium

Nome da estrela: Manubrium
Posição: 14°01'-15°03' de Aquário, entre os anos de 1930 e 2000
Magnitude: 4
Força: ★★★★
Órb: 1°30'
Constelação: Omicron Sagitário
Dias: 5, 6 e 7 de janeiro
Qualidades da estrela: Sol/Marte
Descrição: uma estrela, parte de um agrupamento localizada na face do Arqueiro.

A influência de Manubrium sugere que você tem coragem ou uma personalidade ousada e dinâmica. Esta estrela também indica que você é capaz de grandes atos de heroísmo. Você provavelmente possui um temperamento forte e pode ser impaciente.
Ligada ao grau do seu Sol, esta estrela indica vitalidade e vigor e um forte desejo de posições de liderança. Manubrium sugere você é orgulhoso e pioneiro e muitas vezes gosta de esportes e competição. Ela pode também indicar que você, muitas vezes, deseja dominar as situações.

- **Positivo**: vigor, poder de realização, coragem, ambição
- **Negativo**: teimosia, inquieto, inclinação a brigas

Wega

Nome da estrela: Wega, também chamada de Vulture
Posição: 14°20'-15°19' de Capricórnio, entre os anos de 1930 e 2000
Magnitude: 1
Força: ★★★★★★★★★★
Órb: 2°30'
Constelação: Alpha Lyra
Dias: 4, 5, 6, 7 e 8 de janeiro
Qualidades da estrela: várias interpretações: Vênus/Mercúrio e Júpiter/Saturno
Descrição: uma estrela brilhante, azul, safira e branca, localizada na parte inferior da constelação de Lyra.

Wega confere capacidade de liderança e uma personalidade sociável e expansiva. Normalmente, você possui uma perspectiva idealista e otimista e tem habilidades criativas e talento para escrever. Contudo, esta estrela também indica que circunstâncias instáveis podem provocar fases oscilantes de sucesso e sugere que somente com determinação você pode ter estabilidade.

Ligada ao grau do seu Sol, Wega confere sucesso e oportunidades para alcançar posições elevadas. Esta estrela pode levá-lo a ter contato com pessoas influentes, o que pode trazer honras e popularidade. A influência de Wega também sugere que a instabilidade pode fazer com que o sucesso seja de pouca duração. É provável que você goste de trabalhos em instituições governamentais ou que envolvam o trato com o público. Esta estrela também adverte contra o excesso de crítica ou rispidez.

- **Positivo**: refinamento, esperança, seriedade, responsabilidade
- **Negativo**: mau uso do poder, excessivamente reservado, crítico, ríspido, inimigos ocultos

Deneb

Nome da estrela: Deneb, também chamada Al Danab
Posição: 18°49'-19°55' de Capricórnio, entre os anos de 1930 e 2000
Magnitude: 3
Força: ★★★★★★
Órb: 1°40'
Constelação: Zeta Aquila
Dias: 9, 10, 11 e 12 de janeiro
Qualidades da estrela: Marte/Júpiter
Descrição: uma estrela verde localizada no olho da Águia.

Deneb confere capacidade de liderança e uma natureza e atitude liberais. Otimista, empreendedor e ousado, você é uma pessoa entusiástica e ambiciosa com bom senso e habilidade para agir de maneira assertiva.

Ligada ao grau do seu Sol, esta estrela concede sucesso no trato com o público e inclinação para os negócios e para ocupações na área de advocacia. É provável que você tenha habilidades executivas e de liderança, muita força de vontade e habilidade para ensinar. Esta estrela confere uma personalidade independente e dinâmica ou uma verdadeira individualidade que lhe dá oportunidade para progredir por meio da coragem e do entusiasmo.

- **Positivo**: espírito empreendedor, competitividade, ambição
- **Negativo**: impulsividade, impaciência, desonestidade, negligência

Terebellum

Nome da estrela: Terebellum
Posição: 24°52'-25°55' de Capricórnio, entre os anos de 1930 e 2000
Magnitude: 5
Força: ★★
Órb: 1°
Constelação: Omega Sagitário
Dias: 15, 16 e17 de janeiro
Qualidades da estrela: Vênus/Saturno
Descrição: uma estrela laranja avermelhada, localizada na figura de quatro lados na cauda do Arqueiro.

Terebellum confere uma perspectiva clara e pragmática, além de uma personalidade ambiciosa e determinada. Muitas vezes, o sucesso vem da superação de dificuldades. Esta estrela indica que você é responsável e consciente dos seus deveres e que tem resistência para enfrentar lutas e obstáculos. Esta estrela pode também sugerir que você pode ter dúvidas e conflitos interiores entre os seus desejos pessoais e os deveres para com as outras pessoas.

Ligada ao grau do seu Sol, esta estrela concede inteligência e ambição para alcançar posições de proeminência. Contudo, Terebellum adverte que você pode ser ardiloso e que deve tomar cuidado contra más ações e maldade. Esta estrela indica que a fortuna e o sucesso podem ser conquistados, mas depois de consideráveis sacrifícios e esforços.

🅐 **Positivo**: ambição, devoção, sentimentalismo, inteligência

🅥 **Negativo**: mercenarismo, impiedade, ardil

As autoras

GERALDINE SULLIVAN, nascida em 4 de junho, é astróloga profissional, com vinte anos de experiência, e dá palestras em vários países, além de entrevistas a programas de televisão nos Estados Unidos. Com uma carreira astrológica bem-sucedida, Geraldine ministra *workshops* e cursos de extensão em Londres. Formada em Astrologia e em Psicologia, a autora também conduz pesquisas acerca de temas como inconsciente, sonhos e experiência mística.

SARAH CRAWFORD, nascida em 28 de maio, é numeróloga e astróloga profissional, com treze anos de experiência. Sarah trabalha como consultora astrológica em Londres e ministra cursos e *workshops* acerca de Astrologia e Numerologia. Sua dissertação de mestrado em Ciências Sociais teve como temas história e filosofia da civilização ocidental e incluiu pesquisas a respeito da História da Astrologia, Hermenêutica e Reflexividade.

Anotações

Este livro foi composto em Minion, corpo 11/12,6
e impresso pela Ediouro Gráfica sobre
papel Offset 63gr. da Ripasa.
Foram produzidos 20.000 exemplares
para a Prestígio Editorial em outubro/2005.